# 한국교회 재건 설계도

### - 우리 교단의(통합) 진로에 대한 정책 제안 -

# 한국교회 재건 설계도

- 우리 교단의(통합) 진로에 대한 정책 제안 -

고 시 영 지음

드림북

# 이 설계도를 기억하라

증경 총회장 **박위근** 목사

지난 10년을 전후해서 우리 교단에 가장 큰 영향력을 발휘한 사람은 아마 고시영 목사일 것이다. 그 분은 내가 총회장으로 취임한 해에 교단 장기발전연구위원장 맡아 장기계획을 수립했고 이어 3년 계속 총회 정책 팀장으로서 일하면서 다양한 정책들을 제안해 온 정책전문가이다. 서울 장신대학교를 오늘의 서울장신대로 만드는 데 큰 공을 세웠으며, 한국교회연합 통합추진위원장으로 오늘의 한교총을 설계하였다. 세계한국인기독교총연합회 대표회장으로 국내는 물론 전 세계를 순회하면서 통일기도회를 주관하였고, 인문학자로서 국내외 각 단체에서 인문학 강의를 통해 인문학의 필요성을 역설했다. 특히 전국신학대학교총동문연합회 즉 신총협을 결성하여 목회자들의 생존권, 인격권, 영권을 수호하는 일에 앞장서서 일했다. 이 신총협은 우리 교단 설립 이후 최대의 목사단체로서 그 영향력을 실로 막강했었다.

　그러나 내가 보기에 고시영 목사가 한 가장 큰 일은 바로 이 책, 한국교회재건설계도를 교단에 헌정한 일이다. 그분은 정책을 연구했고, 교단 정치에 자의반타이반으로 참여했기에 교단의 문제점을 세세하게 정확하게 알고 있는 거의 유일한 사람이다. 그가 얼마나 총회를 사랑했는지는 지난 12년간의 교류를 통해 나는 잘 알고 있다. 이제 그분은 이 정책안을 제안하면서 총회를 떠나려고 하고 있다. 내가 보기에 그가 제안한 정책들 중에는 좀 과격한 것들도 있고, 내용은 좋으나 과연 우리 총회가 이를 실천할 수 있을까 하는 회의적인 생각이 드는 것도 있지만, 본래 그분은 이상주의적 기질도 있고 낭만주의자라 어떤 틀에 매이지 않는 분이라서 그분만이 제안할 수 있는 정책이구나 하는 너그러운 마음도 가져 본다. 사실 정책은 현실의 문제점을 파악하고 그것을 고쳐 미래를 설계하는 내용이라야 한다. 그런 면에서 이 정책 제안서는 앞으로 10년 정도는 총회 정책을 연구하는 사람들에게 하나의 방향을 제시하는 역할을 할 것이다.

　그분은 이 책에서 많은 불길한 예언을 하고 있다. 나는 그의 예언이 틀리기를 간절히 바라면서 그러기 위해서 많은 총대들은 이 책을 한 번 일독하고 총대로서 해야 할 일이 무엇인지를 심사숙고 하는 기회가 되기를 바란다.

주후 2021년 9월

# 잘 있으시게, 내 눈물처럼 사랑한 총회여!

전 총회 장기발전연구위원회 위원장 고시영 목사

필자는 박위근 총회장님이 총회를 섬기던 그해에 장기발전연구위원회 위원장이라는 귀한 직책을 받아 4년 동안 계속 총회 정책팀을 이끌어왔습니다. 정책을 개발하기 위해 처음 필자가 한 일은 목사, 장로 각 70명씩 모셔 놓고 개혁 과제를 조사하고 그것을 정책으로 다듬어 총회에 제안한 것입니다. 총회를 섬긴 6년, 은퇴한 지 6년, 12년이 지난 이 시점에서 돌아보면 이루어진 것도 있지만 메아리로 그친 정책들도 많습니다.

우리 교단이 위기에 처한 것이 분명한 현실에서 그동안 조사하고 연구하고 경험한 것을 바탕으로 10년 후 미래 사회의 교회 생태계를 전망하면서, 우리의 의식과 제도와 인물들을 경장해야만 이 위기를 극복할 수 있다는 확신을 가지고 수십 가지 경장 과제를 제안하면서 총회와 작별하고자 합니다. 필자가 제안한 이 과제들은 제 생각을 정리한 것입니다. 반드시 옳은 방향이라고 확신하지는 않습니다. 단지 앞으로 정책을 다루는 분들에게 참고가 되었으면 좋겠고, 총대들께서 한 번 숙고해 보셨으면 좋겠다는 소박한 소원을 담았을 뿐입니다. 6년 총대, 4년 정책팀장, 다시 물러서서 6년, 그 세월 동안 저는 내 눈물처럼 총회를 사랑했기에 우둔한 생각이지만 경장 과제를 수십 가지 찾아낼 수 있었습니다.

끝으로 지금까지 필자를 믿고 따라준 동지들, 특히 서울장신대학교 동문들, 총대들에게 감사드리고, 총회에서 함께 일했던 분들에게 그 순간순간들이 즐거운 시간이었다는 것도 고백합니다. 혹이나 필자 때문에 이런저런 피해를 본 분들께는 그것이 어쩔 수 없는 결과라고 해도 죄송하고 송구스럽다는 말씀도 드립니다.

이제 우리 교단은 위기에 봉착했습니다. 과감하게 경장이 이루어져야 합니다. 부디 머뭇거리지 말고 어떤 형태로든지 경장을 하시기 바랍니다. 우리 총회가 주님 오실 때까지 세상에서 빛을 발하기를 간절히 기도하면서 그동안 얼굴과 얼굴을 대하면서 일했던 모든 분에게 하나님의 축복이 임하시기를 멀리서 기원드리겠습니다.

주후 2021년 9월

# 차 례

# 1부
# 한국교회의 위기 상황

# 1. 한국교회 위기 상황의 증거

교인들이 신앙생활을 얼마나 바르게 잘하고 있느냐를 평가하는 척도는 사실상 없다. 신앙은 하나님께서 평가하시는 것이지 인간이 쉽게 평가할 수 있는 보편적 영역이 아니기 때문이다. 신앙은 내면적인 생각과 외향적으로 나타나는 행동의 총합으로 평가해야 하는데, 인간 내면을 정확하게 들여다보는 것은 인간으로서는 불가능하다. 그러나 한 인간의 신앙은 그 행동으로 어느 정도는 부분적이나마 평가할 수는 있다.

그런 점에서 오늘날 한국교회 교인들의 신앙은 쇠락의 길을 걷고 있다. 교인 수의 감소, 예배드리는 교인 수 감소, 헌금액 감소, 전도와 선교 열기의 감소, 교회 행사에 참여하는 교인 수의 감소, 사회적 영향력의 감소, 교인들에 대한 불신자들의 신뢰감 감소, 신학생 수의 감소, 교회 개척 수의 감소, 성전 건축 수의 감소, 교회 학교 학생 수의 감소, 청년 세대의 감소…….실로 모든 면에서 한국교회는 감소 현상을 초래하고 있다. 만약 이대로 간다면 앞으로 10년 후에는 현 교인 수의 절반 수준으로 쇠락하고 말 것이다.

늘어나는 것도 있기는 하다. 분쟁하는 교회 수의 증가, 문 닫는 교회 수의 증가, 미자립 교회 수의 증가, 재판하는 교회 수의 증가, 교회를 떠나는 청년 수의 증가, 교회를 비난하는 사회 인식의 증가, 비리 목회자 수의 증가, 평신도들에 의한 교회 갈등의 증가……. 실로 비관적인 현상들은 날로 증가하고 있다. 교회 문제를 해결하고 교회 성장의 중심 역할을 하는 당회, 노회, 총회는 이미 그 기능을 상당수 상실했다.

이제 한국교회의 위기에 대해서는 모든 목회자, 평신도 지도자들이 공감하고 있다. 물론 보수적 근본주의를 신봉하는 일부 목회자들은 아직도 하나님의 은혜로 교회는 성장할 수 있다고 주장하지만, 이미 하나님의 뜻에서 벗어나 목회자의 사리사욕이나 평신도들의 불신앙으로 색칠해진 교회, 사회 변동에 적응하고 그것을 극복하지 못하는 교회를 성령께서 성장시킬 리가 없다. 교회를 세우시는 분도 하나님이시고 교회를 무너지게 하시는 분도 하나님이시다. 하나님의 은혜, 성령의 역사를 논하기 전에 지금 한국교회가 과연 하나님의 뜻에 합당한 교회인가를 깊이 반성해보아야 한다. 한국교회가 다시 교회다운 교회, 성장하는 교회, 하나님께서 인정하시고 축복하시는 교회가 되려면 지금 주어진 위기의 원인이 무엇인지를 바르게 살펴보아야 한다.

낙관적인 주장이 나쁘지는 않다. 그러나 근거도 없이 막연하게 낙관적인 견해를 밝히는 것은 무책임하다. 유비무환이라는 말을 기억해야 한다. 임진왜란 당시 이율곡이 주장하던 십만양병설을 조정이 채택했다면 그 참담한 비극은 일어나지 않았을 것이고 설령 일어났다 해도 그 전쟁에 승리했을 것이다.

# 2. 한국교회 위기의 원인

## 1) 신앙적 원인

### (1) 기복주의

기복이라는 말은 '복을 기원한다, 복을 빈다, 복을 구한다'는 뜻이다. 신앙은 당연히 기복의 염원을 담고 기복 행동이나 생각을 하는 인간 활동이다. 심지어 불교, 무속도 기복의 형태를 띠고 있다. 인간은 약한 존재이고 세상은 험악하다. 복을 받고자 하는 인간 행동은 자연발생적이고, 정당한 목적을 지닌 신앙 행위이다. 성경도 이를 지지하고 증명한다.

복에 대한 가장 명시적 기록은 아브라함에 대한 것이다. 하나님께서는 아브라함에게 가나안 땅으로 가라고 명하시면서 복을 약속했다. 아브라함은 하나님께 순종했고 결국 복을 받았다. 믿음의 조상인 아브라함께 하신 하나님의 약속을 보면 하나님은 분명 복 주시는 하나님이시다.

한국교회는 지금까지 복 주시는 하나님을 강조했다. 복을 받기를 원하는 교인들은 복 주시는 하나님을 사랑했고, 그분의 명령에 순종하는 삶을 살았다. 결과적으로 교인 수도 폭발적으로 늘었고 교인들의 믿음도 깊어졌다. 그런데 한국교회가 기복을 넘어 기복주의로 나아가면서 위기가 주어졌다. 기복주의란 일종의 신앙이념이다. 자본주의, 사회주의가 이념이듯이 기복주의도 이념이다. 이념은 모든 것을 설명하는 원칙이고 모든 행동의 목표가 되는 원리이다. 이념은 시작과 끝이다. 그래서 이념은 강력한 정신이고 가치이며 지배이론이다. 신앙에 있어서 이념은 일종의 우상숭배이다.

기복주의는 하나님을 도구로 전락시키고, 인간을 하나님 위에 둔다. 한국교회가 기복주의를 강조하면서 결국 한국교회를 타락시켰다. 기복주의 결국 개인주의를 심화시킨다. 기복은 내가 복을 받는다는 것, 내 가족이 복을 받는다는 것을 중시한다. 그러므로 한국교회가 기복주의를 강조하면 할수록 교인들은 개인주의화 되어간다.

한국교회의 기복주의는 다음 몇 가지 진리를 간과했다.

첫째, 한국교회의 기복주의는 복의 공공성을 무시했다. 믿음의 조상 아브라함에게 약속하신 복은 개인에게서 시작하여 공공성으로 끝나는 열린 복이다. 하나님께서는 아브라함에게 복을 약속하면서 그 복은 공공성을 띤 복이라는 것을 강조하셨다. 복의 근원이 되라는 명령이 바로 그것이다. 즉 먼저 네가 복을 받고 그다음 받은 복을 이웃에게 나누어 주라는 것이다. 이웃과 함께 하는 복이 참된 복이다. 지금까지 한국교회 또는 교인들은 나누어 주는 복에 대해 무심했다. 나만, 내 가족만 잘살면 된다는 잘못된 기복주의로 인해 오늘날 한국교회는 신앙적으로 위기를 맞게 되었다. 세상에서 버림받는 존재가 되어가고 있는 것이다.

둘째, 한국의 기복주의는 복의 개념을 지나치게 물질적, 현세적으로 국한시켰다. 물론 이해는 간다. 기독교가 한국에 들어올 당시 한국 사회는 가난한 사회였고 많은 사람이 병으로 고생하던 사회였다. 가난에서 벗어나는 것, 병을 고치는 것이 절실한 염원이었다. 복의 공공성 즉 나누어 주는 복을 생각할 여유가 없었다. 그런데 산업화에 성공해서 어느 정도 잘 살게 되었는데도 여전히 물질적, 현세적 복만을 강조한 것은 큰 실수였다. 특히 교회 개척을 많이 하면서 일부 목회자들은 교인 수를 늘리기 위해서, 좋게 말하면 전도하기 위해서 기복주의를 더 강조했다. 결국 한국교회 교인들은 복을 받기 위해 신앙생활을 하는 기복주의의 노예가 되고 말았다.

셋째, 한국의 기복주의는 협소한 복을 강조하는 편협성이 있었다. 부자 되는 것, 병 고치는 것, 자식 잘되는 것, 명예와 권력을 얻는 것 등등이 복이라고 강조했다. 그런 것이 복임에는 틀림없지만 그것만이 복은 아니다. 성경을 통합적으로 보면 하나님이 주신 것은 다 복이다. 스스로 얻은 고난은 불행이지만 하나님께서 주신 고난은 복이다. 하나님께서 주신 것이라면 그 무엇이든 복이라는 통합적인 교훈을 한국교회는 교인들에게 주지 못했다. 즉 가치적 개념으로 복을 가르치지 못했다는 것이다. 아름다운 가난, 가치 있는 죽음, 질병 속에서의 웃음, 용서와 화해의 능력 등등이 복이라는 것을 가르치지 못했다.

### (2) 세속화

일반적으로 세속화란 교회도 어느 정도 세상과 소통할 수 있도록 열려 있어야 한다는 뜻이다. 신학적 논쟁이 될 수 있는 화두이긴 하지만, 교회가 세상과 단절되면 전도가 어렵게 되고 필연적으로 교회도 세상에 속해 있기 때문에 세속화는 막을 길이 없으므로, 교회가 먼저 세속화를 준비하고 세속화 될 필요가 있다는 일종의 방어적 내책으로 20세기 중엽부터 활발하게 주장되어 온 신학적 용어이다. 세속화가 신학이라고 말하기는 어렵지만 신학적 화두를 갖고 있는 것은 사실이다. 포스트모더니즘이 유행하면서 새로운 교회론이 등장했고 그 중에 세속화도 그 한 부분을 차지하고 있기 때문이다.

그동안 교인들은 교회야 말로 세상에 속해 있기는 하지만 세상과는 다른 공동체라는 생각을 지배적으로 갖고 있었다. 사실 그렇다. 그런데 20세기 초까지는 세상과 다른 공동체라는데 무게를 두고 있었다. 흔히 교회를 영적 공동체라는 말로 표현하기를 좋아했다는 것이다. 그런데 세상 속에 있는 공동체가 어떻게 세상과 다른 공동체가 될 수 있는가? 세상과 완전히 다르면 세상과 어떻게 소통하며 세상 속에 사는 인간을 어떻게 전도할 수 있겠는가? 세상과 접촉하려면 교회도 어느 정도 세속화되어야 하지 않겠는가? 이런 생각들을 교인들을 하게 되었다. 당연하다.

그러나 한국교회는 세상과 소통하기 위해 교회가 세속화되어야 한다는 점에 대해 충분한 연구와 준비를 하지 못한 상황에서 세상에 떠밀려 필요 이상으로 세속화되어 버렸다. 인류문명사를 살펴보면 세속화는 도도한 강물처럼 흘러왔다. 그것은 민주주의 발달과 함께 이루어졌다. 인류 문명은 세 가지 방향으로 발전해 왔다. '좀 더 즐겁게, 좀 더 편하게, 좀 더 아름답게.' 이 중에 좀 더 편하게, 좀 더 즐겁게라는 세속화의 방향은 교회에 결정적인 영향을 주었다. 신발을 신고 강단에 올라가게 되었고, 성경과 찬송가를 갖고 다닐 필요가 없게 되었으며, 성전 안에 식당,

카페와 책방이 들어섰다. 주차장을 넓혔고, 버스로 교인들을 실어 날랐다. 교회 주요 행사는 성경적 가르침보다 교인 다수의 결의로 정해지기 시작했고, 목회는 직업이 되었다. 자본의 논리가 지배 논리가 되었고, 교회 안에 파당이 생겨났으며, 당회는 권력기관이 되었다. 목회자의 의사는 쇠퇴했고, 평신도들의 주장이 더 큰 영향력을 갖게 되었다.

큰 교회는 교인들에게 더 큰 즐거움과 편안함을 주게 되고 그래서 더 큰 교회가 되었으며, 작은 교회는 설 자리가 없게 되었고 작은 교회를 섬기는 것은 패자의 상표처럼 느끼게 되었다. 성전은 편한 곳이 아니라 거룩한 곳이며, 목회자가 되는 것은 삶을 좀 불편하게 살지만 명예로운 것이며, 장로가 되는 것은 그 일이 고되지만 가치 있는 것임을 망각하기 시작했다. 교인으로 산다는 것은 세상과는 좀 거리를 두고 사는 것이며 성경의 교훈을 자신의 생각보다 더 우선하여 사는 것임을 교인들은 잊어버렸다.

세속화는 필요하지만 한국교회는 너무 세속화되었다. 세상 속에서 세상과 똑같은 공동체가 되었다. 세상과 다른 것이 없어졌다. 가르치는 것도 세상과 똑같고, 행동하는 것도 세상과 똑같다. 세상의 위선을 교회도 닮아가고 있다. 그러니 하나님께서 이런 교회를 끝까지 지켜주시겠는가?


### (3) 신앙 훈련의 부재

한국교회는 예배 중심의 교회이다. 예배가 신앙의 중심이라는 것은 분명하다. 교인들은 예배를 통해 말씀을 듣고, 예배행위를 통해 자신이 교인임을 자각하고 타인들에게 자신의 정체성을 드러낸다. 그러나 신앙은 예배로 끝나는 신앙 행위는 결코 아니다. 신앙은 그 삶을 통해 드러내야 한다. 그래서 바울은 예배를 산 제사라고 표현했다. 예배행위는 짧고, 말씀을 실천하는 행위는 길다. 예배는 그리스도인의 삶에서 작은 한 부분이다. 예배 행위만으로는 그 신앙을 충분히 드러낼 수 없고 교인으로서의 감격과 자부심을 누릴 수 없다. 그리스도인은 그리스도인답게 살 때 자기 존중감이 높아지고 행복해진다. 예배로 전도가 되는 것이 아니라 그리스도인답게 사는 것이 전도 행위가 된다.

그런데 한국교회는 예배는 강조하면서 예배를 통해 선포되는 교훈에 대한 신앙 훈련을 하는 데 소홀했다. 사랑을 가르쳤으면 교인들로 하여금 사랑을 실천하는 훈련을 해야 한다. 고아원과 양로원도 가 보고, 탄광촌이나 시골교회도 가 보아야 한다. 말씀 일기장, 성경 쓰기, 40일 새벽기도, 죄를 용서해 본 경험도, 남을 미워했던 일도 직접 고백해 보아야 한다. 신앙 훈련은 몸으로 하는 훈련이고, 자기희생으로 하는 훈련이며, 땀과 눈물로 하는 행위이다. 예배를 통해서 듣는 하나님의 말씀은 관념의 폭을 넓히기는 하지만 그것을 육체로 훈련하지 않으며 곧 망각으로 사라진다. 눈이 쌓이지만 녹으면 결국 원상태가 되는 것과 같다.

특히 평신도 지도자들은 이런 훈련 받는 것을 꺼린다. 장로, 안수집사 권사, 이런 지도자들은 성경공부나 육체 봉사, 어렵고 힘든 일을 하려고 하지 않는다. 훈련은 하급 교인들이나 받는 것으로 착각한다. 지배 논리요 유교적 발상이고, 교회 안에서 생기는 계급의식이다. 신앙 훈련은 머리로 하는 것이 아니라 몸으로 하는 것이고, 교회 안에서는 물론 교회 밖에서도 하는 것이며, 말씀의 내용을 정확하게 알고 그것을 몸으로 행하는 것이며, 타인을 위해 자신이 가진 것, 시간, 돈, 지식, 생각을 희생하는 것이다. 이런 경향이 생긴 것은 목회자에게 큰 책임이 있다.

목회자는 교인들을 훈련시킬 의무가 있다. 그런데 일부 목회자들은 평신도 지도자들을 두려워한다. 그들이 싫어하는 것을 행하려 하지 않는다. 그들이 싫어하는 일을 추진하면 신분상 손해가 주어진다고 겁을 먹는다. 목회자는 오직 예배나 성경공부로 교인들을 가르치려고 하지 몸으로 실천하는 신앙 훈련을 시키려고 하지 않는다. 겁 많은 목회자들, 목회자들에게 겁을 주는 교인들이 한국교회의 위기를 가져오게 한 주범들이다. 당회가 원칙을 정하고 당회원들이 솔선수범하면 결국 모든 교인도 교회가 하는 신앙 훈련에 적극적으로 참여하게 될 것이다.

### (4) 감정에 호소하는 설교

설교란 결국 언어로 하나님의 말씀을 사람들에게 전하는 영적 예술이다. 언어에는 그 언어를 사용하는 사람의 생각과 감정이 담겨 있다. 그런데 설교는 인간을 변화시켜야 참된 설교가 된다. 그렇다면 무엇이 인간을 변화시키는가? 감정과 이성이다. 감정은 인간을 감동시키고 이성은 인간을 깨닫게 한다. 그런데 한국교회 목회자들은 비교적 인간을 감동시키는 설교를 선호하고 그래야 명설교라고 생각한다. 감정을 통한 감동을 우선하기 때문에 자연히 설교가 선동적인 설교가 되기 쉽다.

그런데 감정을 자극하여 감동을 주려는 설교는 그리 오래가지 못한다. 감정은 자주 변하고 따라서 감정을 통해 얻은 감동도 그리 오래가지 못하기 때문이다. 소위 아멘을 강요하거나 유도하는 설교들은 거의 청중의 감정을 지극하여 감동을 느끼도록 하기 때문에 열기가 충만하고 은혜가 충만하다는 느낌을 설교자나 청중에게 준다. 냉랭한 예배보다 훨씬 낫다. 그러나 은혜를 받는 것도 중요하지만 은혜를 오래 유지하여 그 삶이 변화되는 것이 더 중요하다. 그러기 위해서는 감동보다는 깨달음이 있어야 한다. 진리를 느끼는 것보다 진리를 깨닫는 것이 더 중시되어야 한다는 것이다. 그런데 한국교회는 감동을 강조한다. 나쁘지는 않으나 부족한 면이 분명 있다. 예배를 드릴 때는 열기에 차 있고 은혜를 받은 것 같은데 일상으로 돌아오면 다시 옛 시절로 돌아가 그 삶이 변화되지 못하는 경우가 허다하다. 이런 현상은 깨달음이 없기 때문에 생기는 현상이다.

감정을 자극하여 교인들을 감동시키려는 노력은 그 생명력이 오래 가지 못한다. 감정을 자극하여 얻는 감동은 그 범위가 매우 좁다. 인간의 감정은 단순하기 때문이다. 그래서 감동을 주려는 설교는 결국 같은 주제와 소재, 그 내용이 반복되기 쉽다. 시간이 지나면서 설교자는 같은 방법을 쓰게 되고 결국 교인들은 면역이 되어 지루하게 느끼기 시작하면서 나중에는 무감동의 세계로 빠지게 된다. 그래서 교인들을 웃기려는 내용들이 과도하게 삽입되어 설교는 코미디로 전락하는 위험성을 내포한다.

그러나 이성을 통해 교인들에게 깨달음을 주려는 설교는 교인들 입장에서 보면 일단 좀 지루하기도 하고, 어렵게 느껴지기도 하며, 열기가 없기 때문에 은혜를 받지 못하는 느낌을 받기가 쉽다. 그러나 이성을 통해 깨달음을 주려는 설교는 그 영향력이 오래간다. 감정이나 감동은 식기가 쉬우나 깨달음은 그런 단점이 아주 적다. 그래서 인간을 변화시키는 힘이 크다. 물론 이성을 통해 깨달음을 주는 설교는 논리적이어야 하고, 때로는 합리적이어야 하며 깊이가 있어야 하고 성경 본문에 대한 주석적 통찰과 교인들이 처한 상황을 바로 인지하는 능력이 있어야 하기 때문에 내공이 있는 목회자가 아니면 쉽게 할 수 없다.

목회자는 설교로 말하는 영적 존재이다. 감정을 통해 교인들을 감동시키는 뜨거운 설교도 할 줄 알아야 하고 이성을 통해 깨달음을 주는 차가운 설교도 할 줄 알아야 한다. 그러기 위해서는 인문학적 지식은 필수이고, 그 바탕 위에 신학적 지식과 통찰이 있어야 한다. 물론 기도와 명상 사색과 관조의 삶도 있어야 한다.

한국교회의 위기는 설교의 위기이다. 같은 내용만 반복하거나 감정에만 호소하는 설교는 이제 교인들을 만족시키지 못한다. 깊이가 있고, 삶의 현장에서 실천할 수 있는 세밀한 교훈들이 필요하다. 이제는 좀 차분히 말씀과 삶의 현장을 연결시켜 교인들에게 진리를 깨닫게 하는 설교를 해야 한다. 감정에 호소하는 설교는 시대에 뒤떨어진 설교이고, 그런 설교만을 계속하는 한 설교자로서의 영향력은 줄어들고 한국교회의 위기도 극복하기 어려울 것이다.

## 2) 신학적 원인

우리 교단에 과연 통합된 신학이 있는가? 우리 교단이 지향하는 신학적 목표를 현실적으로 제시한 학자는 있는가? 교단 산하 7개 신학대학이 있는데 과연 독자적인 신학이론을 주장하는 학자는 있는가? 신학자는 독자적인 신학이론을 주장하기 이전에 교회에 유익이 되는 신학적 지침을 제시하는 역할을 해야 하는데, 과연 그렇게 하는 학자들은 있는가? 총회가 동성애를 반대하는 결의를 했는데 동성애가 성경적으로 신학적으로 국가 사회적으로 잘못된 행위라는 것을 학문적으로 밝힌 학자가 있는가? 전도, 양육에 대한 실천적이고 효과적인 방법을 제시한 학자는 있는가? 신학적 주제를 가지고 치열하게 논쟁하는 학자는 있는가? 한국교회의 여러 분야를 신학적으로 조명하여 문제점을 날카롭게 지적하고 그 해결방법을 제시하는 학자는 있는가? 코로나 이후 한국교회의 변화에 대해 구체적으로 그 위기의식과 극복 방법을 제시한 학자는 있는가? 교회개척의 방법을 구체적으로 제시한 학자는 있는가? 위기에 처한 교회를 위해 새로운 성장이론과 방법을 제시하는 학자는 있는가? 목회생태계가 급변하는 이 시대에 목회자가 가져야 할 자세에 대한 구체적인 안내를 하는 학자는 있는가? 인문학과 신학을 통합하여 새로운 설교 방법을 제시하는 학자는 있는가? 목회자나 평신도가 알아야 할 성경 용어에 대한 실천적 지식을 정리하여 보급하는 학자는 있는가? WCC의 문제점과 그 필요성을 객관적으로 기술하여 목회자들로 하여금 WCC를 바르게 이해하도록 돕는 학자는 있는가? 통일문제를 신학적으로 조명하는 학자는 있는가? 한국사회가 사회주의로 기울고 있는 이 현실 속에서 사회주의를 신학적으로 비판하는 학자는 있는가? 자본주의 문제점과 그 해결방법을 제시하는 학자는 있는가? 정치신학을 하는 학자는 있는가? 학생들을 두려워하지 않고 자신의 신학이론을 가르치는 학자는 있는가? 예술신학을 하는 학자는 있는가? 교회교육의 문제점을 지적하고 그 해결방법을 제시하는 학자는 있는가? 평신도 경건교육을 교회에서 구체적으로 실시할 수 있도록 그 방법을 제시하는 학자는 있는가? 미래사회를 예언하는 학자는 있는가? 4차 산업혁명 시절에 교회의 위기를 선제적으로 제시하고 그 해결 방법을 제안하는 학자는 있는가?

지금까지 신학자들은 기존의 서양 신학의 이론을 가르치거나 신학적 이론을 주장하는 데 열중했다. 그러나 목회자들이 원하는 것은 이론과 동시에 구체적인 방법론을 제시해 달라는 것이다. 이론은 신학자의 몫이고 실천방법은 목회자들이 알아서 하라는 식의 방식은 목회자들 입장에서는 받아들이기 어렵다. 학자는 이론과 동시에 그 이론에 근거한 방법도 제시해야 한다. 방법을 현장에서 실천하는 것은 목회자의 몫이고 그 과정에서 현장 상황에 적합하도록 목회자들이 수정, 보완하는 것이 원칙이다. 그런데 지금까지 학자들은 이론만 가르칠 뿐 주장도 부족하고 방법을 제시하는 것은 턱없이 부족했다. 오늘날 우리 교단이 위기에 처한 데는 신학자들의 몫도 분명히 있다. 물론 신학대학을 조직적으로 지원하지 못한 총회의 책임도 면할 수는 없다.

## 3) 사회적 원인

흔히 현대를 포스트모더니즘 시대라고 한다. 포스트모더니즘은 다양성을 강조한다. 종교다원주의가 그래서 이 시대에 유행하고 있는 것이다. 그동안 기독교가 주장했던 유일한 구원의 길도 이 시대에 들어와서 퇴색되었다. 그리스도 외에도 구원의 길이 있다고 주장하는 학자들이 생겨났다. 이런 시대에 기독교의 전도는 어렵다. 기독교가 아니라도 구원의 길이 있다는 생각을 하고 있는 사람들에게 기독교를 전도하는 것은 기독교가 특별한 매력이 있거나 여러 종교 중에서 기독교가 여러 가지 면에서 뛰어난 가치나 영향력이 있어야 효과를 볼 수 있을 것이다.

그런데 과연 오늘의 기독교가 불신자들에게 그런 매력을 느끼게 해주고 있는가? 오히려 불신자들에게 조롱거리가 되고 있지는 않은가? 너무나 흔한 교회 안의 분쟁, 교회 지도자들의 실덕, 본을 보이지 못하는 교인들의 삶, 이런 일들로 인해 사회 속에서 빛과 소금의 역할을 감당하지 못하고 있다. 그러니 전도가 어렵게 되고 오히려 교인 중에서 교회에 대해 환멸을 느끼고 교회를 떠나는 사람들이 늘어나고 있다.

기독교는 세상 안에서 세상을 변화시키는 힘이 있어야 한다. 세상은 다원주의로 변화되었는데 교회가 제 구실을 감당하지 못하고 오히려 세상 사람들에게 지탄의 대상이 되고 있으니 교회가 몰락하는 것은 당연한 현상이다. 현대사회는 개인주의 사회이다. 그런데 교회는 공동체주의를 강조한다. 이제 교인들도 개인주의화되어 교회 일도 자신에게 유익이 되지 않으면 참여하려고 하지 않는다. 교회 행사에 참여도가 현저히 떨어지고 있다. 봉사하는 사람들이 급격하게 줄어들고 있고, 전도 활동이나 교회가 하는 신앙 훈련에 참여하는 교인들도 크게 줄어들고 있다. 신앙생활을 하고는 있지만 삶과 신앙은 유리되고 있다. 신앙은 신앙이고 삶은 삶이라는 생각을 하는 교인들이 증가하고 있다. 목회자나 장로, 권사, 안수집사들은 특권층화 되어 교회도 계급화 되고 있다. 이제 교인들은 그 누구의 권고도 듣지 않고 자기 마음대로 각자가 알아서 자기방식대로 신앙생활을 하고 있다. 우리 사회는 각자도생의 길을 걷는 사회이다. 이런 사회 속에서 사는 교인들도 각자도생의 신앙생활을 하고 있다.

우리 사회는 갈등 사회이다. 갈등을 당연하게 여긴다. 오히려 갈등이야말로 진보의 증거라고 주장하는 사람들도 있다. 맞는 말이기도 하다. 그러나 갈등은 창조의 동력이 되어야 하고, 그 갈등은 창조적으로 상생의 원칙을 통해 해결되는 갈등이어야 한다. 그러나 우리 사회는 갈등을 승패를 통해 해결하려고 하고 있다. 편을 가르고 상대를 모함하고 비난하고 퇴출시켜 그 갈등을 해결하려고 한다. 교회 안에도 사람들이 모여 있기에 갈등은 충분히 있을 수 있다. 그런데 교회조차도 사회의 영향을 받아 성경적 원리를 바탕으로 상생하는 방법이 아닌 승패의 방법으로 갈등을 해결하려고 한다. 교인들이 악해진 것일까? 참으로 개탄스럽다.

## 4) 정치적 원인

한국교회는 정치적 영향력을 지닌 교회였다. 3.1운동이나 민주화운동에 크게 기여한 자랑스러운 역사를 지니고 있다. 한국교회는 이런 전통 때문에 보수적 이념을 지닌 교인과 진보적 이념을 지닌 교인들이 혼재되어 있다. 우리 교단은 일반적으로 보수적 이념을 지닌 교인들이 많다. 그러나 진보적인 교인들은 목소리가 커서 거의 대등한 입장에서 이념 논쟁을 하고 있다. 보수정권은 교회 안에 있는 진보세력들은 홀대하거나 깎아내려 왔고, 진보정권은 보수세력을 적당히 탄압하면서 유화정책을 써왔다. 어느 정권이든 교회는 관리대상이었고, 신경이 쓰이는 공동체였다.

개인주의화 된 이 사회지만 교회는 언제든지 동기부여만 되면 분연히 일어설 수 있는 휴화산이라는 것을 모든 정권은 알고 있다.

정치가들은 교회를 이용하려고 한다. 투표에 유리한 고지를 점령하려는 정치적 의도가 있기 때문이다. 정치가들은 교회가 커지는 것을 좋아하지 않는다. 교회의 힘을 관리하는 것이 쉽지 않기 때문이다. 특히 진보정권은 교회를 두려워한다. 한국 사회의 강력한 집단들, 예를 들면 민노총, 한국노총, 전교조, 각종 시민단체들은 진보적인 단체지만 아직도 교회는 보수적인 공동체로 남아있기 때문이다. 진보정권은 나름대로 정당한 논리로 교회를 통제하려고 한다. 목회자 세금 문제, 코로나 시대에 예배 통제, 이런 것들은 정권 입장이나 불신자들 입장에서 보면 당연한 것이지만, 교회 입장에서 보면 불편한 것들이다. 모든 정권은 필요가 생기면 이런저런 명분으로 교회를 통제하려고 한다. 사실 교회는 탈정치화되어야 한다. 교회는 탈 이념화된 공동체여야 한다. 진보도 보수도 성경의 원리나 교리를 뛰어넘을 수 없다.

교회의 정치화는 교회 타락의 첩경이다. 기독교 단체는 정치적 견해를 피력하는 것을 삼가야 한다. 기독교 단체가 정치적인 견해를 밝히는 것은 정권이 교회를 탄압하려고 하거나 성경적 가치를 무시할 때, 예를 들면 자유의 유보, 불평등한 조치, 인권 유린, 자연파괴 등등에 국한되어야 한다. 오늘날 한국교회는 지나치게 정치적 이념에 경도되어 있다. 이런 현상이 도를 넘으면 전도에 악영향을 준다. 보수적인 교회에는 진보적인 사람들이 오지 않고, 진보적인 교회에는 보수적인 사람들이 오지 않는다. 보수적인 교인들은 진보적인 교인들을, 진보적인 교인들은 보수적인 교인들을 비난하게 되고, 결국 교회는 갈등의 장이 되고 만다. 지금 한국교회는 그런 어두운 길로 가고 있다. 이런 현상들은 결국 교회를 위기로 몰아넣는 원인이 된다.

## 5) 제도적 원인

우리 총회는 당회, 노회, 총회라는 기본 제도를 갖고 있다. 당회는 지교회를 통괄하고, 노회는 산하 교회를 통괄하며, 총회는 전 교회를 통괄한다. 제도의 핵심은 당회이다. 당회는 목사와 장로로 구성되어 있다. 당회 구성원인 목사와 장로가 바로 교회를 섬기지 못하면 교회는 어려움에 빠지고 노회도 총회도 이를 해결하기가 어렵다. 노회와 총회가 아무리 지교회를 통괄하려고 해도 해당 당회가 교단을 탈퇴하면 구속력을 갖지 못하기 때문이다. 그런데 당회의 구성이 전근대적이다. 지금의 구조는 이미 오래전의 구조이다. 시대는 변하고 교인들의 의식이 변했는데 당회의 구성 형식이나 역할이 예전 그대로이기에 교회 쇠퇴의 큰 원인이 되었다.

목사 위임제도는 목사의 신분을 보호하고 장기목회를 할 수 있도록 하는 데 그 목적을 둔 제도이다. 그러나 지금은 이런 장점보다는 단점이 더 부각되고 있다. 위임목사라 해도 더 좋은 교회가 있으면 사임해서 교회를 옮기면 그만이고, 신분보장도 이런저런 악의적 압력 때문에 목사가 견디지 못해 사임하는 경우가 비일비재하다. 위임목사가 분쟁에 휩싸여 교회를 사임하는 경우, 퇴직금이나 생활비 문제로 인해 금전적 갈등이 생겨나서 사회재판을 하거나 갈등이 심화되어 교회가 분열되고 교인들이 떠나는 일도 생겨나고 있다. 또한 위임제도는 70세 정년까지 그 신분을 법적으로 보장하는 것이기 때문에 일부 목회자들은 이를 악용하여 무사안일하게 목회를 하는 경우도 생겨나고 있다.

장로제도는 어떤가? 본래 장로는 평신도 대표로서 담임목사를 보필하는 데 그 목적이 있었지만 일부 장로들은 담임목사를 악의적으로 견제하는 역할을 더 많이 해서 목사들을 고통스럽게 하고 있다. 창조적 견제는 성장의 동력이 되지만 악의적 견제는 교회 쇠락의 원인이 된다. 또한 장로 정년도 70인데 이 또한 문제점이 있다. 교인 30명에 한 사람의 장로를 선택한다. 교인 50명이 있을 때 장로가 되었는데 그 교회가 5,000명 출석하는 교회가 되어도 여전히 70세까지 장로로 활동한다는 교인 대표성에 문제가 있다는 지적이 생긴다. 장로는 교인의 대표이다. 50명의 대표가 5,000명의 교회가 되어도 여전히 교인 대표로서 활동한다는 것은 민주주의 이론상 모순이다. 당회원들의 임기가 보장되었다는 점은 장점도 있지만 만에 하나 그 구성원들이 무사안일하게 되면 교회는 실로 큰 영향을 받아 쇠락의 길을 걷게 된다. 지도자들의 나태, 교만, 무책임은 교회 쇠락의 첩경이다. 모든 제도는 장단점이 있게 마련이다. 이제 우리 교단의 당회제도는 재검토되어야 한다. 나태, 교만, 무책임에서 벗어나서 늘 위기감을 갖고 서로 협력하여 교회를 섬길 수 있는 새로운 제도가 마련되어야 한다. 예를 들면. 위임을 받은 목사는 10년간 다른 교회로 이직하지 못하게 한다든가, 장로 임기제를 만들어 여러 사람이 장로로서 봉사할 수 있는 기회를 제공 한다든가, 어떤 형태로든지 지금 제도는 재검토되어야 한다.

노회가 제 기능을 다 하지 못하는 것도 교단 위기의 한 원인을 제공했다. 각종 행정 업무를 정치적으로 접근해서는 안 되며, 노회는 불필요한 일들을 하지 말고 산하 교회를 돌보는 일을 중점적으로 해야 한다. 불필요한 일들을 노회가 할수록 경비가 더 들고 감투싸움이 심해지며 유명무실한 노회가 되기 쉽다. 노회가 해야 할 가장 시급한 일은 산하 미자립 교회들이 자립할 수 있도록 정책적으로 재정적으로 지원하는 것이다. 그러기 위해서는 산하 교회의 현 실정을 정확하게 파악해야 한다. 유명무실한 교회는 일정 기간 기회를 주고 점진적으로 정리해야 한다. 동반성장은 명분은 좋으나 장래를 전망해 볼 때 지금 우리 교단의 능력으로는 불가능한 구호이다. 슬픈 일이지만 더 큰 분쟁이 생기기 전에 지혜롭게 대처해야 한다.

총회는 너무 비대하다. 총회의 중요한 역할은 교단의 각종 정책, 교리, 국가 시책에 대한 의견 피력, 외국 교단과의 연대 등을 주로 해야 하는 회의인데 하는 사업이 너무 방대하다. 오래전에 우리 교단은 사업은 노회가, 정책은 총회가 하기로 결정했으나 모든 사업을 총회가 하는 현상은 그대로 유지하고 있다. 총대 수를 줄이는 것이 중요한 것이 아니라 사업을 극대화하는 방법을 연구해야 한다. 노회가 사업을 하기에는 역부족이다. 교리 문제, 교육 과제, 외국 교회와의 연대, 국가를 상대해야 하는 일들, 아주 중요한 행정원칙 등만 총회가 다루고, 각종 사업은 노회 연합체인 5개 권역을 대회제로 승격시켜 재정과 인력을 이관시켜야 한다. 그래서 총회 업무를 분담시켜야 한다. 예를 들면 세계선교부 산하에 선교사들이나 선교단체가 수천 명, 수십 개인데 이를 총회 세계 선교부가 현황 파악, 지원, 문제 해결 등을 다 할 수 없다. 이를 나누어 관리해 보자, 아프리카 지역은 서부지역에서, 아시아 지역은 동부지역에서, 아메리카 지역은 중부지역에서, 유럽지역은 강북지역에서, 선교사 단체는 강남지역에서, 이렇게 나누어 관리하면 지금보다 훨씬 효율적이 될 수 있을 것이다. 큰 공동체보다 작은 공동체가 유연성, 활동성, 책임성이 높다. 전근대적인 각종 제도가 교회의 위기를 가져왔다. 이제 낡은 제도를 혁파하는 결단이 필요하다.

## 6) 인문학적 원인

목회자나 교인 중에는 인문학에 대해 부정적 편견을 가진 사람들이 많다. 인문학의 기원이 그리스로마 시대라고 생각하기 때문이기도 하지만, 인문학은 신학과 대립되는 학문이라고 주장하는 사람들이 그동안 많이 있었기 때문이다. 그런데 교인들은 분명 인간이다. 예수를 믿어 구원을 받았다고 해서 인간이 아닌 특별한 존재가 되는 것이 아니다. 목회란 하나님의 말씀을 통해 교인들을 섬기는 것이고, 인도하는 것이며, 치유하는 거룩한 행동이다. 교인들이 어떤 존재인가를 모르고 목회를 할 수 없다. 인문학이란 인간에 대한 학문이고, 그 중심은 문학, 역사, 철학이다. 문학, 역사, 철학에는 인간에 대한 다양한 이해, 해석, 그 삶에 대한 모습들이 녹아있다. 특히 인간은 상황적 존재이다. 본질이 불변한 속성이라면 상황은 시시각각, 인간을 변하게 만드는 요인이다. 시대가 변하면 인간도 변한다. 상황이 변하다 보면 본질도 변한다. 그래서 실존주의자들은 실존을 본질보다 더 중요시하는 것이다.

초창기 한국에 기독교가 전래되던 그때, 가난한 1960, 70년대, 세계 10위 권속으로 드나드는 경제대국이 된 이 시대의 인간의 생각, 감정, 가치, 생활 모습, 인간의 실존과 본질은 각각 다르다. 그럼에도 불구하고 목회자들은 변해 버린 인간을 인식하지 못하고 그냥 그대로 예전처럼 설교하고 목회하면 교인들은 교회를 떠나버리고 전도도 어려워진다. 인간이 어떤 존재인지, 그 인간이 어떻게 변해가는지, 미래 사회에 인간은 어떤 것들을 선호하는지, 이런 것들에 대한 지식이 목회자에게 있어야 한다. 인문학을 중심으로 인류 문명사를 보면 인류 문명을 보면 좀 더 편하게, 좀 더 즐겁게, 좀 더 아름답게, 이 방향으로 진보되어 왔다. 그러기에 목회자들은 이런 흐름 속에서 인간을 어떻게 돌보며 섬겨야 하는지를 알아야 하며, 이런 흐름 속에 인간이 당하는 아픔, 소외, 상처들이 무엇인지를 통찰해서 교인들을 치유해 주어야 한다. 복음을 전하는 방법, 전도하는 방법, 교회를 섬기는 방법, 실로 모든 면에서 이제 재검토를 해야 한다. 특히 코로나 이후 인간이 어떻게 변할 것인지를 예측하고 그 대책을 미리 준비해야 한다.

한국교회가 위기에 처한 이유 중 하나는 목회자들이 변해가는 교인들을 이해하지 못하고 맹목적으로 순종을 강요하고, 기복적 설교만 앵무새처럼 되풀이한 데 그 원인이 있다. 목회자들은 단테가 그의 대작 《신곡》에서 주장하듯, 인문학적 지식 위에 신학적 지식을 쌓고 명상을 통해 하나님을 만나는 감격과 깨달음이 있어야 교인들을 상대로 힘 있고, 열매가 있는 목회를 할 수 있다. 그동안 목회자들은 인문학을 필요 이상으로 하대하고 폄하했다. 그 결과 교인들의 삶과 유리된 목회를 해왔다.

## 7) 경제적 원인

교회는 공동체이다. 다양한 행사와 관리가 필요한 인적 조직이다. 당연히 돈이 필요하다. 아주 직설적으로 표현한다면 교회는 돈이 없으면 공동체로서 존재할 수 없다. 교회의 재정은 교인들의 헌금으로 충당된다. 그런데 교인들이 헌금을 잘하려면 세 가지 조건이 충족되어야 한다. 교인들의 믿음, 교인들의 경제적 형편, 헌금 사용에 대한 교인들의 동의가 그것이다. 과거에는 이 세 가지가 어느 정도 충족되어 헌금액이 비교적 여유가 있었다. 그러나 지금은 세 가지 조건이 모두 붕괴되어 가고 있다.

믿음이란 기복적인 조건이 우선된다. 복을 받기 위해 믿음을 갖는다는 것이다. 복이란 세상 살아가는 데 필요한 모든 것의 총합이다. 돈, 건강, 자식 잘 되는 것, 명예, 권력, 평안, 죄 사함 받는 것, 천당 가는 것 등등, 한마디로 요약한다면 만사형통이 곧 복이다. 그런데 지금 한국 사회는 풍요한 사회이다. 국가의 복지혜택이 증가하고 있고, 주식, 부동산으로 돈을 벌려고 한다. 하나님이 주시는 복을 원하기는 하지만 매달리지는 않는다. 이제 교인들은 스스로의 노력으로 복을 만들려고 하고 있다. 기복적인 믿음이 퇴색되고 있다.

또한 젊은 교인들은 아버지 세대처럼 복을 절실히 원하지 않는다. 그들은 그들 스스로의 인생을 편하게 즐기려는 부류이다. 그들은 남과 비교하는 삶을 중시하지 않고 자기가 살고 싶은 인생을 중시한다. 그들에게 중요한 것은 복이 아니라 즐거움이요 편안함이다. 그들은 그런 가치를 하나님께로부터 얻기보다는 스스로 만들려고 한다. 기성세대 입장에서 본다면 믿음이 부족한 것이지만 그들은 나름대로 자신들에게도 믿음은 있다고 주장한다. 기성세대는 복이 중심이라면 젊은 세대는 삶이 중요하다. 편하고 즐거운 삶을 살려면 돈이 필요하다. 젊은 세대는 헌금할 재정적 여유가 없다. 특히 현대 사회는 소비사회이다. 소비해야 할 영역이 빠르게 증가하고 있다. 여행, 취미생활, 건강관리, 자녀교육, 유행 따라가기, 노후준비 등등 소비해야 할 부분이 날로 늘고 있다.

헌금은 소비가 아니라 창조이다. 현대 교인들은 창조보다는 소비가 중요하다고 여긴다. 우리 사회의 경제 구조도 과거보다 나빠졌다. 일부 경제학자들은 한국경제의 전성기는 지나갔다고 주장한다. 헌금을 하려고 해도 헌금할 여력이 부족해지는 현상이 역력하다. 특히 현대 교인들은 그 지식 수준이 높아졌기 때문에 자신이 다니는 교회가 불필요한 부분에 재정이 투입된다든가 재정관리가 불투명하거나 교회분쟁이 생기면 헌금을 하지 않는다. 심지어 다른 교회에 헌금을 보내버리기도 한다. 이처럼 현대교회는 이런저런 일로 헌금이 줄어들고 있다. 특히 코로나 시대를 맞이하여 헌금은 급격하게 줄고 있고, 코로나가 극복된 이후에도 예전 수준으로 헌금이 회복되는 것은 불가능할 것이다. 또한 과거 일부 대형교회는 필요 이상으로 빚을 내어 성전을 크게 지었다. 그 빚을 갚느라고 성장을 위한 각종 행사를 할 수 없게 되었다. 돈은 연료이다. 지금 한국교회는 연료가 떨어지는 자동차와 같다.

# 3. 위기 탈출의 방안

한국교회는 지금 위기를 맞이했다. 침몰하는 타이타닉호와 같다. 그러나 상황이 아무리 위중해도 교회를 살리려는 노력을 중단해서는 안 된다. 이율곡은 소위 '경장론'이라는 것을 주장했다. 어느 공동체건 흥망성쇠의 역사적 과정을 거치지만 흥에서 망으로 가는 도중에 경장을 하면 망을 극복할 수 있다는 주장이다. 경장이란 낡은 제도, 잘못된 관습, 시대에 맞지 않는 이런저런 폐습들을 고쳐 나가는 것을 의미한다. 즉 개혁하면 망을 극복할 수 있다는 것이다.

지금 한국교회는 개혁을 해야 살아남는다. 그렇다면 무엇을 어떻게 개혁해야 하는가? 개혁의 과제를 정하는 데는 각자의 주장이 다를 수 있다. 역사적으로 보면 개혁은 의식과 사람과 제도를 바꾸는 것이 그 핵심이었다. 조광조, 이율곡, 정조, 김옥균도 다 그랬다. 그런데 사람을 바꾸는 것보다 의식과 제도를 바꾸는 것이 더 본질에 가깝다. 의식과 제도를 바꾸면 결국 사람도 바뀌기 때문이다. 사람을 상대로 한 개혁은 그 효과가 신속하게 나타나지만 오래가지 못한다. 사람이 그 일을 하는 시기는 매우 짧기 때문이다. 그런데 의식과 제도를 바꾸면 그 효과가 나타나기까지는 시간이 좀 걸리지만 일단 정착이 되면 수십 년을 유지할 수 있다. 사람을 바꾸는 개혁은 지도층 일부를 대상으로 하지만 의식과 제도를 바꾸는 개혁은 지도층은 물론 장차 지도층이 되려는 사람들 모두에게 적용되기 때문에 개혁의 넓이가 크다.

한국교회의 위기를 극복하는 개혁은 사람을 바꾸는 것과 의식과 제도를 바꾸는 개혁이 동시에 이루어져야 한다. 왜냐하면 한국교회가 급격하게 몰락하고 있으므로 더 이상 지체할 수 없기 때문이다. 사람을 개혁하거나 의식과 제도를 개혁하거나 그 핵심은 내용과 형식이다. 내용과 형식이 서로 조화를 이루지 못하면 그 개혁은 실패한다. 다시 말하면 개혁의 내용을 제대로 표현하는 형식적 접근이 필요하다는 것이다. 내용은 좋으나 그것을 실천하는 시기, 준비 기간, 여론 수렴 과정, 피해를 보는 자들에 대한 배려 등이 없으면 그 개혁은 실패한다. 조광조의 개혁이나 이율곡의 개혁, 김옥균의 개혁 등이 실패한 것은 그 내용보다 그 형식에 있었기 때문이다. 개혁은 혁명이 아니기 때문에 다양한 이해관계 당사자들의 합의 과정이 필요하다. 그래서 개혁은 혁명보다 더 어렵다. 그런데도 우리가 혁명보다 개혁을 원하는 것은 혁명은 합의 과정 없이 선동과 선전으로 이루어지므로 비합리적인 결과를 가져올 개연성이 더 많고 개혁보다 잔인한 과정을 걸치는 단점이 있기 때문이다.

개혁은 시대의 흐름과 일치해야 한다. 개혁은 지금 갖고 있는 제도나 지금 지도층들의 폐습을 바꾸는 것이지만 그것은 미래를 준비하는 과정이기 때문에 미래를 예측하는 지혜가 없으면 사실상 개악이 되고 만다. 개혁은 모두 살아남기 위해 변화를 도모하는 것이지 일부 기득권이나 기득권이 되려는 사람들을 위한 변화가 아니다. 그래서 개혁은 항상 반대 세력들이 있게 마련이다. 개혁을 반대하는 세력은 소수이긴 하지만 그 힘은 막강하다. 그들은 힘을 갖고 있는 집단이다. 그들은 미래를 사는 사람들이 아니라 오늘을 즐기는 사람들이다. 그들은 소수이긴 해도 자신들의 이익을 지키기 위해 결집되어 있는 세력이다. 개혁을 시도하면 그들은 더 결집하다. 카르텔을 형성하여 저항한다. 결국 일부 개혁 세력들은 그들의 저항과 대중들의 무관심 때문에 쓰러진다. 개혁은 개혁자들이 쓰러진 그 자리에서 싹이 돋고 성장한다. 대중은 무심하지만 개혁자가 쓰러지면 그때야 눈을 뜬다. 그때 비로소 대중도 결집하기 시작한다. 개혁의 최종 단계는 결집된 기득권층과 대중의 싸움으로 결판난다. 이 싸움의 승자는 대중이다. 역사가 그것을 증명하고 있다.

이제 한국교회는 조만간에 이 싸움이 시작될 것이다. 한국교회에서 목사나 장로들은 기득권층이 되었다. 일부 교회를 제외하고 장로들이 더 기득권화되었다. 사례를 받기 때문에 목사에게는 책임을 물을 수 있지만 장로들에게는 봉사 직이라는 명분 때문에 책임을 직접적으로 물을 수 없다. 사실상 목사들의 영권, 인격권, 생존권이 장로들에게 주어졌다. 그런데 대중이 눈을 뜨기 시작했다. 누군가가 대중을 선동하기 시작하면 이 대중이 결집하여 집단군을 형성할 가능성이 커졌다. 그러므로 싸움이 시작되기 전에 개혁이 이루어져야 한다. 목사, 장로, 교인들이 다 살아야 교회는 위기를 극복하고 살아남을 수 있다.

이제 앞으로 열거하는 개혁 과제들은 모두가 살아남기 위해 바꿔야 하는 제도들이다. 지금 시점에서 보면 과격한 내용도 있지만 장기적으로 필요한 것들이다. 교리만 제외하고 모든 것을 바꿔야 한다는 각오로 이 일에 임해야 한다. 물론 보완해야 할 점도 많을 것이다. 빛만 있고 어둠이 없는 세상이 어디 있으랴. 그러나 어둠보다 빛이 더 강하면 빛으로 가야 한다. 단점보다 장점이 더 많으면 그 길을 택해야 한다. 토론을 하되 결단은 내려야 한다.

모든 개혁은 저항당하기 마련이다. 기득권을 가진 자들은 반드시 저항할 것이다. 총회를 통해 금전적 이익을 얻는 자들, 자리를 탐내는 자들, 기득권을 지키려는 자들, 맹목적인 원칙만 강조하는 자들 등등 그 외에도 많은 자들이 개혁에 저항할 것이다. 저항하는 것은 자유다. 그러나 대안을 제시하면서 개혁에 저항해야 한다. 더 좋은 개혁안을 제시한다면 이는 총회를 위해 다행한 일이다. 가장 나쁜 사람들은 비합리적인, 비성경적인, 현실의 문제를 외면하고 새로운 개혁안을 제시하지 않고, 무조건 저항하는 것이다. 그런 사람들 때문에 총회는 무너진다. 교회와 총회에 죄를 짓는 행위이다.

# 2부
# 위기 탈출을 위한
# 정책적 제언

# 1. NCC에 대한 통제 강화

    NCC는 필요한 기구이다. 그간의 활동에 긍정적인 것들도 많다. 역사 발전은 보수와 진보의 절충, 상호보완, 균형 등에 의해 이루어졌다. 보수란 원래 과거의 좋은 것을 유지시켜 나가자는 주장을 강하게 하고, 진보는 잘못된 것을 고쳐 나가야 보다 좋은 사회가 이루어진다고 주장하는 이념이다. 이 세상에는 좋은 것도 있고 고쳐야 할 것도 있다. 그러기에 보수와 진보는 적대적 이념이 아니라 상호 보완적 개념이라고 생각할 수 있다. 진보로 폐기가 된 어떤 보수적 형태는 역사 속으로 사라지게 되고 그 진보적 가치는 세월이 흐르면서 보수적 가치로 되어 역사 안에 살아남는다. 결국 보수는 진보로 대치되고, 그 진보는 다시 보수로 유지되다가 새로운 진보로 폐기되고, 그 새로운 진보는 다시 보수로 정착하게 되면서 진보의 도전 목표가 되는 것이다. 그러니 영원한 보수도 없고 영원한 진보도 없다. 긴 역사의 흐름으로 보면 보수와 진보 논쟁은 사실상 순환일 뿐이다.

    물론 기독교적 입장에서 보면 역사는 주님 재림이라는 목표로 향하는 직선의 흐름이다. 그 직선의 흐름 속에서 순환이 이루어진다고 보면 될 것이다. 이러한 역사 인식을 바탕으로 보면, NCC는 진보적 색채가 강하기 때문에 보수교단 입장에서 보면 불편하기는 하지만 그 필요성은 인정해야 한다. 보수교단 입장에서 NCC는 필요한 조직이고, NCC 입장에서도 보수교단은 필요한 조직이다. 그런데 오늘날 보수교단과 NCC 사이는 대화가 단절되었다. 일단 상대적으로 더 큰 책임은 NCC에 있다. NCC는 보수교단이 수용할 수 없는 주장을 자주 하고 있기 때문이다.

우선, 동성애 문제를 예로 들어보자. 기독교적 입장에서 본다면 제아무리 타당한 주장이라도 성경의 가치를 부정하는 주장은 할 수 없고 해서도 안 된다. 인권이라는 중요 과제도 성경의 진리 안에서 주장해야 한다. 서구 기독교의 몰락은 여러 가지 원인이 있지만 그중 하나가 동성애를 일부 기독교 단체들이 인권이라는 이름으로 동조했다는 데 기인한다. 만약 동성애를 인정하게 된다면 한국교회도 몰락할 것이다. NCC의 동성애 옹호는 성경의 가치를 부정하는 것이며, 한국교회를 몰락시키는 결정타가 될 것이다. 교회가 살아야 NCC도 살 수 있다는 점을 NCC 당국자들은 명심해야 할 것이다.

둘째, NCC는 전통적으로 인권을 강조해 왔다. 사실 인권 신장에 NCC가 공헌한 것도 사실이다. 그런데 최근 우리 NCC는 국내의 인권 문제는 나름대로 발언을 하고 있지만, 북한의 인권 문제는 전혀 언급이 없다. 최근 미얀마 사태를 보면서 나름 미얀마 국민의 인권 문제에 대해 발언을 했는데, 유독 북한에 대해서 침묵하는 것은 그 단체의 정통성에 회의를 품게 만든다. 좀 NCC는 당당해야 한다. 일관성, 공정성이 있어야 한다.

셋째, NCC는 진보적 조직이다. 진보적 주장을 하는 단체이다. 그런데 무엇이 진보인지를 깊이 성찰해야 한다. 북한은 진보적 나라인가? 집권 세력은 반드시 진보적인가? 보수 정당은 반드시 반 진보적인가? 시회 주의는 반드시 진보적 이념인가? 이념은 왜 필요한가? 이념의 한계는 없는가? 과연 이 세상을 이념으로 바꿀 수 있는가? 진보주의자들은 진보우 상주의자들이 아닌가? 진보주의자는 보수주의자들 보다 훨씬 더 공부를 해야 하고 현실 분석을 객관적으로 냉정하게 해야 한다. 진정한 인권은 성경적 근거에서 나와야 한다. 죄인에게도 인권이 있다고 주장하면서 이 념이 다른 사람의 인권에는 왜 무심한가? 적에게는 박애를 주장하고 자기편에는 인권을 주장하는 것이 옳은가? 보수의 약점은 그 시야가 좁다는 데 있고, 진보의 장점은 그 시야가 넓고 멀리 보면서 모두에게 적용되는 가치를 주장하는 것이 아닌가? 과연 NCC는 그렇게 하고 있는가?

넷째, NCC에 참여하는 사람들은 늘 그 사람들이라는 부정적 세간의 평가를 고치려고 하지 않는다. 이념적인 사람들은 동지적 개념이 보수적 사람들보다도 훨씬 강하다. 투쟁해야 할 때는 동지가 있어야 한다. 그러나 평화 시에는 동지가 카르텔이 된다. 이를 치열하게 반성하고 경계하지 않으면 동지애는 부패조직을 이어가는 논리가 된다. 지금은 투쟁하는 때가 아니다. 아마 앞으로도 없을 것이다. 거리 투쟁은 역사의 유물이다. 인간은 '좀 더 편하게, 좀 더 즐겁게, 좀 더 아름답게', 이런 세 가지 의식 구조가 그 생활을 지배해 왔다. 앞으로 더 가속도가 붙을 것이다. NCC 는 이제 동지애로 일할 것이 아니라 합리적 사고로 뭉쳐야 살아남는다. 기득권을 가진 자들이 동지애를 외치면서 이 조직을 이끌어 가는 현상을 청산해야 한다.

다섯째, NCC는 자금난으로 어려워질 것이다. 자금난은 교회의 쇠퇴로 인해 모든 교회가 다 겪어야 할 고통이지만 NCC는 더 심할 것이다. 보수 교단의 지원을 받지 않고는 앞으로 유지가 어려워질 것이다. 이제 NCC는 변해야 한다. 보수와 공존하면서 객관적인 자세에서 진정한 진보의 가치를 주장해야 할 것이다. 이념이 진보가 아니다. 인간이 역사 속에서 주장해 온 자유, 평화, 평등, 박애, 조화, 질서, 협력 등이 진보의 가치이다. 진보는 단순히 주장만 하는 것이라 아니라 방법도 깊이 연구해야 한다. 현실을 바탕으로 이해, 설득, 조정 등을 합리적으로 해야 한다. 혁명이 진보가 아니다. 정치 혁명시대는 지나갔다. 역사는 모든 형태의 정치혁명을 경험했지만, 그것들이 세상을 근본적으로 변화시키지 못했다.

NCC는 보수교단과도 교류해야 한다. 보수의 가치를 존중해야 한다. 우리 교단은 NCC를 실질적으로 지탱하고 있는 기둥이다. 우리 교단이 탈퇴하면 NCC는 붕괴된다. 책임을 다하되 반성경적으로, 친 사회주의로, 하나님을 외면하는 인간주의로 나가는 것에 앞장서야 한다. 때에 따라서는 통제해야 한다. 그것이 NCC와 교회를 살리는 길이다.

# 2. 공동의회 산하 교회운영위원회 설치

교회의 최고 의결 기관은 공동의회이다. 가장 중요한 교회 일은 반드시 공동의회의 결의를 얻어야 한다. 그런데 지금 헌법은 당회가 모든 일을 주관하고 있다. 심지어 재정까지도 당회가 관장하고 있다. 당회는 그동안 교회 성장에 중심적 역할을 해 왔다. 그러나 이제 시대가 변했다. 당회원들의 평균 연령은 50대 후반 이상이다. 급변하는 이 시대의 조류로 보아 낡은 세대들이다. 사고가 경직되기 쉽고, 변화에 무감각하거나 대응이 늦다. 교회 성장은 당회원들만 가지고는 역부족이다. 총체적으로 교회의 힘을 모두 결집시켜 교회를 수호하고 교회성장을 도모해야 한다.

그러기 위해서는 모든 세대가 참여하는 의사결정 기구가 있어야 한다. 물론 공동의회는 교인 모두가 회원이기 때문에 청년들도 참여할 수 있지만, 기성세대가 주관하는 그 회의에 청년들이 자주적으로 참여하기는 쉽지 않다. 그러므로 공동의회 산하에 교회운영위원회를 설치해서 교회운영 전반에 걸쳐서 심도 있는 논의를 해서 중대한 일을 결정해야 한다. 목사를 견제하는 세력들이 있다. 장로들이다. 그렇다면 장로들은 누가 견제하는가? 견제와 균형이 발전의 기본 구조이다.

교회운영위원회는 담임목사가 위원장이 되고, 장로가 부위원장이 되며, 은퇴장로, 시무장로, 안수집사, 권사, 선교단체장, 청년회, 서리집사 남녀 등 각각 1명씩 9~11명을 위원으로 하고, 임기는 2년으로 정해, 주요 교회 운영에 대한 논의를 정기적으로 해서 당회에 필요한 정책을 건의하고, 당회는 그 건의를 적극적으로 반영하여 집행하도록 한다. 즉 교회재정, 주요행사, 담임목사 청빙, 담임목사와 장로들에 대한 건의, 당회가 위임하는 사항 등을 결정하도록 한다. 이런 제도가 시행되면 교회 모든 구성원이 교회운영에 참여하게 되고, 책임감을 갖게 되며, 특히 서리집사와 청년들, 젊은 층들의 의견이 수렴되는 장점을 갖는다. 특히 대부분 교회분쟁이 담임목사와 장로들 사이에서 생기는데 이 운영위원회를 두면 완충 지대가 생기고 당회를 감시하는 역할도 할 수 있으므로 교회분쟁이 상당수 줄어드는 효과를 얻을 수 있다.

당회 등 각 부서의 대표는 당회가 임명하지 말고 그 부서에서 대표를 뽑도록 하되 자격 기준을 엄격하게 명시해야 한다. 십일조는 당연하고 교회 출석이 3/4 이상 되어야 하며, 등록한 지 7년 이상이 되어야 한다. 한 번 운영위원이 된 사람은 연임이 불가하고 임기가 끝난 후, 2년이 지나면 다시 선출될 수 있도록 한다. 물론 이 제도가 부작용을 낳을 수도 있다. 그러나 지금 한국교회의 고질적인 문제, 즉 목사와 장로의 갈등, 당회의 독주, 지도층의 무사인일, 재정 비리, 청년층의 이탈, 젊은 서리집사들의 무관심 등을 고치는 데는 효과적일 것이다.

변화를 두려워하면 안 된다. 변화하지 못하면 교회는 무너진다. 성령의 역사는 교회를 살려보려고 노력하는 교회에 임하는 것이지 교회 직분을 완장처럼 생각하거나 교회분쟁을 통해 자기를 과시하려는 자들이 득세하는 교회에는 임하지 않는다. 앞으로 농촌교회는 70 정년을 기준으로 하면 장로들은 임기 완료가 되어 당회원이 될 수도 없고, 그렇다고 장로 임기를 연장할 수도 없다. 장로가 없는 교회에 장로를 인위적으로 선출하려면 부정적인 현상들이 생겨 부적격자들이 장로가 될 소지도 있고, 결과적으로 교회 분쟁은 심화될 것이고 이는 교회가 망하는 길로 가는 첩경이 된다.

장로가 없는 교회는 차라리 운영위원회를 설치하여 당회 역할을 겸하여 하도록 하고, 장차 훈련된 교인들이 나오면서 자연스럽게 장로 임직을 하게 하는 것이 순리이다. 당회라는 조직을 구성해야 한다는 강박관념에서 이제 해방될 때가 되었다. 당회가 구성되어야 조직교회가 되고 조직교회가 되어야 위임목사가 배출된다는 이런 제도는 전근대적인 제도이다. 교인들이 고령화되어 가고 있고, 교인들이 줄어드는 이 시대에 당회를 구성할 수 있는 교회가 과연 몇 교회나 되겠는가?

위임목사가 있어야 부목사를 둘 수 있다는 이 제도도 심한 모순이다. 위임목사를 두지 않으려고 하면서 부목사를 두려고 한다면 결국 불법을 공공연히 조장하는 것이 아닌가? 임시목사 연임 청원을 당회가 한다는 것도 대의제 원칙에 어긋난다. 대형교회는 당회가 임시목사 연임청원을 하는 것은 대의제라고 할 수 있으나, 교인이 100명 정도인데 3~4명의 장로들이 교인 대다수의 의견을 무시하고 임시목사 연임 여부를 정하는 것은 대의제 원칙과 어긋난다. 공동의회 산하에 교회운영위원회를 두는 것이 합리적이다.

일단 교인 100명 이하의 교회는 당장 시행하고, 중형교회는 3~4년을 두고 더 연구해서 시행하며, 대형교회는 향후 10년이 지난 후, 시행하면 부적용을 줄일 수 있고 잘못되는 부분을 시정할 수 있는 여유를 갖게 될 것이다. 모든 면에 완벽한 제도는 없다. 모든 제도는 시대의 변화에 맞게 달라져야 한다. 특히 모든 제도는 교회를 살리려는 목적이 우선되어야 한다. 기득권을 지켜주는 제도는 일종의 악이다.

10년이면 강산도 변한다는 말이 있다. 그러나 지금은 1년이면 강산이 변한다. 변하는 시대에 변하지 않으려는 것은 몰락을 자초하는 일이다. 교리를 바꾸자는 것도 아닌데 변화를 두려워할 이유가 없다. 물론 어떤 사람들은 총회의 구조는 교리에 근거한 것이라는 억지 주장도 할 수는 있을 것이다. 그러나 다시 생각해 보라. 그런 생각이 옳은 것이라면 왜 지금까지 총회의 제도들이 변해왔는가? 당회제도에 집착하는 것은 장로들의 기득권을 지키려는 의도가 더 크기 때문이다. 목사에 대한 견제는 필요하다. 장로들이 해야할 의무이기도 하다. 그러나 장로들이 없으면 당회제도를 살리기 위해 무자격자도 마구 장로로 세워야 한다는 말인가? 좋은 장로가 선임될 때 까지만 공동의회 산하 운영위원회가 그 일을 하면 된다.

# 3. 교단의 직접 홍보 강화

현대는 홍보 시대이다. 다양한 미디어가 발달하면서 자연스럽게 자신을 알리려는 욕구가 분출되었다. 자유 중에서 가장 강조되는 자유는 표현의 자유이다. 표현이란 자기감정이나 생각을 알리는 것에서 더 나아가 자기 장점을 알리고 자기가 하는 일을 알리는 것이고, 그런 행위를 통해 다른 사람과 공감하고 협력을 얻고자 하는 의도된 행동이다. 홍보는 개인에게도 필요하지만 공동체에는 더욱 필요하다. 개인은 은둔해도 살아남지만 공동체는 숨어있으면 죽는다. 공동체는 살아남고 발전하기 위해 공동체의 장점과 목표를 대중에게 알려야 한다. 지금은 회사뿐 아니라 대학들도 홍보에 전력을 다하고 있다. 교회조차 홍보물을 만들어 배부하고 있다. 그런데 왜 총회는 홍보하지 않는가?

이제 교단도 홍보해야 한다. 교단 홍보는 집단 전도활동이다. 전도는 사람이 하는 것이라는 생각은 낡은 생각이다. 문서 전도라는 말이 있듯이 모든 미디어가 전도지가 된다. 현대는 사람에 의한 전도보다는 미디어를 통한 전도가 더 효과적이다. 이제 사람들은 사람을 싫어한다. 사람이 부담스러운 시대이다. 그냥 편한 것이 좋은 시대이다. 그러니 함부로 대할 수 있는 미디어가 편하다. 미디어는 말이 없고 간섭도 하지 않는다. 시대가 변했으니 이제 교단이 홍보에 직접 나서야 한다. 다른 교단과 다르다는 것, 좋은 일을 하고 있다는 것, 목사후보생들을 제대로 교육시키고 있다는 것, 우리는 이런 것들을 중요하게 생각하고 있다는 것, 정부가 하는 일에 대해 우리 입장은 이렇다는 것, 우리 교단에는 이런 착한 사람이, 아름다운 사람이, 좋은 일을 하는 사람이, 훌륭한 사람들이 있다는 것을 세상에 알려야 한다. 돈이 없어 못하는가? 창피해서 못하는가? 방법을 몰라 못하는가? 이제 해야 한다. 교단이 홍보하면 일선 교회에서 전도하기가 쉽다. 전도하는 사람들이 자신감을 갖는다. 이제 해야 한다. 그래야 교단이 산다.

우선, 교단 유튜브를 개설하라. 실행위원회가 끝나면 담당 부장은 유튜브에 나와 결정한 것을 알리고, 계획을 알리고 협조할 사항을 알려라. 전교인을 상대로 유튜브 보기 운동을 펼쳐라. 1년 이내에 50만 구독자가 생길 것이다. 일 년에 한 번 정도 주요 일간 신문에 한 해의 계획을 홍보하는 광고를 내라. 일반 국민이 우리 교단이 하는 일을 알게 될 것이다. 그들이 그 광고를 보고 교인들에게 이런저런 일들을 물을 것이다. 이것이 전도다. 예수 그리스도를 전하는 것이 직접 전도라면 예수 그리스도를 섬기는 교단이 하는 것을 알리는 것은 간접 전도다. 이런 일들을 하려면 총회 직원들은 긴장하게 될 것이다. 홍보해야 하는데 무엇을 홍보할 것인가에 대해 고민해야 하기 때문이다. 고민하게 만들어야 한다. 고민하는 사람이 직원으로 있는 공동체는 살아남는다.

방송국에도 찾아가서 홍보해야 한다. 방송매체는 영상매체이기에 다양한 영상미를 동원하면 신문보다 그 효과가 크다. 더 많은 사람을 보게 만들 수 있다. 이런 것도 연구해 보라. 신앙심 있는 사업가의 도움을 얻어, 아니면 대형교회의 협찬을 얻어 1억 원 원고료를 제안하고 신앙적인 장편소설을 공모하라. 그것을 책으로 만들어 교인들에게 읽게 하라. 더 나아가 방송 드라마로 편집해서 내보내라. 내용만 감동적이면 그야말로 대박이다.

이제 개인 전도시대는 끝났다. 집단 전도시대가 왔다. 교회끼리 경쟁하지 말고 이제 하나가 되라. 지역별로 음악회를 열라. 신앙심이 큰 성악가들이 얼마나 많은가? 그들의 도움을 받으라. 불신자들에게 예수 그리스도를 말하기 전 그냥 음악회 가자고 권해서 음악당으로 모시고 가라. 말로 전도하는 시대는 끝났다. 행동으로 불신자들을 감동시키는 것이 전도다. 예술이 인간을 감동시킨다. 교인은 이제 많이 타락해서 불신자들을 감동시킬 수 없다. 전도도 분명 시대적 경향이 있다. 한국교회 전도는 부흥회를 통해서, 개인 전도를 통해서, 문서 전도를 통해서, 관계 전도를 통해서 그 명맥을 유지해 왔다. 이제는 집단 전도시대이다. 간접 전도시대이다. 총회가 그 본을 보여야 한다. 교단이 홍보 전선에 나서야 한다. 전도를 일선 교회에 맡기고 편하게 지내려는 타성에서 벗어나야 한다. 그것은 비겁이요, 무능이요, 무책임이다. 그러고도 총회가 살아남을 수 있다고 생각하는가?

# 4. 교인 150만 명 시대에 대비책 마련

이대로 가면 앞으로 10년 후에는 성도 150만 시대가 올 것이다. 현재 우리 교단의 성도 수가 230만 명 정도 된다고들 하는데, 이 통계는 믿을 수 없다. 이미 교회를 등진 사람들도 이 통계에 포함되어 있고, 이중으로 등록한 자들도 이 통계에 들어있다. 통계는 가장 믿을 수 있게 만든 거짓말이라는 속설도 있다. 목사들은 통계에 민감하다. 정직할 수 없는 아픔이 목사들에게는 있다. 교인 수가 줄어들 수밖에 없는 현실적 상황을 외면하지 말고 정확하게 현실을 보고 미래를 준비해야 한다. 이런 시대에 교회가 살아남는 길은 없는가? 있다. 성경의 교훈을 따르는 것이다.

첫째, 목사들이 목자다워야 한다. 이것이 중요하다. 목사가 성인이 될 필요는 없고 될 수도 없다. 그러나 최소한 예수님, 베드로, 바울 같은 목회자 상을 본받아야 한다. 예수님은 세 가지 목회자 상을 보여 주었다. 첫째는 사랑이고, 그다음은 설교 내용이고, 기도 생활이셨다. 주님은 특히 죄인, 약자, 고통당하는 자들을 사랑하셨다. 죄인에게 회개를 설파하면서도 그들을 사랑하는 데 특별하셨다. 대중 집회 때는 회개를 설교하셨지만, 죄인 개인과의 만남에서는 그 죄인을 정죄하지 않으셨다.

주님의 설교는 삶을 사는 지혜를 강조하셨다. 추상이 아니라 구체적이셨고, 관념이 아니라 실천적이셨다. 바리새인들처럼 율법적이 아니셨고 전통적이 아니셨다. 주님의 설교는 현실적이었다. 사랑은 현실적이지 관념적이지 않다. 주님은 기도하시는 분이셨다. 기도는 하나님과의 대화였고 자신의 일에 대한 재점검이었다. 주님의 기도는 소원성취형 기도가 아니셨다. 베드로는 평화주의 목회자였다. 그는 바울과 싸우지 않았고, 초대교회 교리 문제가 생겼을 때 양쪽을 조화시켰다. 그는 교리보다는 삶 속에서 고난당하는 자들을 상대적으로 중시했고 그들을 위로하는 목회자였다. 바울은 지식인이었다. 그는 지식을 배설물로 여긴다고 고백했지만 이는 믿음을 강조하고, 하나님의 은혜를 강조하기 위한 수사학적 표현이었다.

목사는 지식인이어야 한다. 신학, 인문학에 대해 상당한 지식이 있어야한다. 지식은 시력이 나쁜 사람에게 안경과 같은 것이다. 목사는 시력이 나쁜 사람과 같다. 신학, 인문학에 대한 지식이 있어야 세상과 성경을 바르게, 다양하게, 깊게, 높게, 넓게, 멀리 볼 수 있다. 바울은 교회의 문제점이 무엇인지를 알고 있었고, 그 해결방법도 알고 있었다. 그의 편지를 보면 이를 알 수 있다. 교회는 문제투성이다. 목사는 자기 교회의 문제가 무엇인지를 바로 알아야 하고, 그 해결 방법도 정확하게 알아야 한다. 바울은 장로들을 존중했고 그들과 좋은 관계를 유지했다. 에베소 교회 장로들과 이별할 때, 서로 울었다는 성경 기록을 보면 이를 알 수 있다. 목사는 장로들을 존경하고, 그들과 대화를 자주하며 그들의 견해를 존중하고 때때로 그들의 의견을 받아들여야 한다. 물론 설득해야 할 때는 진실한 마음으로 장로들을 설득할 수 있어야 한다.

그러기 위해서 권위가 있어야 한다. 목사의 권위는 그 직함에서 오는 것이 아니라 그 삶에서 온다. 바울은 죄의식을 갖고 있었다. 스스로 죄인 중의 괴수라고 고백했고, 선악의 갈등 속에서 늘 패배했다고 자백했다. 바울은 비록 하나님께 용서를 받았지만 그리스도인들을 핍박한 자신의 과오를 늘 기억하면서 살았다. 목사가 교만해지는 것은 자신이 죄인이라는 자각을 망각하기 때문이다. 이처럼 150만 성도 시대에 교회가 살아남기 위해서는 목사가 바로 서야 한다. 자 이런 목사가 교회를 섬기면 그교회는 살아남는다. 장로들은 교회를 위해 이런 목사를 찾아야 한다.

그다음 교인들이 목사에게 경제적인 고통을 주지 않는 교회가 살아남는다. 주님은 가난한 분이셨지만 그분의 사역에 물질적인 어려움은 없었다. 가룟 유다를 회계로 임명한 것을 보면 이를 알 수 있다. 베드로도 바울도 사역하면서 물질적인 어려움을 당하지 않았다. 교인들이 많이 도와주었기 때문이다. 바울은 장막 치는 기술이 있어 더욱 넉넉했다. 목사가 물질적으로 어려우면 목회에 전념할 수 없다. 목사도 사람이고 생활인이다. 목사에게 인색한 교회가 있다. 성경적 처우가 아니다. 물론 교회 사정이 어렵다면 이는 목사들도 기쁘게 수용해야 한다.

이제 어려운 시대가 도래했다. 교회가 살아남기 위해서는 전도가 우선이 아니다. 목사부터 바로 되어야 하고, 목사에 대한 교인들의 처우가 바로 되어야 한다. 이 두 가지 선행되면 다른 좋은 것들이 따라온다.

# 5. 교인 갈등 해결 방법의 변화

사람이 모인 곳에는 분쟁이 있기 마련이다. 교회 공동체는 신앙공동체이다. 이익공동체가 아니다. 그러나 교인들 사이에는 다양한 분쟁이 생긴다. 신앙 노선이 다르거나, 재정지출의 방법, 액수, 필요성 등에 대해 의견이 다를 수도 있다. 교회는 나름대로 다양한 행사를 한다. 그 교회 행사에 대한 견해가 달라 갈등이 생길 수도 있다. 교인들 간의 사적 문제로 다툴 수도 있고 교회 안에 파벌이 생겨 힘겨루기를 하면서 서로 적대시할 수도 있다. 이런 분쟁을 해결하기 위해 권징을 하기도 한다. 일차적으로 당회가 재판을 통해 권징을 하지만 사실상 당회도 인간관계로, 이해관계로 얽혀 있어 재판의 공정성을 당사자들은 물론 교인들도 믿지 않는다. 노회, 총회 재판도 사실상 무용지물이고 시간만 지루하게 흐르면서 교회는 파산하게 된다.

이제 교인들의 갈등은 이단 문제를 제외하고는 당사자 모두를 출교시키는 극단적인 방법을 택해야 한다. 당회가 분쟁이 생겨 화해되지 않으면 당회장과 당회원 전원은 모두 사임하고 교회를 떠나도록 해야 한다. 다시 교회로 돌아오지 못하도록 법제화해야 한다. 실로 극단적인 방법이지만 이 방법만이 신속하게 교회 분쟁을 해결할 수 있다. 교회의 주인은 주님이시다. 목회자도 장로도 주인이 될 수 없다. 이 방법을 택하면 목회자와 장로들은 갈등을 화해로 풀려고 할 것이고, 당회 안에서 생긴 다양한 갈등이 밖으로 새어나가면서 교인 편 가르기를 하지 못한다. 이 극단적인 방법을 택할 권리를 당회장에게 주어야 한다. 장로들은 3/4이 당회 해산을 요구하면 이 역시 자동으로 당회를 해산한다. 해산 이후 장로가 다시 복직하려면 당회장 역시 자동 복직해야 한다.

갈등을 해결하는 가장 성경적인 방법은 화해이다. 화해는 사랑의 결실이다. 주님은 원수도 사랑하라고 가르치셨는데, 교회 최고 지도층인 당회장과 장로들이 갈등을 화해로 풀지 못하면 그들은 지도자 자격이 없다. 당회장과 장로는 공동운명체가 되어야 한다. 교인들 사이에 생긴 갈등도 누가 옳고 그르냐를 판단하지 말고 서로 화해가 되지 않으면 당사자는 출교시켜야 한다. 그러나 문서를 위조하거나 파렴치 범죄를 범해 사법당국의 처벌을 받은 교인들은 그 경중에 따라 그 직을 일정 기간 정지시킨다. 기회는 주되 경각심은 강화해야 한다.

왜 이런 극단적이고 반민주적인 해결방법을 써야 하는가? 교회가 교인 간의 다양한 분쟁을 재판으로 해결하려고 하면서 지루하게 싸워 세상 사람들에게 조롱거리가 되고 교회가 파산되는 경우가 허다하기 때문이다. 이제 교회를 지키기 위해 극단적인 방법을 택해야 할 때가 왔다. 슬픈 일이긴 하나 어쩔 수 없다. 물론 다른 방법도 있을 것이다. 그 방법을 연구해야 할 것이다. 분명한 것은 이대로는 안 된다는 것이다.

교인 갈등의 최고 정점은 목사와 장로 간의 갈등이다. 이 갈등을 해결하는 가장 좋은 방법은 공동의회 산하에 화해위원회를 두는 것이다. 화해위원에 목사나 장로가 들어가서는 안 된다. 그들은 당사자들이기 때문이다. 목사나 장로들이 가장 무서워하는 사람들은 항존직들이 아니라 평신도들이다. 평신도들은 비교적 중립적이다. 교회 지도층 즉 항존직들은 평신도들에게 자신들의 행위를 심판받는다는 것에 상당한 부끄러움과 위화감을 갖는다. 가능하면 그들에 의해 화해 조정을 받지 않으려고 한다. 결과적으로 목사나 장로 간의 갈등은 그들 스스로 해결하려는 노력을 하게 될 것이다. 화해위원회 구성은 공동의회가 직접 하되 예배 출석률이 3/4 이상 되는 교인 중에서 무작위로 추첨하게 한다. 추첨은 공동의회 최고령자가 진행하되 공동의회에서 교인들 앞에서 직접 하게 한다.

화해조정위원회에서 해결이 안 되면 공동의회가 노회 재판국에 그 내용을 보고하고 노회가 개입하도록 한다. 이런 제도는 현 헌법에 위배되는 조치이다. 당연히 헌법을 개정해야 한다. 교회분쟁의 거의 대부분이 당회 안에서 생긴다. 이런 사태가 생기면 당회는 무용지물이고 오히려 분쟁을 확산시키는 주범이 된다. 권력 집단 안에서 생기는 분쟁은 그 권력을 제거해 버리면 간단히 해결된다. 당회는 공동의회를 무시해서는 안 된다. 무시할 수도 없을 것이다. 이제 교인은 개나 돼지가 아니다. 항존직들이 교회 안에서 그 힘을 사용하려면 먼저 책임부터 감당해야 한다. 교회 출석, 헌금, 전도 등은 물론 교회 평화를 유지하는 것도 그들의 책임이다. 책임을 다하지 못하겠다면 차라리 사임하는 것이 좋다. 그것이 신앙이요 인격이고 주님에 대한 예의이다.

한국교회 역사를 살펴보면 교회를 흥하게 하는 것도 항존직이요, 교회를 망하게 하는 것도 항존직이었다. 과거에는 흥하게 하는 순기능이 많았는데, 지금은 물론 앞으로도 악기능을 더 많이 할 것 같다는 예감이 들어 걱정이다. 원칙을 강조하는 분들에게 묻고 싶다. 원칙이 중요한가, 생존이 중요한가? 원칙은 당신들을 위한 것이고, 생존은 전 교인들을 위한 것이라면 어느 쪽이 우선되어야 하는가? 원칙은 변하는 것이지만 생존은 일단 죽으면 끝이 아닌가?

한국교회가 부패하고, 세상 사람들에게 조롱거리가 된 가장 큰 이유는 목사와 장로들의 싸우는 것이고, 교인들끼리 특히 항존직들이 분쟁하는 것이다. 서로 사랑하는 것이 아니라 서로 비난하고, 시기하고, 약점을 캐는 치사한 행동들 때문에 교회는 분쟁공동체가 되어 가는 것이다. 분쟁을 해결하기 위해 재판을 하는 경우도 있지만, 그 재판은 끝이 보이지 않는 지루한 서로간의 싸움일 뿐이다. 화해가 불가능하면 교회공동체를 위해 양쪽 모두 추방하는 것이 옳다. 교회가 사는 것이 중요하지 누가 옳으냐를 판단하는 것이 더 중요하지가 않다. 위기 시대에는 특별한 방법이 필요하다.

# 6. 교인 관리의 변화

인간관계는 상대를 관리해야 오래 유지된다. 지금까지 한국교회는 교인 관리를 잘 해왔다. 심방 제도가 그것이다. 새 등록자, 병자, 노인, 예배 결석자, 각종 경조사 등등 실로 다른 나라 교회에서는 엄두를 내지 못할 다양한 교인 관리제도를 수립 실천했고, 그 결과도 양호했다. 그래서 심방목회라는 특유의 용어도 생겼다. 그러나 이제는 그런 식으로 교인 관리를 할 수도 없고 하지도 못한다. 상황이 변했기 때문이다.

첫째, 이제는 경제적 가치가 최대의 가치가 되었기 때문에 남자는 물론 여성도 직장생활을 하게 되었고 심지어는 시간제 아르바이트도 서로 하려고 한다. 심방을 가려고 해도 집에 교인들이 없기 때문에 갈 수 없게 되었다. 둘째, 심방을 하려면 목사와 담당 교역자, 구역장 등 최소 3명 그 이상이 한 팀이 되어 교인 집에 가야 하는데, 이제는 사생활을 보호하려는 경향이 강해 교인들이 심방을 꺼리게 되었다. 셋째, 심방을 받는 사람의 입장에서 보면 심방을 받는다는 것이 매우 불편하게 느껴지도록 상황들이 변했다. 집안 청소도 해야 하고 간단한 음식도 장만해야 하며 특정 시간을 사전에 조율해야 하는 어려움도 있어 심방 그 자체가 불편한 목회 영역이 되었다. 마지막으로, 이제 교인들은 자신들이 어떤 형태로든지 관리 대상자가 되었다는 것에 대해 불편한 심기를 갖게 되었고 관리당하고 있다는 느낌 자체를 교인들이 싫어하고 있다. 현대인은 자율성을 선호한다. 신앙생활도 스스로 자유롭게 하고 싶다는 욕구가 더욱 강해지고 있다.

이제 심방목회는 끝났다. 물론 다른 방법을 시도하는 교회도 있다. 문자목회가 그것이다. 그러나 이것도 실효성이 제한적이다. 문자를 통해 공지사항을 알리는 것은 그 나름 효과가 있으나 문자로 교인을 관리하다 보니 교인들은 문자 그 자체를 보지 않으려는 경향이 생겨나고 있기 때문이다. 결국 교인 관리를 새로운 방법으로 해야 한다. 우선 노인들, 병자들, 새 등록자들, 경조사 등을 보다 효율적으로 해야 한다. 필요한 사람들만 집중적으로 관리해야 한다는 것이다. 그것도 그들에게 필요한 것이 무엇인지를 알고 그들이 원하는 것을 해주는 교인 중심의 관리를 해야 한다. 즉 교인들은 그들이 삶 속에서 교회가 필요한 공동체라는 것을 인식시키는 관리를 해야 한다는 것이다. 노인들의 생일을 교회에서 월별로 차려준다든가, 생일날이 되면 선물을 보내 준다든가, 경조사에 교인들이 적극적으로 참여해 준다든가, 농촌에서는 목사나 교인들이 농촌 일을 몸으로 직접 도와주면서 그들과 함께 삶을 공유한다든가 하는 관리 방법을 택해야 한다. 감시, 독려하는 식의 관리제도가 아니라 교인들의 필요성을 채워주는 관리방법을 택해야 한다는 것이다. 정기적인 친교행사도 교인 관리하는 데 도움이 된다.

이런 관리를 하려면 필연적으로 비용이 든다. 그래서 작은 교회는 이런 교인 관리를 하기가 어렵다. 그러나 목회자가 의지가 강하면 가능하다. 여러 교회가 연합으로 친교 행사를 할 수도 있다. 노회 안에서 시찰별로 이런 행사를 지원할 수도 있다. 방법을 찾아야 한다. 구태의연한 방법으로 교인 관리를 하는 시대는 끝났다. 한마디로 말해 오늘의 교인 관리는 교인들을 즐겁게 하고, 편하게 하며, 가치지향적인 각종 행사를 통해 교인 스스로가 교회의 필요성을 관념이 아닌 현실적으로 느낄 수 있도록 해야 한다.

교인 관리를 바로 하려면 일단 교인들에 대한 다양한 기초조사가 이루어져야 한다. 학력, 신앙생활 연수, 취미, 기호, 자녀, 직업, 나이, 건강, 성격, 성향 등등에 대한 조사가 있어야 한다는 것이다. 관리가 맞춤형으로 이루어져야 하기 때문이다. 그런데 이런 기초 조사가 매우 어렵다. 사생활 보호라는 사회적 분위기기 있어 본인에게 직접 물어보기가 난처하기 때문이다. 그러기에 지혜롭게 해야 한다. 단시간에 기초조사를 끝내려고 하지 말고 시간을 갖고 조사해야 하며, 교인들에게 충분히 홍보하고 양해를 구해야 한다. 아직도 예전 방식을 선호하는 교인들도 있으니 이런 교인들은 예전 방식으로 관리하되 결국 앞으로는 쿨한 방식을 교인들이 좋아할 것이다. 문명의 흐름은 보다 편하게, 보다 즐겁게, 보다 아름답게 쪽으로 흐르기에 아무도 이 경향을 막을 수 없기 때문이다.

결국 교인 관리는 감시 감독(?)하는 관리가 아니라 교인들의 원하는 것을 교회가 해주는 관리를 해야 한다. 편하게 해주면서 즐겁게 해주는 관리가 중요하다는 것이다. 물론 돈이 들겠지만 연구하면 가난한 교회도 충분히 할 수 있다. 목사들이 고정관념에 빠져서 새로운 방식에 무관심하거나 필요성을 느끼지 못하는 것이 더 문제가 된다. 노회의 역할이 일선 교회들을 돕는 것이라면 친교를 통한 교인 관리를 하는데 재정적 도움을 줘야 한다. 대부분 노회는 자립교회 목사들을 돕는 일에 치중하지 미자립교회 교인에 대한 관심은 부족한 편이다. 목사가 살아야 교회가 살기도 하지만 미자립교회 교인들이 살아야 목사가 산다는 논리도 충분히 가능하다. 목사를 돕기 전에 교인들을 돕는 방식이 노회에서 시급히 활성화되어야 한다.

현대는 사생활을 보호하려는 시대이고, 개인의 자유가 보장되는 시대이다. 예전처럼 교인관리를 해서는 안된다. 예배에 참석하지 않았다고 해서 다음 날 바로 전화해서 안부를 묻거나, 교회 결석한 이유를 캐는 것은 옳지 않다. 반감을 살 원인을 제공할 가능성이 높다. 적당하게 거리를 두고 개인의 자율성을 존중해 주어야 한다. 무작정 심방 가는 것, 이유를 묻는 것, 원망조로 말하는 것, 강요하는 것은 금물이다. 교회 출석을 강요하기 보다는 교회에 나올 수 있도록 유인책을 제공하는 것이 중요하다.

# 7. 교인 교육의 개혁

오늘의 교회는 목회자 중심이 아니라 평신도가 중심이다. 신학적으로 이런 추세가 옳으냐 그르냐는 논쟁거리가 되겠지만, 시대정신은 분명 평신도가 중심이어야 한다는 것이 자명하다. 그렇다면 평신도 교육은 교회의 존망을 가름하는 척도가 될 것이다. 지금까지 한국교회의 평신도 교육의 목적은 교회봉사, 교리교육을 통한 이단 유혹 차단, 헌금과 주일 성수, 전도활동의 활성화 등이 그 목적이었다. 당연한 목적이고 지금도 그 목적은 변할 수 없다. 그런데 교육 방법에 대해서는 근본적인 개혁이 필요하다. 우선 평신도 교육이 구역회나 성전 안에서 이루어지는 것은 그 효율성이 크게 떨어진다. 코로나 이후 교인들이 성전에 와서 교육을 받는다는 것은 별 의미가 없다. 참여도가 크게 떨어지기 때문이다.

이제는 영상으로 해야 한다. 교인들이 각자 자유로운 시간에, 편한 장소에서 영상을 통해 스스로 하게 해야 한다. 중형교회, 대형교회에서는 교인들이 원하는 주제를 과목으로 개설하여 목회자들이 교육하는 방법으로 택해야 한다. 대학에서 수강 신청하는 식으로 교육을 해야 한다는 것이다. 이렇게 되면 교회 교육은 다양성을 갖게 된다. 사회 문제에 대한 기독교적 이해, 비판, 수용 등도 할 수 있고, 인문학을 기독교적 입장에서 이해, 비판, 수용 등도 할 수 있다. 즉 교회교육이라고 교리교육 등 교회가 필요한 것들만 교육하는 폐쇄성을 탈피해야 한다는 것이다. 교인은 교회를 위한 존재이기도 하지만 사회를 위한 존재이기도 하다. 계속 교인들을 교회를 위한 존재로만 교육한다면 교회와 사회, 이 두 영역에서 갈팡질팡하는 사람들이 되고, 결국에는 위선자가 될 염려가 있다.

지금까지 한국교회는 예수 그리스도라는 메시지를 중심으로 전도했다. 예수가 복음이고, 예수 그리스도가 진리이고, 예수 그리스도를 통해 구원받고 복을 받는다는 메시지를 중심으로 전도를 했다. 이런 전도방법은 탁월한 효과를 가져와 한국교회 부흥을 선도해 왔다. 그러나 이제는 예수 그리스도가 메시지라는 것도 중요하지만, 그 메시지를 전하는 메신저 즉 교인의 삶이 더 중요하다. 특히 기독교를 비판하는 사람들이 많아지고 있는 이 시점에서 아무리 예수 그리스도라는 메시지가 중요하다 해도 그것을 전하는 메신저 즉 교인의 삶이 일반인들에게 부정적으로 평가된다면 그 메시지는 죽고 만다. 바리새인들이 예수 그리스도를 죽였듯이 오늘의 교인들이 예수 그리스도를 죽이고 있다는 극단적인 탄식도 할 수 있다는 것이다. 이렇게 되면 전도는 불가능하다.

따라서 이제부터 교회교육은 교회에 필요한 평신도 교육은 물론 일반인들에게 메신저로서 신뢰받을 수 있는 인격교육, 사회교육이 필요하다. 교인이 타락하면 예수 그리스도가 죽는다. 일반인들이 기독교를 비판하게 되면 교인들은 그들의 비판에 직접적으로 대항하면서 변증적 태도를 취하기도 하지만 이제는 아니다. 그냥 숨어버린다. 교회 다니는 것이 부끄럽게 되고, 그들과 논쟁하는 것이 소용없다는 체념도 듣게 된다. 전도의 동력이 크게 떨어지는 것이다. 그러므로 교회는 단순히 성경 지식이니 교회봉사, 전도 방법 등을 교육하는 것에 만족하지 않고, 삶 그 자체에 대해 교육해야 하며 그리스도인으로서 불신자들과 함께 살 수 있도록 교육해야 한다. 인생의 다양한 문제들을 제시하면서 그 문제를 성경적으로 풀어가는 지혜를 가르쳐야 하고 특히 가정에서 부부관계, 자녀 관계를 바르게 유지하려는 지혜를 성경을 근거로 가르쳐야 한다.

물론 이런 교육은 시대의 흐름과 어느 정도 일치해야 한다. 무조건 윤리적으로, 교리적으로 가르치는 것이 아니라 상호주의 입장에서 유연성을 갖도록 가르쳐야 한다. 실용주의 교육철학자 존 듀이는 교육은 적응력을 키우는 활동이라고 주장했다. 일리가 있다. 그리스도인들이 교회생활뿐만 아니라 사회생활, 직장생활, 가정생활 등등에서 시시각각 변하는 상황에 적응해서 살아남고 살아갈 수 있는 힘을 키우는 교육이 필요하다. 교회를 위한 교육만을 강조하는 폐쇄성에서 벗어나야 한다. 교인으로서 성공해도 가정에서, 직장에서, 사회에서 실패하면 무슨 의미가 있겠는가? 교인들이 메신저라면 교인들을 성공시키는 것이 가장 큰 전도가 된다. 일반 사람들은 천당 가기 위해 주님을 믿기보다는 그 교인처럼 성공적인 삶을 살기 위해 주님을 믿기를 원한다. 물론 성공적인 삶이란 단순히 물질적인 성공만 의미하지는 않는다. 성공적인 삶이란 통합적이다. 창세기적 개념으로 말한다면 정상적인 관계 회복, 즉 하나님, 인간 자아, 자연, 환경과 바른 관계를 맺는 것이 성공이다. 이제 교회는 그 길을 가르쳐야 한다.

# 8. 교회 행정의 변화

교회는 공동체이기 때문에 조직이 있다. 총회, 노회, 당회라는 조직이 있고, 지교회는 공동의회, 당회, 제직회, 구역회, 교회학교, 선교단체 등등의 작은 조직이 있다. 예전에는 교회 의사 결정의 최고 기구인 공동의회가 그 기능이나 역할이 미미했다. 그 대신 당회가 전권을 갖고 교회 조직을 관장했고 각종 행정을 주도했다. 심지어 당회 만능주의라는 비판을 받기도 했다. 그러나 사회가 민주화되면서 당회의 권한은 축소되고 공동의회의 권한이 강화되면서 당회의 결정을 공동의회에서 거부당하는 사례들이 제법 많이 생기게 되었다. 예전에는 교회학교, 성가대, 구역회, 선교단체 등을 당회가 지배해서 각 부서에서 무슨 행사를 하려면 당회의 승인을 받아야 하는 경우가 비일비재했다. 그러다 보니 일부 힘 있는 당회장이나 장로들이 독선적으로 교회 행정을 하는 경우가 허다했다.

교회의 민주화란, 권력 분립, 상호견제, 자율성 강화를 바탕으로 하나님의 뜻을 합력하여 성취시키는 과정이고, 그리고 이런 일에 다수의 교인이 참여하여 즐겁고 평안한 교회를 만들어 가는 공동의 노력을 뜻한다. 그러기 위해서는 각 조직이 갖는 업무를 명확하게 분리해야 한다. 헌법이 명시한 그대로 하되 구체적으로 명시되지 않은 일들은 각 부서의 자율성을 존중해 주어야 하며, 특히 당회의 업무를 민주적으로 제한해야 한다. 당회는 노회로 가는 행정 업무를 논의하고, 예배를 관장하며, 교인들의 신앙을 살펴 교인들을 신앙적으로 도와주는 일을 하는 일과 정책 문제를 논의하는 것이 주 업무이다. 그런데 당회원들, 특히 장로들이 재정집행도 하고, 각 부서가 하는 일을 개별적으로 감독 지시하며 평가하려는 교만(?)은 버려야 한다. 각 부서는 각 부서의 장들이 책임지고 행정을 해야 한다. 그래야 교인들이 교회 일에 참여도가 높아진다. 각 부서장들이 실수할 수도 있을 것이다. 그러나 그들은 그런 실수를 통해 성장하여 장차 바른 장로가 되어 교회를 잘 섬길 수 있다. 장로 중심의 교회행정을 하는 시대는 끝났다. 교인들이 행정의 주체가 되어야 한다. 그래야 더 많은 교인이 교회 일에 참여하고 교회를 지키고 헌금도 기쁜 마음으로 드리게 된다.

교회의 행정은 객관적 평가를 해야 문제점을 발견하여 해결할 수 있고 좋은 점을 더 발전시켜 나갈 수 있다. 그러기 위해서는 치밀하고 세부적이며 객관적인 평가가 반드시 필요하다. 제적 교인 수, 교인 평균 출석 수, 새 등록자에 대한 각종 현황, 등록 이유 분석, 실종자, 중도 탈락자, 예배 상습 결석자에 대한 분석, 앞으로 전망 등등을 분석한 통계가 나와야 한다. 연간 입원 환자 수, 사망자 수, 교인 나이 분포, 직업 분포, 경제적 상태 분포, 헌금에 대한 각종 분석, 교인 자녀들의 상급학교 진학자 분석 등에 대한 통계도 있어야 한다. 행정의 기본은 통계이다. 통계가 있어야 현 상황을 알 수 있고, 교회의 힘을 예측할 수 있으며, 미래의 방향을 정할 수 있다. 통계가 뒷받침되지 못하는 행정은 비효율적인 행정이며 결국 교회성장에 도움이 안 된다. 당회는 정책 당회를 하기 전에 통계 당회를 해야 한다. 제직 부서에 통계부서를 두는 것도 한 방법이다. 이런 통계적 평가는 교역자들에게 불편을 주기 쉽다. 그리고 이런 통계를 통해 일부 나쁜 교인들은 그 결과를 목회자의 무능으로 돌려 목회자를 고통스럽게 할 수도 있다. 그러나 목회자들은 용기를 내야 한다.

교회 성장은 이제 목회자만의 책임이 아니다. 그 책임을 당회원들, 각 부서장들과 함께 져야 한다. 목회자들은 이제 깨달아야 한다. 교회성장은 목회자만으로 되는 것이 아니라는 것을. 목회자들이 혼자 교회를 성장시키려고 하는 것도 교만이고, 혼자 힘으로 교회를 성장시켰다고 떠들어 대는 것도 오만이다. 또한 목회자에게 혼자 교회를 성장시키라고 압박하는 것은 일종의 죄악이다. 같이 해야 한다. 함께 할 수밖에 없다. 권위주의적 행정, 독선주의적 행정, 자료 근거가 없는 행정, 개인 편향적인 행정, 간섭주의 행정, 지시형태의 행정, 권력남용형 행정, 권리행사를 방해하는 행정, 책상 행정, 절차를 무시하는 행정 등은 버려야 한다. 교회의 민주화는 교리의 민주화도 아니고 예배의 민주화도 아니다. 교회의 민주화는 행정의 민주화이다. 행정은 교인들의 의견은 바탕으로 늘 개혁되어야 한다. 행정의 목적은 객관성을 확보하고 분쟁을 최소화하며, 효율적인 교인 관리를 하기 위함이다. 그러므로 교인들의 생각과 느낌을 항상 염두에 두어야 한다.

그러기 위해서 목회자는 다양한 교인들과 다양한 소통을 해서 교인들의 뜻이 무엇인지를 알아야 한다. 왜냐하면 교회행정은 교회성장을 위한 것이기에 교인들의 뜻을 아는 것이 중요하기 때문이다. 그런데 목회자가 명심해야 할 것이 있다. 교인들의 의견은 다양하고 서로 상충되는 것들도 있다는 것이다. 또 어떤 사안에 대해 합리적이고 객관적인 기준을 갖고 신앙적이며 목표지향적인 생각을 갖기보다는 이기심, 개인 간의 친소관계 즉 감정적 연대관계를 바탕으로 어떤 사안을 판단하려는 경향도 있다는 것을 목회자는 알고 있어야 한다는 것이다. 교인들 간의 파벌, 이해관계 등을 고려하면서 교인들의 의견을 듣고 목회자 스스로가 교회를 위해 바르게 판단해야 한다. 쉽지는 않다. 그러나 그리해야 한다. 그래야 교회가 살고 목회자도 살 수 있기 때문이다.

오늘날 교인들은 공정이라는 단어에 익숙해 있다. 과정도 중시한다. 물론 결과도 좋아야 한다. 그러기 위해서 교회 행정은 절차를 존중하고, 결정하는 과정이 투명해야 하며 모든 교인들에게 공평해야 한다. 모든 사람들을 납득시킬 수 있는 행정을 해야 한다. 특히 항존직들을 우선하는 행정을 하지 말아야 한다. 행정은 원칙, 질서, 공정 그리고 약자들을 우선하는 행정을 해야 한다. 교회행정을 은혜로 해서는 안된다. 은혜는 신앙적 용어이지 행정적 용어는 아니다. 교회분쟁의 상당한 원인이 행정 부재에 있다는 것을 깨닫고, 교회행정을 바로해야 교회가 안정을 얻는다.

# 9. 국가정책에 대한 성경적 견해 표현

우리나라는 정교분리 국가이다. 국가가 종교를 통제하고, 종교가 국가 일에 관여하는 것은 분명 잘못이다. 그런데 기독교인은 성경적 진리와 가치를 믿음으로 수용하고 그것을 현실 삶에서 실천하는 사람들이다. 국가가 이런 교인들의 삶을 통제하고 신앙생활을 방해한다면 이는 정교분리 원칙을 국가가 위배한 것이다. 따라서 이런 경우 기독교는 국가정책을 비판하고, 그 도가 지나치면 저항해야 한다. 반대로 국가가 성경적 일반 가치, 예를 들면 자유, 평화, 박애, 평등, 인권 등에 대해 긍정적 정책을 제시하고 실행하려고 한다면, 기독교는 국가를 지지하고 국가정책이 좋은 결실을 맺을 수 있도록 도와야 한다. 기독교는 정치에 중립적이지만 신앙에 대해서 중립일 수는 없다. 최근 코로나 예방을 위해 교회를 향한 지나친 지침은 많은 논란을 초래했다. 정부는 너무 지나치게 균일한 방안을 제시했다. 작은 교회, 큰 교회 구분하지 않았고, 지방 자치 단체에 따라 좀 다르지만 협박 내지 공포감을 갖도록 분위기를 조성했다. 과거 유신시대에 기독교는 예언자적 입장을 취해 민주화에 기여했고, 일제 치하에서는 독립운동에 선도적으로 참여했다.

앞으로 만약에 국가가 독재로 가든가, 인권을 탄압하든가, 신앙적 가치를 훼손하든가 하는 경우에는 기독교는 과거의 전통에 따라 국가정책을 비판해야 한다. 정교분리는 원칙이다. 이 원칙을 잘 지켜나가려면 국가는 기독교의 진리와 가치를 존중해야 한다. 국가와 종교는 적당한 거리를 유지해야 한다. 그런데 일반적으로 국가가 종교를 통제하려고 한다. 국가는 종교의 힘에 대해 민감하게 반응한다. 역사적으로 보아 종교를 이긴 국가는 없었다. 특히 현대는 선거를 통해 권력을 정하는 시대이다. 그러므로 국가는 종교가 더 큰 힘을 가지지 못하도록 음으로 양으로 경계한다.

기독교가 반성경적 국가정책에 대해 비판할 경우, 그 정당성을 가질 수 있도록 논리와 방법을 모색해야 한다. 왜냐하면 교인이 아닌 일반 사람들이 어떤 생각을 할 것인가를 염두에 둬야 하기 때문이다. 일반인들이 외면하면 결과적으로 기독교에 역풍이 분다. 그러나 일반인들의 반감을 지나치게 의식해서 국가가 하는 반성경적 정책을 침묵으로 대응하거나 수용하여 하나님의 진노를 받아 망하거나 일반인들의 외면으로 쇠퇴하거나 그 결과는 같다. 정말 기독교가 하나님의 역사 섭리를 믿는다면 하나님의 진리를 붙잡고 그 진리를 실천하며 핍박을 각오하면서 본래의 위치를 지켜나가야 한다. 성경에 나온 그대로 예언자적 역할을 해야 한다.

한국교회의 예언자는 지금 어디에서 쉬고 있는가? 국가와 정치 지도자는 별개이다. 국가는 국민의 결집체이고, 국민이 행복하게 살기 위해 일종의 사회계약으로 만들어진 공동체이다. 국가 안에는 기독교인들도 다 들어있다. 그러므로 기독교인들은 국가 구성원의 일원으로 국가에 대한 의무를 다해야 하고, 동시에 당당하게 그 권리를 요구할 수 있다. 정치 지도자는 국민에 의해 일시적으로 국가 통치를 위임받은 사람이다. 국가와 정치 지도자는 분명 다르다. 교인들은 국가에 충성하는 것이지 정치 지도자에 충성하는 것은 아니다. 권력은 국민에게서 나온다. 정치 지도자는 국민을 일시 대표해서 국가를 통치하는 사람들이다. 기독교인은 국가에 반역해서는 안 되지만 정치 지도자에 대해서는 비판하고, 지지하고, 선택할 권리가 있다. 기독교는 정치집단이 아니며 정치집단이 되어서도 안 된다. 정부는 정치집단에 의해 국가를 이끌려는 사람들이 상층부를 장악하고 있다. 그들은 권력을 유지하기 위해 나름 국민을 잘살게 만들어보려고 한다. 그런데 정부의 목적이 반성경적이거나 그 방법이 반기독교적이 되면 당연히 기독교는 정부를 견제해야 한다.

역사적으로 기독교는 정부 권력에 가장 강력한 견제 세력이었다. 국가를 위해서도, 국민을 위해서도 정부를 위해서도 기독교를 위해서도 교회는 견제 세력으로서의 그 역할을 다해야 한다. 가장 좋은 차는 빠르게 달리는 차가 아니라 빠르게 정지하는 차이다. 브레이크가 잘 듣는 차가 좋은 차인 것이다. 교회는 브레이크 역할을 해야 한다. 그러나 명심할 것이 있다. 좋은 운전사는 자주 브레이크를 밟지 않는다는 것을.

# 10. 기독공보 개혁

'기독공보'는 우리 교단의 자랑이다. 그 역사도 오래고 총회 사업을 홍보하는 데도 큰 역할을 했다. 그러나 신문으로서의 구실은 미흡한 부분이 많다. 홍보용으로는 제 구실을 분명히 하고 있지만, 신문으로서의 기능은 역부족이다. 앞으로 달라진 환경을 감안하여 기독공보도 일신해야 신문으로서의 위상을 지킬 수 있을 것이다. 신문은 세 가지 기능을 갖는다. 보도기능, 비판기능, 계몽기능이 그것이다. 이런 기능을 제대로 감당하기 위해 다음과 같은 개혁을 해야 한다.

첫째, 이사회 이사장을 총회장으로 자동 선임하는 제도를 바꿔야 한다. 총회장이 이사장이 되면 총회가 하는 일을 비판하기가 어렵다. 비판 없는 발전은 없다. 비판은 기자들이 하는 경우도 있겠지만 교인들 중에 하는 것이 좋을 것이고, 그 내용을 검토하여 편집국에서 선별적으로 기사화하여 신문에 실으면 큰 부작용은 없을 것이다. 둘째, 신문 필진이나 기고자들이 목사나 장로로 국한되는 것을 시정해야 한다. 총대 중심으로 필진을 짜는 것보다 전문가 중심으로 필진을 짜야 한다. 안수집사, 대학교수, 권사, 신대원생, 부목사, 전도 목사 등등으로 필진을 확대해야 한다. 그래야 독자층이 다변화될 수 있다. 셋째, 기획기사를 정기적으로 실어야 한다. 총회의 취약 부분, 예를 들면, 교회학교, 전도 실태, 개척교회 문제점, 연금, 미래 전망과 구체적 전략 등등을 세밀하게 진단하고 처방을 제시하는 기사들이 있어야 한다.

넷째, 문제가 생긴 교회가 있을 때, 사실 자체를 구체적으로 양쪽을 다 보도해주어야 한다. 독자들은 이곳저곳에서 들은 단편적인 이야기를 중심으로 옳다 그르다 판단하여 불필요한 혼선을 만드는 경우가 그동안 허다했다. 이해 당사자들의 말보다 신문에 나오는 내용을 더 믿을 수 있어야 한다. 그러기 위해서는 기자들이 중립적이어야 하고, 사실에 근거한 기사를 써야 한다. 다섯째, 교양 면을 더 보강해야 한다. 기독공보는 목사들이 주로 독자인데 그들은 목회가 바빠 교양 지식을 습득할 기회가 적다. 상식적인 내용이라도 신문을 통해 습득할 수 있어야 한다. 인문학, 정치, 경제 지식, 음악, 미술, 체육 등등 참으로 많다. 이 분야의 전문가들 도움을 받으면 교양 면이 풍부해질 것이다.

여섯째, 사실 보도는 정확해야 하고, 그 사업이나 회의 결과에 대한 비판이 동시에 기사화 되어야 한다. 독자는 사실만 알 수 있을 뿐 그 사실을 평가할 수 있는 자료나 기사가 없기 때문에 기사에 대한 흥미를 상실해서 결국 읽히지 않는 신문이 된다. 일곱째, 교정 기사를 따로 둬야 한다. 목사나 장로들은 글쓰기에 대한 전문가가 아니기 때문에 문장 표현이 서툴다. 문장이 어렵게 쓰이는 경우도 있고, 문맥도 잘못되는 경우도 있으며, 표현이 추상적이어서 무슨 뜻인지 모르는 경우도 있다. 모든 원고는 교정 기사를 걸친 후, 읽기 쉽게, 감동적으로 재창조되어야 한다. 글은 일종의 예술이다. 여덟째, 지면 낭비가 없어야 한다. 불필요한 내용들, 크게 도움이 되지 않는 것들로 지면을 채울 필요가 없다는 것이다. 일종의 낭비다. 이를 위해 편집국 기자들은 고민해야 한다. 독자들의 무엇을 원하는지를 자주 조사해야 하고, 그것을 효율적으로 지면을 통해 표현해 주어야 한다

아홉 번째, 신문사 직원들에 대한 부당한 압력을 가하지 말아야 하며, 신문의 독립성을 유지하기 위한 제도적 장치를 해야 한다. 기사에 대한 불만은 사장이나 기자에게 하는 것이 아니라 비 총대를 중심으로 편집 자문위원회를 따로 둬서 불만 기사를 다루도록 해야 한다. 교인 중에 일간지에서 근무하는 기자들과 신문방송학과 교수들을 중심으로 구성하면 된다. 특히 신문사 사장 선임에는 전문성을 중시해야 하며, 공정한 절차를 걸치도록 해야 한다. 사장 선임은 이사회와 전문성을 지닌 외부 인사 2내지 3명이 함께 투표하도록 한다. 사장은 경영 능력이 있어야 한다. 정치적으로 사장을 선임하는 일이 있어서는 안 된다. 사장 선임 시에는 경영 능력을 평가할 수 있는 외부 인사를 청해서 함께 논의할 수 있어야 한다.

지금 기독공보가 계몽기능이나 재정 수입을 위해 사업부를 둬서 보다 적극적으로 일하는 것이 필요하다. 지역 순회를 하면서 목회 세미나도 해야 하고, 교양 강좌, 음악회도 해야 하며, 해외 선교지 탐방 사업도 해야 한다. 광고 수입으로만 재정을 감당하려면, 대형교회의 압력을 이길 수 없다. 큰 광고는 아무래도 대형교회 중심으로 이루어지기 때문에 대형교회를 비판하기가 어려워지기 때문이다. 교회의 비리는 전도에 큰 장애물

이다. 그러나 기독공보가 교회 비리를 보도하면 전도에 방해가 된다는 소극적 생각을 하면 안 된다. 대형교회의 비리를 예방하는 것이 중요한데 그 좋은 방법은 비리가 생겼을 때 감싸지 말고, 사실을 보도, 비판하는 것이다. 감추는 것보다 드러내어 잘라내는 것이 병을 치료하는 좋은 방법이다. 조심하게 만드는 것이 교회 비리를 예방하는 데 효과가 있다. 당당한 기독공보가 되어야 한다.

기독공보가 목사나 일부 장로들을 대상으로 하는 신분이 아니라, 전교인들을 상대로 하는 신문이 되어야 한다는 것을 신문자 종사자들은 잘 알고 있을 것이다. 총회는 그들에게 편집권을 확보해 주고, 보다 담대하게 신문을 만들 수 있도록 그 환경을 만들어 주어야 한다. 신문사에 어린이와 청소년들을 위한 인터넷 방송국을 설치해서 교회 교육에 참여할 수 있는 기회를 주어야 한다. 이 방송국을 교육 자원부아래에 설치하는 것도 좋지만, 전문성을 살려 신문사에 두는 것이 더 좋을 것이다. 신문과 방송은 같은 뿌리이기 때문이다. 사실, 개 교회 단위로 교회교육을 감당하기에는 역부족이다. 전문가들이 방송을 통해 교회교육을 보편화 하는 것이 더 효과적일 것이다.

# 11. 노회, 총회의 역할 구조의 변화

정책은 방향이 바로 되어야 한다. 즉 무슨 정책을 정할 때, 그 정책이 추구하는 목표가 무엇인지를 정확하게 알아야 하고, 과연 그 목표를 달성할 수 있는지를 정확하게 점검해야 한다. 그런데 노회, 총회가 어떤 정책을 정할 때, 그 목표가 애매한 경우도 많고, 그 정책이 현실성이 부족해서 효율적으로 집행도 못하고 결과도 좋지 않는 경우가 많다. 노회나 총회는 정치 조직이 아니다. 노회는 행정 조직이고, 총회는 정책 조직이다. 그리고 그 목표는 일선 교회들의 자립, 성장, 평화에 있다. 교회를 통제하고, 지배하며, 간섭하는 것이 정책 목표가 아니다. 모든 정책은 교회를 위한 것이다. 교회를 위해서 목사는 어떻게 목회를 해야 하고, 그렇게 할 수 있도록 무엇을 어떻게 지원해야 하는가를 연구하고 검토해서 정책을 수립해야 한다.

자, 생각해 보자, 노회에 목사, 장로 총대 수가 동수이면 교회는 성장하는가? 교회가 자립되는가? 교회가 평화로운가? 지금 총회가 하는 사업들은 일선 교회에 유익이 되는가? 총회를 위한 사업, 일부 기획자들을 위한 사업, 사업을 위한 사업, 특정한 사람들을 위한 사업 등이 대부분이 아닌가? 이제부터는 일선 교회의 성장, 자립, 평화 등에 그 정책의 목표를 둬야 한다. 지금은 위기의 시대이다. 교회의 존폐가 문제가 되는 이 시대에 지엽적인 일들에만 집착하고 흔들리는 일선 교회들의 문제를 외면한다면 결국 그 책임은 노회나 총회가 질 수밖에 없다. 지금 일선 교회의 교인들은 노회나 총회에 대해 상당히 불신을 하고 있다. 교인들이 대중화된다면 대중의 반란이 일어날 공산이 매우 커진다. 그런데 대중의 반란은 그 누구인가 선동하는 자가 있어야 한다. 역사의 흐름을 보면 대중의 반란은 선동자가 있어야 일어났다. 그리고 선동자는 대중을 선동하고 숨어버린다. 대중의 반란이 어느 정도 열매를 맺으면 선동자는 다시 등장하여 그 열매를 자신들이 가지고 가버린다.

교인들이 대중이 되면 그 대중을 선동하는 자는 두 유형이 있을 것이다. 한 유형은 교회 안에 있는 여론 주도 세력, 즉 안수집사들, 권사들이다. 이제 그들은 순종하는 교인들이 아니다. 목사, 장로들을 비판하는 세력들이다. 만약 노회나 총회가 그 정책을 일선 교회의 자립, 성장, 평화에 두지 않고 정치 싸움만 한다면 교인들이 주도하여 노회를 탈퇴하는 현상들이 급속히 생겨날 것이고 결과적으로 총회도 어려워질 것이다.

또 다른 유형은 목사들에 의한 선동이다. 대다수 목사는 노회나 총회에 불만이 많다. 노회나 총회가 그들의 어려움에 무심하고 목회가 힘들어지면서 생활고에 시달리고 있기 때문이다. 어느 선까지 그들은 인내하겠지만 더 견디기가 어렵다고 생각하면 그들은 다양한 자구책을 생각하고 행동으로 옮길 것이다. 그중 하나가 교인들과 연대해서 노회무용론, 총회무용론을 주장하고 상납금을 내는 것을 중지시킬 것이고, 독립교회로 가려는 움직임들이 노골화할 것이다. 한걸음 더 나아가 일정한 힘이 생기면 목사노동조합을 결성할 것이고, 일부 장로들이 주장하듯이 노회 총대 수를 목사, 장로 동수로 정하기 위해 전도목사, 기관목사, 부목사 등을 노회원 수에서 배제하면 전국전도목사협의회, 전국기관목가협의회 등이 생겨나 노회나 총회는 더욱 어려워지고 교회들은 큰 혼란에 빠지면서 사회적 조롱거리로 전락하고 말 것이다.

이제 교인들은 무서운 존재가 되었다. 루터의 종교개혁 시절에 농민반란을 염두에 둬야 한다. 목사는 영물이다. 제아무리 개척교회 목사요, 전도목사요, 기관목사이더라도 그들은 이제 봉기할 명분을 찾고 있다. 그들을 과소평가해서는 안 된다. 그들의 생존권과 인격권, 영권이 지나치게 위협을 받으면 교인들을 선동하여 교회를 장악할 것이고, 없으면 없는 자들끼리 모여 저항 세력으로 그 존재를 드러낼 것이다. 이제 노회나 총회는 모든 정책 목표를 일선 교회의 자립, 성장, 평화에 두고, 그들을 위로하고 격려하며 희망을 갖게 해주어야 한다. 장로나 목사가 노회나 총회에서 자신들을 위하여 다양한 정책을 세우고 시행하고 있다는 믿음을 그들에게 줘야 한다. 그래야 교회가 살고 결과적으로 노회도 총회도 산다.

# 12. 노회 분립 권장

　노회는 교단의 핵심 구조이다. 노회는 소속 교회를 돌보고, 미자립교회를 지원하여 자립시키며, 소속 목사들을 교육, 감독하여 주님의 뜻을 따라 교인들을 잘 섬길 수 있도록 지원하는 조직이다. 그런데 노회가 이런 일들을 잘 수행하고 있는지 살펴보아야 한다. 결론적으로 말하면 지금의 노회는 유명무실한 조직이 되고 말았다. 지교회의 신임을 받지 못해 노회 탈퇴를 결심하는 교회가 늘어나고 있고, 목사들도 노회에 대해 그 어떤 기대도 갖지 못하고 있는 실정이다. 왜 이런 현상이 생기는가?

　첫째, 노회가 정치화되었기 때문이다. 노회장 선거, 총대 선거가 가장 중요한 이슈가 되었고, 교회에 문제가 생기면 사실을 확인하고 법리적으로 성경적으로 해결하기보다는 목사와 장로들이 세 대결 상황으로 가기 때문이다. 장로회에서 오래전부터 노회에 목사와 장로를 총회처럼 동수로 해달라고 주장하는 것은 노회를 정치적으로 보기 때문이다. 부목사, 기관목사, 전도목사, 교육목사 등을 준회원으로 하여 선거권과 피선거권을 주지 말자는 이런 주장은 반헌법적이고, 반민주적이며 시대착오적인 발상이다. 이런 주장은 결국 목사와 장로들을 더욱 대결 국면으로 끌고

갈 것이다. 노회는 그 무엇을 결정하기 전에 그 결정이 목회에 유익한 결정인가를 먼저 심사숙고해야 한다. 대부분의 장로들은 섬기는 교회가 중요하지 노회가 중요하다고 생각하지 않는다. 목사가 죽으면 교회도 죽고 장로들도 죽는다. 목사와 장로는 대립하는 존재가 아니라 협력하는 목회 파트너다. 노회의 탈정치화가 필요하다.

둘째, 노회가 너무 비대하기 때문이다. 지나치게 비대하면 부작용이 생긴다. 효율성이 떨어지고, 객관적 평가가 어려워지며, 경비가 많이 든다. 앞으로 노회는 재정난에 처할 것이다. 소속 지교회가 재정적으로 어려워지는데 무작정 상납금을 내라고 독촉할 수 없고, 대부분 교인은 노회의 필요성을 느끼지 못하기 때문에 노회 일에 비협조적이 되고 심지어는 반항적이 되어 노회 탈퇴 논의가 수면 위로 올라올 수 있다. 목사가 교인들의 지지를 받아 노회를 탈퇴하면 이를 막을 길도 없고 막는다 해서 목사에게 큰 피해를 주지도 못한다. 오히려 독립교회로 가는 길을 터줄 뿐이다. 교단이 교회를 보호해 주지 못하면 탈 교단 사태는 앞으로 급격하게 늘어날 것이다.

지금은 통제하는 시대가 아니다. 노회가 권위적으로 지교회를 다스리려고 하면 그 부작용은 클 것이다. 노회가 지교회 목사들을 탄압하면 목사들은 더 지능화되어 자기를 지키려고 한다. 교인들은 신앙적으로, 인간적으로 자기 사람으로 만들어 일부 교인들을 중심으로 교회를 장악하려고 할 것이다. 이런 일이 생기면 피해는 노회가 볼 것이다. 필요 이상 노회가 비대하면 노회는 다른 일에 정신이 흘러 지교회 돕는 일을 효율적으로 할 수 없다. 적절한 규모만 유지하고 가능하면 노회 분립을 권장해야 한다. 탈정치화, 친교와 행정, 미자립교회 지원과 목사 장로 교육 등 최소한의 일만 해야 한다.

10년 안에 정치화된 노회, 비대해진 노회는 총회를 골치 아프게 할 것이다. 노회가 비대해지면 생기는 단점이 있다. 총회의 지시를 지연시키거나 무시하는 일들이 발생하는 것이다. 총회는 거대 노회를 통제할 방법이 없다. 총대 파송을 받지 않거나 파송 못하도록 압력을 행사하는 것 외에는 아무 방법도 없다. 노회는 오히려 총회를 겁박하는 경우가 생긴다. 총대 파송을 항의하는 뜻에서 거부하거나 심지어 상납금을 내지도 않는다. 총회장은 노회가 총대 파송을 하지 않으면 무슨 큰 실책이라도 한 듯 노회에 총대 파송을 사정하다시피 한다. 실로 기현상이다. 분명 총회는 노회보다 상위 기관이고, 노회는 총회의 지시를 따라야 한다. 이런 불법적인 행태를 막으려면 거대 노회를 두지 말아야 한다. 한 노회가 과다하게 상납금을 내지 못하도록 해야 한다. 돈 가지고 총회를 겁박하는 일을 하지 못하도록 해야 한다. 그러기 위해서 노회 분립을 권장하고 일정 기준이 되면 강제적으로 분립하도록 권고해야 한다.

앞으로는 교인 통제도 어렵고 당회 통제도 어렵다. 그러니 노회 통제를 총회가 어찌하겠는가? 이제부터라도 이런 폐단이 생기지 않도록 노회 분립을 계획적으로 해야 한다. 하부기관이 지나치게 힘이 강하면 조직은 비능률적이 된다. 수시로 상황이 변하는 이 시대에 조직이 비능률적이 된다는 것은 불길한 징조이다. 앞으로 총회 지시를 어기는 노회는 강력하게 제재해야 한다. 한두 노회가 총회에서 빠진다고 총회가 무너지지 않는다. 일선 교회 목회자나 교인들은 바보가 아니다. 노회가 불법을 행하는

데 총회가 제재했다고 해서 총회를 탈퇴하도록 내버려 두지 않는다.

동시에 노회 간에 이적을 자유롭게 해야 한다. 목사 이명을 자유롭게 해야 하고, 각 교회에 자신들이 원하는 노회로 적을 옮길 자유를 주어야 한다. 민주화 시대요, 자율성을 강조하는 이 시대에 노회 선택권을 막는 것은 시대정신에 어긋난다. 부실하고 지교회에 무심하며 갈등만 있고 목회에 도움을 주지 못하는 노회는 결국 자멸할 것이다. 물론 재판 중인 교회는 그 재판이 끝나 처벌을 다 감당할 때까지 노회 이적은 금지시켜야 한다.

현대사회는 경쟁사회이다. 경쟁에는 부작용이 있게 마련이다. 그러나 경쟁해야 발전한다. 그래서 노회끼리도 경쟁이 필요하다. 일선 미 자립교회를 지원하지도 않고, 정치만 난무하는 노회를 떠나 도움을 줄 수 있는 노회, 평화로운 노회로 갈 수 있는 자유를 교회에 주어야 한다. 물론 받는 노회는 나름대로 규정을 정해 엄격하게 시행해야 한다. 그래야 쏠림 현상을 막을 수가 있다.

# 13. 농촌교회가 사는 길
### -통 폐합, 순회목사 제도, 은퇴장로 활용, 아름다운 교회-

지금 농촌교회는 위기에 처해 있다. 고령화 현상의 결과이기도 하고, 농촌 인구 감소의 결과이기도 하다. 교회가 어려워지니 목회자들도 농촌교회로 부임하는 것을 내심 싫어하고, 미자립교회가 많아 총회도 큰 부담을 갖고 있다. 그렇다면 농촌교회를 살리는 방법은 없는 것일까? 있다.

우선, 미자립 농촌교회는 목회자가 은퇴하거나 다른 교회로 임지를 옮겼을 때, 후임자를 모시지 말고 인근 교회와 병합하는 길을 찾아야 한다. 이 경우 병합을 반대하면 교회는 그대로 유지하되, 목회자는 노회가 지정하는 설교목사를 은퇴목사 중에서 택해 파송하여 예배를 드리게 하거나 인근 교회의 목사로 하여금 예배 인도를 하게 한다. 이미 미자립교회는 교인 수가 10명 내외이고 고령화 되었기에, 후임 목사가 와서 목회를 한다는 것도 의미가 없다. 더 좋은 방법은 교인들이 동의하면 가장 가까운 곳에 있는 교회가 차로 교인들을 교회로 올 수 있도록 봉사하면 된다.

그다음, 인근에 있는 교회에서 은퇴한 장로는 본 교회를 섬기되 자주 많이 미자립교회에 출석하여 예배를 드리도록 노회가 집중 지도해야 한다. 은퇴장로가 본 교회를 섬기는 것도 아름다운 일이지만 인근에 있는 미자립교회에 출석하여 봉사하는 것은 더 아름답다. 담임목사가 없는 경우, 예배는 인근 교회로 가서 드리거나 인근 교회의 목사가 교회로 와서 예배를 인도하면 되고, 교인 관리나 예배당 관리는 교인들과 협력하여 본 교회에서 은퇴한 장로나 인근 교회에서 온 장로가 봉사하면 된다. 문제는 인근 교회에서 은퇴한 장로들을 미자립교회로 가서 교회 봉사를 하도록 법적 장치를 해야 한다는 것이다. 그냥 미자립교회로 가서 봉사하라고 하면 효과가 적기 때문이다.

농촌에 있는 미자립교회는 목회자를 모시려고 하지 말고 예배당을 아름답게 가꾸려는 생각부터 해야 한다. 이제 농촌 미자립교회도 담임목사의 생활비 부담에서 벗어나면 예배당을 다목적으로 아름답게 꾸밀 수 있다. 목사의 목회보다 아름다운 예배당이 전도에 도움이 된다. 농촌에 있는 미자립교회는 이미 전도가 어렵다. 사람들이 떠나고 폐가가 생기고 있기 때문이다. 노인들에게 어려운 설교는 의미가 없다. 위로와 격려, 함께 즐겁게 사는 것이 설교다. 농촌교회에 있어서 설교는 강단에서 선포되는 것보다 행동으로 보여주는 설교가 더 중요하다. 깨끗하고 아름다운 예배당에서 즐겁게 노후를 살게 하는 것이 목회다. 농촌 미자립교회의 목사들은 이제 목회의 개념을 새롭게 인식해야 한다. 설교를 하지 말라는 뜻이 아니다. 설교만을 중시해서 교인들과 유리된 삶을 살거나, 그들이 즐겁게 살 수 있도록 돕는 일을 하지 않으면 그것은 목회가 아니라 일종의 직업이 되고 만다. 농촌의 미자립교회가 아름답고 깨끗한 예배당을 갖게 되면 어쩌다 귀농한 도시 사람들도 교회로 나올 가능성이 높아진다. 도시에서 온 사람들은 예배에 관심이 있고 교회가 하는 일에 관심이 있지 목사의 설교에는 관심이 없다. 예배와 설교는 다르다. 설교는 예배의 핵심이긴 하지만 설교가 곧 예배는 아니다. 하나님의 말씀을 교인들이 돌아가며 읽는 그 자체도 설교라고 할 수 있다. 극단적으로 말하면 목사가 없어도 예배는 가능하다. 물론 목사가 있으면 더 좋다.

앞으로 농촌의 미자립교회를 살리는 방법을 총회는 깊이 고민하면서 연구해야 한다. 무조건 목사가 은퇴하면 후임을 선정하지 말고 통폐합하거나 순회목사 제도를 도입하거나 은퇴장로들을 활용하거나 해야 한다. 현재 총회에서 실시하는 동반성장 제도는 앞으로 5년을 견디지 못할 것이다. 기존 교회도 무너지고 있어 자구책도 어려운데 미자립교회를 도울 여력이 없어지기 때문이다. 이제부터 장기계획을 세워 농촌 미자립교회의 생존을 연구하면 충분히 5년 후에는 농촌교회 미자립 문제는 해결될 수 있을 것이다.

농촌 미자립교회를 돕는 가장 확실한 방법은 도시교회가 주일날 교인들로 하여금 년 4회 정도 농촌 미자립교회로 가서 예배드리는 제도를 만드는 것이다. 도시교회도 지나친 개교회주의에서 벗어나야 한다. 교인들이 년 4회 정도 농촌교회에 가서 예배드린다고 교회재정에 큰 문제가 생기지 않는다. 오히려 도시교회의 이런 선행을 통해 불신자들에게 감동을 줄 수 있고 전도에도 도움이 될 것이다. 이제 우리 총회도 공존의 지혜를 실천할 때가 되었다.

# 14. 다양한 교회 형태의 인정

이제 전통적인 교회 형태로는 교회부흥이 어렵다. 개척교회도 사실상 어렵고, 기존 교회는 쇠락하고 있다. 이런 현상은 더 심화할 것이다. 목회 생태가 크게 변하고 있기 때문이다. 다양한 교회 형태가 등장해야 하고 발전되어야 한다.

## (1) 직장교회

믿음이 돈독한 사업가들이 회사 안에 교회를 세우는 것이다. 목회자를 간부로 초빙하고 주일을 제외한 날에 정기예배 시간을 마련하여 회사 직원들이 참여하게 하고, 목회자가 직원 상담을 담당하여 회사의 단합과 직원들의 직장생활의 만족도를 높임으로 결과적으로 회사도 직원도 다 유익을 얻는 교회 형태를 말한다. 이 유형은 어느 정도 규모가 있는 회사만이 할 수 있다는 단점이 있기는 하지만, 소규모 사업체도 일정한 규모의 강당만 마련할 수 있다면 역시 가능할 것이다. 직장교회 목회자는 기업주과 직원들 사이에 중립적이고 창의적인 가교 역할을 해야 그 직을 감당할 수 있다. 어느 한쪽에 경도되면 실패한다. 총회는 이런 유형의 교회를 세우기 위해 교인 중에 일정 규모의 사업체를 가진 신실한 교인들에 대한 사전 조사를 해야 하고 그들에게 동기부여를 잘 해주어야 한다.

### (2) 생활형 교회

지금 농촌교회는 매우 어렵다. 대부분 노인이고 젊은이는 거의 없다. 당회가 무너지고 있고, 제직회가 무너지고 있다. 그러나 농촌교회도 살 길은 있다. 농촌목회를 하는 목회자들이 스스로 영적 지도자 의식을 버리고 농민들과 생활을 같이하는 목회를 하는 것이다. 예배와 심방을 주로 하는 목회자가 아니라 농사와 목축, 특수작물을 농민들과 함께하는 목회자가 되어야 한다. 성전 예배가 목회의 핵심이라는 의식을 버리고 농민들과 삶을 같이하는 것이 산 예배라는 의식을 갖고 목회해야 한다. 가장 좋은 전도는 위에서 아래로 보는 지식 전달의 전도가 아니라 사람들과 수평으로 그 삶을 공유하면서 하는 생활 전도이다. 농촌목회를 하려면 농부가 되어야 한다. 일정 기간이 지나면 귀농하는 사람들이 많아 질 것이다. 그들은 이미 도시에서 살면서 상당한 수준의 지식과 문화의식을 소유한 사람이다. 그들을 상대로 성경 지식을 전하는 전도는 사실상 불가능하다. 우선 그들과 삶을 공유하여 인간적으로 친해져야 한다. 전도는 그다음이다. 농촌 목회를 하는 목회자들에게 농기구를 구입해서 보내주는 운동을 총회에서 해야 한다. 그것이 농촌 목회자를 살리는 길이다. 목회자도 목회자이면서 직업인이 되어야 한다.

## (3) 요양 교회

특별한 부유층이 아니면 현대인은 요양원에서 그 생을 마감하게 될 것이다. 99%가 그럴 것이다. 결과적으로 이제 요양원 생활은 인생 필수의 길이 되고 말았기에, 요양원에 가서 생을 마감하는 것은 부끄러울 것도 없고, 불행한 일도 아니다. 일상이요 삶의 한 과정이다. 문제는 요양원에서의 삶의 질이다. 삶의 질이란 육체적인 것과 정신적인 것이 조화를 이루어야 높아진다. 잘 먹고 편안하게 자고, 상처는 치유해 주고 위로해 주며, 죽음에 대한 두려움이 없게 돌보는 것이 중요하다. 요양원에 교회를 세우면 요양하는 대부분 병자, 노인의 삶의 질을 높이는 데 큰 역할을 할 수 있다. 그들에게 설교는 그리 중요하지 않다. 설교보다는 인간으로서의 예의, 돌봄, 섬김, 치유 등등이 더 중요하다. 그래서 요양원에 세워진 목회자는 설교를 잘하거나 성경공부를 잘 가르치는 사람이 아니라 그곳에 있는 사람들을 마치 부모처럼, 친구처럼 돌보는 인성이 뛰어난 사람이어야 한다. 이런 일을 하려면 목회자 자신이 인생 경험이 풍부하고, 실패의 경험이 있으며 나이도 지긋해야 한다. 지금 신학대학에 입학하는 사람 중에 나이가 든 여성들이 많다. 기존교회에서는 환영을 받지 못할지라도 요양병원에서는 크게 환영을 받을 수 있다. 나이든 여성들이 신학대학에 입학하는 현상을 비관할 이유가 없다. 장차 그들이 큰 역할을 할 것이다.

## (4) 세대별 교회

기존교회는 교회 안에 다양한 세대들이 함께 공동체를 이루는 형태지만 이제는 이런 형태를 재검토해 보아야 할 때가 되었다. 이상을 추구하는 것도 중요하지만 이상만을 추구하는 것도 비현실적이다. 특이한 형태의 교회가 등장할 시점이 되었다. 예를 들면 세대별 교회가 그것이다. 어린이교회, 청소년교회, 청년교회, 장년교회, 노인교회, 심지어 여성교회, 남성교회 등등 실로 다양한 형태의 교회가 등장해야 한다. 예전에는 공동체 의식이 강해 한 교회 안에 다양한 사람들이 모여 예배드리는 것을 선호했지만, 지금은 세대별 욕구도 다르고 문제점도 다르며 관심 분야도 다르다. 이것을 하나로 묶어 공동체를 이루면 기존교회는 그 전통을 계승할 수 있지만 이런 형태만 고집한다면 앞으로 교회는 성장하기 어렵다. 설교가 진리이지만 그 진리는 각자의 환경에 따라 수용하는 깊이와 높이, 넓이는 다르다. 비슷한 세대들이 모이면 그들에게 적합하고 필요한 진리를 집중적으로 효율성 있게 전할 수 있다. 과감한 변신이 필요하다. 교회 재정을 충당하는 일에 장애가 있겠지만 크게 욕심을 부리지 않으면 불가능하지도 않다. 특히 노인들만 모인 교회는 그 발전 가능성이 충분히 있다. 노인 인구가 증가하고 있고, 기존 교회에서 노인들이 대접받기는 점점 어려워지고 있기 때문이다. 은퇴한 목사나 장로들만 모이는 교회도 세울 필요가 있다. 은퇴한 목사들은 마땅히 갈 곳이 없고, 은퇴장로들도 본교회에 출석할 형편이 못 되면 굳이 연고도 없는 교회에 가서 뒷자리에 앉아 예배만 드리고 집으로 가는 일 없이 장로들이 모이는 교회에 가면 속도 편하고 친교도 될 것이니 외롭지 않을 것이다.

### (5) 직능별 교회

예전에 연예인 교회가 있었다. 지금은 크게 조명을 받지 못하고 있지만 발상은 매우 도전적이고 선구자적이었다. 직능별 교회란 같은 직업을 지닌 사람들끼리 모여 예배드리고 각종 신앙 활동을 하는 교회 형태이다. 직업이 같기 때문에 친교도 잘되고 직장생활에 필요한 각종 정보도 다양하게 교환할 수 있다. 교회는 그 구성원들에게 필요한 것을 채워주는 기능을 효율적으로 잘해야 한다. 교회를 위한 교인이 아니라 교인들을 위한 교회라야 한다. 지금까지 교회는 교회를 위한 교인을 육성하려고 노력했다. 그 결과도 좋았다. 그러나 이제 개인으로서 교인들은 예전과 그 의식이 사뭇 다르다. 개인주의가 시대의 흐름이고, 이 추세는 더욱 강해질 것이다. 교인들은 교회가 자신에게 유익을 주지 못하면 죽은 교회라는 의식을 갖게 되었다. 신앙이란 삶 전체를 통괄하는 가장 큰 영역이다. 신앙은 신앙이고, 사회생활은 또 다른 영역이라는 의식은 교인을 위선자로 만든다. 교회는 교인을 만들면서 동시에 위선자를 만들고 있다. 이런 추세가 지속되면 세상 사람들은 교인들을 조롱하게 되고 결국 교회는 무너진다.

직능별 교회는 교회와 사회라는 구분을 철폐할 수 있다. 현실적 삶에서 신앙인으로서 어떻게 성공적으로 살아가느냐를 조화 있고 균형 있게 가르칠 수 있다. 큰 교회를 지양하고 작은 교회지만 성경적인 교회를 섬기고 싶은 목회자들은 직업별 교회를 세워 볼 가치가 있다. 재정적으로 큰 부담이 없을 것이다. 지금도 있겠지만 기독실업인 조찬 성경공부 등을 확대하면 충분히 가능하다. 직업군은 넓은 것이 좋다. 연예인, 체육인, 소상공인, 예술계, 교육계, 정치계 등등으로 그 범위를 넓게 잡는 것이다.

## (6) 영상 교회

코로나 사태는 목회 생태계를 근본적으로 변화시켰다. 예배 출석수의 급감, 재정 악화, 교회활동 제한 등등으로 인해 교인들의 교회관이 변했다. 이제 공간은 예전처럼 중요하지 않게 되었다. 교인들은 편하게 예배 드리는 것에 익숙해졌다. 그래서 영상 예배가 중요한 예배 형태가 되었다. 코로나 사태가 진정된다 해도 한번 몸에 익숙해진 현상은 예전으로 돌아가기가 쉽지 않다. 앞으로 작은 규모의 영상 예배를 드리는 교회가 생길 가능성이 커졌다. 교인 간의 친교도 영상으로 자기들끼리 자발적으로 이루어질 개연성이 높아졌다. 교회의 기능 즉 예배, 교육, 봉사, 친교, 전도가 모두 영상매체를 통해 충분히 이루어질 수 있게 되니, 영상교회가 새로운 형태의 교회로 자리매김이 될 것이다. 영상 예배는 저비용, 간단한 교회구조, 언제 어디서나 접속해서 신앙 활동을 할 수 있다는 편리성 때문에 젊은이들에게 각광을 받을 것이고, 교회분쟁은 급속도록 소멸될 것이다. 영상 교회는 목회자의 독선, 장로들의 고집, 교인들 간의 파벌 등이 줄어들 것이고, 자유롭게 평등하게 편리하게 신앙생활을 하려는 현대인의 취향과 일치되기에 잘 관리하고 설교만 뛰어나다면 앞으로 크게 활성화될 것이다. 신학대학에서는 영상 교회를 할 수 있는 인물들을 육성해야 한다. 신학교육을 하면서 영상매체를 다룰 수 있는 기능, 발성법, 분장법, 홍보기술 등을 가르쳐야 한다.

진보란 새로운 것을 선호하는 의식이다. 역사는 진보한다. 그렇다면 기존 형태의 교회는 존재는 하나 쇠락할 것이고, 영상 교회 등 새로운 형태의 교회는 다양한 형태로 번창할 것이다. 물론 경계해야 할 점도 많다.

영상 교회는 개인교회가 될 염려가 있고 통제가 어려워지면서 이단으로 전락할 수도 있다. 총회는 이런 점을 염두에 두면서 영상 교회도 교회로 인정하는 개방성이 있어야 한다.

### 7) 선교형 교회

선교형 교회라는 말은 사실 생소하다. 모든 교회가 선교를 지향하고 있기 때문이다. 그런데 여기서 말하는 선교형 교회는 목회자가 사업을 하면서 선교 활동을 하는 교회를 의미한다. 예를 들면 목회자 중에 요리사 자격증이 있는 사람은 음식점을 차려 평일에는 장사하고 주일에는 문을 닫고 그 자리에서 교회를 운영하는 형태의 교회이다. 교회가 건물이 아니고 큰 교회가 반드시 바람직한 교회도 아니기 때문에 충분히 가능한 형태이다. 카페 경영도 마찬가지이다. 심지어 어린이집이나 영어학원을 설립해서 사업하면서 선교 활동을 하면 이 시대에 새로운 유형의 교회가 될 것이다. 큰돈이 들지도 않고 스스로 자립하여 교회 운영을 하기 때문에 노회나 총회에 부담도 주지 않는다는 장점이 있다.

# 15. 다음 세대 교육의 개혁

한국교회가 점점 어려워지는 가장 큰 요인은 다음 세대가 급속도로 줄어들고 있다는 것이다. 다음 세대란 유치원생, 초등학생, 중고등학생, 대학생, 청년들을 뜻한다. 출산율이 세계 최악인 이 나라에서 다음 세대를 양육한다는 것이 얼마나 어려운 일인가를 이미 우리는 잘 알고 있다. 이제 발상의 대전환이 필요하다. 지금까지는 양적으로 다음 세대를 양육하려고 했지만 이제 불가능하게 되었으니 질적인 교육으로 전환해야 한다. 질적인 교육이란 주어진 소수의 학생들을 최고의 인물로 키워나가는 교육이다. 그런 교육을 하려면 다음 몇 가지를 염두에 둬야 한다.

첫째, 교회교육이 그리스도인을 만드는 교육에서 벗어나야 한다. 예수를 믿게 하는 교육에서 예수 그리스도를 조금 조금 닮아가는 인간교육으로 발전해야 한다는 것이다. 그리고 무능한 그리스도인이 아니라 유능한 그리스도인을 만들어야 한다. 믿음이 있는 그리스도인이 아니라 믿음으로 일하는 자유인으로 만들어야 한다. 믿음이 능력이라는 것을 증명할 수 있는 사람을 양육해야 한다.

둘째, 학생 발달단계를 따라 체계적이고 합리적인 교육을 해야 한다.

발달단계에 대한 다양한 이론이 있기는 하지만, 예를 들면 교회를 가르칠 때, 유치부는 즐거운 교회를, 초등생에게는 나를 사랑해 주는 교회를, 중고등부 학생에게는 미래를 안내해 주는 교회를, 대학생에게는 바른 생각을 하게 해주는 교회를, 청년에게는 자신의 인생을 살게 해주는 교회를……, 이런 식으로 단계적으로 교육해야 한다는 것이다. 유치부, 초등부 학생들에게 교리교육은 무리다. 가르쳐도 그들은 이해하지 못한다. 이해한다고 해도 잘못 이해하기 쉽다. 교리교육은 대학생부터 본격적으로 시작하는 것이 좋다.

셋째, 교회교육은 아이들의 인생을 책임진다는 각오로 전력을 다해야 한다. 담임목사가 직접 관장해야 한다. 부장, 전도사, 교육목사에게 위임하는 것은 큰 잘못이다. 큰 교회도 예외가 아니다.

넷째, 교회교육을 하면서 무조건 믿어라, 무조건 따르라는 식으로 교육하면 안 된다. 아이들은 무식하지 않다. 고등학생, 대학생이 되면 그들은 합리적이고, 논리적인 것을 좋아한다. 하나님을 의심하고 믿음에 대해 회의적인 자세를 갖는 것은 그들의 특권이다. 토론을 통해 합리적으로 납득시키려는 노력을 지도자가 해야 한다.

다섯째, 교회교육은 아이들, 청소년들에게 인생을 살아가는 방법을 가르쳐 주어야 한다. 주님을 믿고, 예배 잘 드리고, 기도 많이 하면 잘살 수 있다는 식으로 가르쳐서는 안 된다. 잘 산다는 것이 무엇인지를 가르쳐 주어야 한다. 돈 벌고 출세하고 자유롭게 살고, 그런 것이 잘사는 것이 아니다. 잘 산다는 의미는 매우 주관적이어서 한마디로 정의를 내릴 수는 없지만, 대다수 교육학자의 주장을 종합해 보면 결국 두 가지다. 하나는 가치를 추구하면서 사는 것이고, 다른 하나는 즐겁게 사는 것이다. 가치는 있는데 즐거움이 없으면 인생은 지루하다. 즐거움은 있는데 가치가 없다면 인생은 저급하다. 신앙으로 이 두 가지를 다 누릴 수 있도록 조화있게 가르쳐야 한다.

가치 있게 산다는 것은 무엇일까? 그리스도의 삶을 모델로 삼아 그렇게 살아보려는 것이다. 아이들, 청소년들은 어른이 되어도 그리스도가 되는 것은 아니다. 그러나 그리스도의 삶을 모델로 삼아 그렇게 살아 보려고 노력할 수는 있다. 노력만으로 충분하다. 교회교육은 성인을 만드는 교육이 아니다. 즐거움은 무엇인가? 방임적 자유인가, 쾌락인가? 아니다. 교회가 가르쳐야 할 즐거움은 그런 즐거움이 아니다. 창조적 즐거움이다. 예를 들면 독서, 음악, 운동, 여행, 대화 등등이다. 교회는 교리교육만 하지 말고 아이들, 청소년들이 즐겁게 인생을 살 수 있도록 그 방법을 가르쳐 주어야 한다. 왜 아이들이 교회를 떠나는가? 재미가 없기 때문이다. 재미있게 집에서, 학교에서, 교회에서 그 삶을 살 수 있게 가르쳐야 한다. 아이들을 교실에 가두지 말라. 밖으로 나가게 교회가 지원해서 해외여행도 시켜주고, 순교지도 방문하고, 운동경기도 하고, 노래도 부르고, 춤도 추게 하고, 연극도 해 보고, 시 낭송도 해 보고……, 아이들을 움직이게 하라. 그래야 아이들이 교회로 모인다.

마지막으로, 교육 전문가를 신학대학에서 시급히 양성해야 한다. 교육은 설교보다 어렵다. 심방보다도 어렵다. 그런데 전문가가 없다. 그래서 다음 세대는 사라지고 있고, 교회는 침몰하고 있는 것이다. 이 비극이 계속되어서는 안 된다.

# 16. 담임목사 교환근무제 도입

역사의 흐름을 살펴보면, 권력이동은 단일한 방향으로 흘러갔다. 처음에는 한 사람이 권력을 소유했다가 소수의 집단이 그 권력을 나누어 가졌고 다시 소수가 분화되어 여러 소수의 집단이 서로 견제하면서 사안에 따라서는 협력하면서 권력을 유지해 왔다. 그러다가 민주화되면서 그 소수의 권력 집단이 대중을 선동하면서 그 권력을 유지해 왔다. 현대 사회에서 권력은 대중에게 있다. 대중에게 지지를 받지 못하면 그 어떤 권력도 유지하지 못한다. 그런데 처음에는 소수의 권력에게 이용당하던 대중이 점점 영리해지기 시작하면서 결국 대중이 소수의 권력을 통제하는 사태가 생겼다.

교회도 마찬가지이다. 초기에는 담임목사가 교회 권력을 소유하고 있었지만, 시간이 흐르면서 당회가 그 권력을 가지게 되었다. 교회 안에 여러 집단, 예를 들면 안수집사회, 권사회, 선교단체 등등이 생기면서 당회의 권력은 분산되기 시작했다. 민주적 조직이 활성화될수록 여러 권력은 제직회, 공동의회를 장악하려고 음으로 양으로 활동하게 되면서 교인들은 서서히 정치적 안목을 넓혀 갔고, 이제는 교회 안에 그 누구도, 그 어떤 집단도 교회 권력을 독점하지 못하는 사태가 벌어졌다. 이제 담임목사는 교인들의 눈치를 보면서 목회를 해야 한다. 생존을 위해 어쩔 수 없이 그리해야 하는 현실이 되고 말았다. 대중을 향한 권력자들의 정치적 활동이 때로는 혼란을 가져오듯이, 교인들을 향한 교회 내 권력자, 또는 권력 집단들이 정치 행위는 교회를 더욱 세속화시켰다. 교회 안에서 담임목사의 권력 소유는 비성경적이고 반민주적이다. 같은 이유로 장로들이나 평신도들이 권력을 소유하는 것도 비성경적이고 반민주적이다.

이런 일들을 방지하려면 대중, 즉 교인들이 현명해야 한다. 교회공동체는 세상공동체와는 다르다는 것을 인식해야 한다. 그리고 담임목사도 10년 임기제, 장로들도 7년 단임제를 실시해서 권력이 고착화되지 않도록 해야 한다. 대중의 심리는 늘 세속의 흐름을 따른다. 그들도 교회 밖에서 세상 사람들과 같이 살면서 그들의 영향을 직접적으로 받기 때문이다. 민주화의 특징은 한 사람이 오랫동안 권력을 갖지 못하도록 견제하는 것이다. 대중에게 특별한 면에서 인정을 받지 못한 지도자의 권력은 오래 가지 못한다. 대중은 지도자를 세우기도 하고 버리기도 한다.

이제 목사들도 생존을 위해서 영악해졌다. 앞으로 지혜로운 목사들은 대형교회보다는 자신이 통제할 수 있는 범위, 예를 들면 500명 내외의 중형교회 심지어 200명 정도의 건실한 소형교회를 더 선호할 것이다. 그리고 자기 안전을 위해 친위 그룹을 만들려고 할 것이다. 적대적인 인물은 교회 밖으로 추방하려는 생각을 갖게 되고, 다양한 형태의 부작용을 만들어 내면서 교회는 무너질 것이다. 목사건 장로건 교인이건 다 사람들이다. 믿음을 가졌다고 특별한 사람이라고 생각하는 것은 오산이다. 교회

역사가 그것을 중명한다.

평화로운 교회를 만들려면 사람보다는 제도를 더 믿어야 한다. 그러기 위해서 담임목사 교환근무제를 도입해야 한다. 분쟁이 있는 교회끼리, 분쟁이 없다 해도 각 교회가 원하면 담임목사를 서로 교환하는 제도가 실시되어야 한다. 이 제도가 마련되면 담임목사들이 서로 교환하여 목회를 하는 데 자존심이 상하지 않는다. 노회는 분쟁하는 교회를 관리하기 쉬워진다. 이런 제도는 교인들에게도 유익하다. 10여 년을 한 분만 모시고 설교를 들었는데 변화를 원하는 것도 당연하다.

본질과 상황은 서로 충돌하는 경우가 많다. 한 분의 담임목사가 은퇴까지 한 교회에서 목회를 하는 것은 본질이다. 본질을 지켜 가면서 상황에 대처도 해야 한다. 목사 교환근무제는 분명 본질은 아니다. 그러나 본질만 주장하다가 존재 그 자제가 무너지면 이는 큰 불행이다. 인간은 제도를 만들기도 하지만 그 제도에 순응하기도 한다. 성경교육이 교회평화를 가져오는 것이 아니라 합리적 제도가 교회 평화를 가져온다. 목사 교환근무제를 도입하면 목사들도, 교인들도 지루해지지 않는다. 변화를 두려워하지 말고 변화를 수용하는 용기가 필요한 시대이다. 교환근무는 길어 3년이면 족하다. 너무 길면 목사가 본 교회로 돌아오기가 어렵고 너무 짧으면 이 제도의 긍정적 효과를 볼 수 없다.

# 17. 담임목사 임기 10년제 신임투표 연임

교회는 담임목사와 위임목사로 나누어 그 직을 표기하고 있다. 일반적으로 담임목사는 임기 3년의 목사요, 연임이 가능하고, 위임목사는 70세까지 정년이 보장된 목사라고 부른다. 이제 위임제도를 폐지하고 모든 교회는 담임목사로 그 명칭을 통일해야 한다. 그리고 담임목사의 임기는 10년으로 정하고, 10년이 되면 다시 본인의 요청에 따라 공동의회에서 신임투표를 받아 과반의 찬성으로 다시 10년을 봉사하게 해야 한다. 이 제도를 도입하려는 이유는 자명하다.

첫째, 목회자에게 책임의식과 긴장감을 주어 교회를 열심히 섬길 수 있도록 제도적으로 압박을 가하려는 것이다. 위기의 시대에 목회자가 안일하게 교회를 섬기는 것은 일종의 죄악이다. 목사도 사람이다. 임기가 없으면 나태해지기 쉽다. 둘째, 장로 7년 임기제와 형평성을 갖추기 위해서이다. 장로는 귀한 직분이다. 장로들이 교회를 위해 7년 단임제를 실시하겠다는데 목사들도 그에 상응하는 결단을 해야 한다. 셋째, 현재 담임목사 임기는 3년이다. 물론 앞으로 6년으로 하자는 여론도 있다. 6년으로 충분하지 않다. 일단 교회를 담임하면 안정적으로 장기목표를 세워 목회를 할 수 있도록 해야 한다. 넷째, 목사의 평등성을 확보하자는데 있다. 어떤 목사는 담임목사이고 어떤 목사는 위임목사라고 부른다면 이는 불평등하다. 하나님 앞에서 목사는 평등하다. 모든 목사가 담임목사로 통일해서 교회를 섬기면, 목사 사회의 위화감도 없어지고 위임목사가 되려고 불필요한 이런저런 인간적 수단을 동원할 필요도 없어져서 목사들의 자존심을 지킬 수 있다. 목사들은 무엇으로 사는가? 믿음으로 산다고 말할 것이다. 맞는 말이다. 그러나 동시에 목사는 영적 자존심으로 산다. 믿음과 동시에 영적 자존심이 있어야 교회를 섬기고 교인들을 지도할 수 있다. 담임목사 신임투표를 걱정할 필요가 없다. 10년 동안 목회를 바로, 열심히 하면 하나님도 버리지 않을 것이고, 교인들도 버리지 못한다.

만일 10년 동안 목회를 하고 나서 신임투표에 떨어진다면 그 목사는 그 교회 담임목사 자격이 없다. 하나님도 버리고 교인들도 버렸다는 증거다. 교회를 위해 교회를 떠나야 한다. 단언하건대 목사가 제 일을 바로 열심히 하면 재신임을 얻을 수 있을 것이다. 신임투표를 두려워할 필요가 없다. 위임제도를 폐기하고 담임목사제로 통일하여 10년 임기제를 하면, 비록 재신임을 통해 다시 10년 결국 20년을 목회할 수 있다지만, 20년이 되어도 아직 정년이 되지 못한 경우도 생길 것이다. 이 경우는 본인과 교회 간에 아름다운 타협이 이루어져야 한다. 본인이 원하면 한 번 더 신임투표를 받아 정년까지 시무하던가, 아니면 임기를 마치되 남은 임기 동안의 사례금을 격려금으로 은퇴하는 목사에게 드리면 된다. 연금을 탈 수 있도록 그 기간 동안 연금을 지불해 주는 것도 좋은 일이다. 아마 이런 예우를 교회가 해준다면 20년 이상 한 교회에서 목회하다가 더 목양하겠다는 목사들이 그리 많지는 않을 것이다.

노후가 걱정이 되면 목사들은 최선을 다해 목양해야 한다. 한눈팔면서 목양해서는 안 된다. 우리시대에 그렇게 목양한다는 것은 주님께 죄를 범하는 일이고 교인들을 무시하는 독선적 처사이다. 심은 대로 거둔다는 것이 주님의 가르침이다. 목사라고 예외가 없다. 이런 제도는 헌법을 개정한 후에 이루어지는 것이기에 현 위임목사에게는 적용되지 않는다. 그러나 명심해야 한다. 제아무리 위임목사라고 해도 목양이 반성경적이요 비합리적이고 반사회적이면 교인들이 용서하지 않는다. 지금 다수의 교인들은 예전 교인과는 다르다. 그들은 순진하지도 않고, 무조건 목사에게 순종하지도 않는다. 그들은 이제 깨어 있는 대중이다. 어떤 교인들은 목사보다 장로보다 주님과 교회를 더 사랑하는 사람들이다. 그들은 교회와 주님을 위해 칼을 던질 수 있는 용기를 지닌 사람들이다. 결국 위임이냐 담임이냐는 문제가 되지 않는다. 열심히 목회하느냐 그냥 눈치껏 목회하느냐가 문제가 된다. 위임목사라는 허명에 숨지 말고 위임이 되어야 정년까지 평안하게 목회할 수 있다는 안일주의를 던져 버려야 한다. 제도가 자리를 지켜주지 못하고 민주화 시대에 아무 공적 없이 70세까지 그 지위를 유지하겠다는 발상 자체가 시대착오적이다.

# 18. 당회 의결 방법의 변화

당회는 교회에서 가장 중요한 의결기구이다. 노회로 가는 모든 서류는 당회 의결을 거쳐야 한다. 목회자를 선택하는 것도 지금까지는 실질적으로 당회 소관이었다. 교회 재정도 당회에서 감독만 하는 것이 아니라 집행도 제직회 이름으로 주도했다. 헌법에는 분명 교회 권력을 분권적으로 만들어 놓았다. 당회는 예배와 권징과 정책, 제직회는 재정 집행, 공동의회는 위임목사 인준과 예산 편성 승인 등으로 구조가 편성되었다. 그러나 실질적으로는 당회가 모든 것을 직접, 간접으로 교회 권력을 집행했다. 그러나 지금은 상황이 많이 달라졌다. 교인들이 자각하게 되면서 위임목사 승인을 거부하는 예가 늘어나게 되었고, 심지어는 당회에서 독단적으로 담임목사를 청빙할 수 없도록 제동을 걸게 되었다. 이제 위기의 시대에 당회 의결 구조도 변해야 한다.

첫째, 담임목사 연임 청원을 당회에서 독단적으로 결정하지 말아야 한다. 담임목사 임기는 3년이고 연임을 하려면 당회가 연임 청원을 해야 한다. 그런데 당회가 연임 청원을 거부하거나 당회가 열리지 못하도록 장로들이 회의에 참석하지 않으면 회의가 성립되지 못해 연임 청원은 자동 폐기되는 예가 생기기 시작했다 그런데 한번 생각해 보자. 담임목사는 전 교인들의 담임목사이고 모든 교인을 대상으로 목회하는 사람이다. 담임 목사 연임 여부는 당회가 아닌 공동의회에서 결정해야 합리적이고 성경적 이다. 대의제라는 명분 때문에 교인 대표인 당회에서 결정하는 것이 옳다 고 주장할 수도 있지만 대의제를 제대로 운영하려면 장로는 임기제로 봉 사하고 다시 교인들에게 선택을 받아 연임할 수 있어야 참된 대의제가 되 는 것이다. 이제 이런 구조적 모순을 정리해야 한다. 담임목사 부임이나 연임에 대해서는 공동의회가 그 권한을 행사해야 한다.

둘째, 재정에 대해서 당회가 감독하고 직간접으로 집행하는 것은 구조 주의적 입장에서 본다면 불합리하다. 재정 집행은 제직회가 하는 것이고 재정에 대한 감독은 공동의회가 해야 한다. 공동의회 산하에 감사위원회 를 독립적으로 설치하여 재정 감독을 해야 한다.

셋째, 공동의회 산하에 운영위원회를 설치하여 교회 중요 사항을 처리 하고 공동의회에 보고하도록 해야 한다. 이 부분에 대해서는 별도로 언 급을 했으니 참조하기를 바란다.

마지막으로 당회에서 장로들과 담임목사의 의견이 부결될 때, 담임목 사와 장로들은 자기 의견을 공동의회에 부의하여 최종적인 판단을 받을 수 있도록 해야 한다. 이런 제도가 마련되면 당회는 다양한 토론을 통해 감정적으로 일을 처리하는 것이 아니라 이성적으로 해결하려는 노력을 하게 되고, 목사와 장로들의 불필요한 대립이 순화될 수 있다. 담임목사 도 장로들도 반대하는 자기 의견을 공동의회에 부의했다가 부결되면 큰 부담을 안게 되기에 신중하게 일을 처리할 것이다.

당회는 매우 중요한 기구이다. 그래서 지금까지 당회는 교회 권력을 독점하여 왔다. 긍정적 효과도 있었고 교회성장에도 도움이 되었지만 지금은 교인들의 믿음이나 지적 수준, 사회적 지위 등이 높아졌기에 과거처럼 당회 중심으로 모든 일을 처리하기에는 큰 부담이 된다. 교회를 지키는 최종 세력은 교인들이지 목사나 장로들이 아니다. 불편하기는 하겠지만 세상이 변했다는 것을 인정해야 한다. 어떤 사람은 세상이 변해도 교회는 변해서는 안 된다고 주장하겠지만 이 논리는 근시안적이다. 성경말씀은 변하지 않지만 제도는 그 시대에 따라 변해야 한다. 변해야 교회가 살아남는다. 가장 강력한 개혁은 사람도 개혁되어야 하고 제도도 개혁되어야 한다. 그런데 사람의 개혁은 쉽지 않다. 먼저 제도를 개혁해야 한다. 그러면 사람도 개혁에 순응하게 된다.

당회가 대의제의 시작이면 당회에서 표결을 두려워해서는 안된다. 그러나 이 경우 담임목사에게 거부권을 부여해야 한다. 장로는 그 수가 많고 담임목사는 혼자다. 부목사를 동원하는 것은 옳지 않다. 부목사를 정쟁에 가담시켜서는 안 된다. 당회는 목사가 반대하면 그 결정을 보류해야 한다. 만약 그대로 장로들이 그 결의를 강행하려고 한다면 이는 앞에서 언급한 그대로 공동의회가 최종 결정권을 갖게 해야 한다. 당회 갈등을 조정할 수 있는 기구가 교회 안에 있어야 한다. 이를 노회가 바로 하면 시간만 끌 뿐이다. 꼭 이렇게 해야 하는가에 대한 반론도 있을 수 있지만 현실을 보라. 이 방법 외에 다른 방법이 있는가?

# 19. 대사회 영향력 강화를 위한 인재 관리

우리 교단 교인 수는 대략 230만 정도이다. 그중에는 사회적 영향력을 지닌 인재들이 수없이 많다. 장관, 국회의원, 대학교수, 의사, 판사, 검사, 변호사, 회사 사장, 공공기관장 중에서 지교회에 장로, 안수집사, 권사 등의 직분을 갖고 교회 봉사하는 분들이 많다. 일단 항존직이 되었다는 것은 교회 일이나 교단 일에 협력할 수 있는 자격을 갖추었다는 의미가 된다. 각 노회는 지교회에서 봉사하는 이런 분들의 자료를 정리해 둘 필요가 있다. 이런 분들이 교회를 지키는 일에 앞장서야 한다. 그중 더 사회적으로 중요한 일을 하는 분들, 예를 들면 국회의원, 장관, 중견 법조인들, 대학교수들, 공공기관장들, 언론인들, 체육계, 교육계, 군 계통 등등에서 일하는 분들은 총회가 직접 관리(?)를 해야 한다. 일 년에 한 번 정도 총회장 초청 식사 모임을 갖고, 총회 정책을 설명하고 협력을 요청하는 일을 해야 한다. 특별히 대사회 정책, 예를 들면 동성애 문제, 통일문제, 사회복지 문제, 기독교학교 문제 등등에 대해 교단의 입장을 설명하고 이해를 구하는 일을 해야 한다. 기독교의 힘은 교리적으로는 예수 그리스도의 힘이지만 현실적으로는 예수 그리스도를 믿는 교인의 힘의 총합이다. 예수 그리스도가 힘인 것은 진리이지만 그 진리를 행하는 교인들이 없으면 일종의 메아리가 될 뿐이고 교리적인 주장일 뿐이다. 삼일 운동이나 건국, 산업화, 민주화에 기독교가 공헌한 것은 교리가 아니라 교리를 믿는 교인들의 힘이 결집되었기 때문이다.

왜 총회가 힘이 없는가? 교리만 주장하고 정책만 강조하지 그리스도를 믿는 교인들을 결집시키지 못하기 때문이다. 왜 총회는 교인들을 결집시키지 못하는가? 총대 중심으로 정치만 하기 때문이다. 그것도 정책을 뒷받침하는 정치도 아니고, 사람을 표적으로 하는 정치만 하고 있기 때문이다. 사람이 싫으면 그 사람을 배척하는 정책이 나오고, 그 사람이 좋으면 그 사람에게 유리한 정책이 나오니 교단이 힘 있는 교단이 될 수가 없다. 현실과 상황에 맞지 않는 원칙주의 정책은 결국 교단을 몰락하게 만든다. 성경의 교훈은 정책이 아니다. 그래서 불변이다. 그러나 그 외는 현장성을 중시해야한다. 총회에 나오는 총대들보다 각 교회에서 봉사하는 교인들이 더 중요하다. 그러니 현장에서 봉사하는 교인들 중에 특별히 사회적 영향력이 큰 교인들을 총회가 관리하는 것은 당연하다. 그들이 여론을 주도하고 있고 사회적 영향력이 큰 사람들이기 때문이다. 종교는 모든 분야 위에 존재하는 특수한 영역이다. 목회자는 거지로 부터 대통령에 이르기까지 모든 사람과 소통할 수 있는 특수한 직분이다. 하나님께서 주신 직분이기 때문이다.

그러므로 교단 최고 지도자인 총회장이 우리 사회 각 분야에서 믿음으로 교회생활은 물론 사회에 봉사하는 각계 각층 지도자들을 총회로 초청하여 예배들 드리고 그분들을 격려하고 대접하는 것은 반드시 필요한 주요 정책이요, 행사이다. 그러기 위해서는 세 가지가 필요하다. 첫째는 일선 목회자들의 협력이요, 둘째는 총회장은 전 노회원들이 모바일 투표로 선출하여 총회장의 위상을 높이는 것이고, 셋째는 재정적 뒷받침을 충분히 하는 것이다. 이 일은 쉽게 성사되지 않는다. 단숨에 되지도 않는다. 그러나 일단 시작하고 이 모임이 중요성을 해당 교인들도 인식하게 되어 7~8년 정도가 흐르면 좋은 결실을 맺을 수 있다. 대통령이 교인이면 목회자들이 청와대에 초청을 받아 예배를 인도하는데 왜 사회 저명 교인들이 한 해에 한 번, 총회장이 초청해서 예배를 못 드린단 말인가? 이런 행사에는 성령께서 역사하지 않으시는가?

총회는 크게 세상을 보고, 넓게 교인들을 살피며, 더 교인들을 결집시켜 힘을 길러야 한다. 시시하고 자질구레한 일에 힘을 낭비해서는 안 된다. 총회장은 하나님이 선택한 교단 최고의 지도자임을 자각하여 당당하게 세상으로 나가야 한다. 영적 지도자는 두려움이 없어야 한다. 시시한 일에 고민하지 말아야 한다. 속된 인연(?)에 굴복하지 말아야 한다. 도움을 받았다고 도와준 사람에게 속박당하지 말아야 한다. 교단 산하 각 교회에서 일하는 사회 저명인사들에게 권위를 인정받을 수 있도록 목회도 잘하고, 세상을 향한 봉사도 잘해야 하며, 인격적으로 일반사람들에게 존경을 받아야 한다. 사회 저명인사를 초청할 때, 그들이 응할 수 있도록 권위를 가져야 하며, 교단은 총회장에게 그런 권위를 부여하는 데 힘써야 한다. 총회장 자격도 중요하고, 총회장이 되는 과정도 중요하며, 총회장의 역할도 중요하다. 일단 각 노회를 통해 교단 산하에 있는 사회 저명인사를 조사하여 인명록을 만들고, 교단 정책을 홍보하는 책자를 만들어 보내고, 1월에 각 교회에서 그들을 위한 기도회를 열고, 준비가 다 되면 5년 후쯤 총회장 초청 예배를 드리고 총회 정책을 설명하면서 도움을 청하는 일을 단계적으로 해야 한다. 총회장은 교인들을 결집시키는 일에 정책 우선권을 두어야 한다.

# 20. 대회제 신설

지금 우리 사회의 의사 결정 구조는 분권 형태가 일반적이다. 그러나 한국교회는 전근대적인 형태를 그대로 유지하고 있다. 교단 총회에서 모든 것이 결정된다는 것이다. 그러므로 총회가 결정한 내용들이 노회를 거쳐 일선 교회까지 그 영향력을 끼치려면 상당한 네트워크가 마련되지 않으면 어렵다. 우리 교단의 기본 구조는 총회에서 정책을 다루고, 노회에서 사업을 하는 것이다. 그러나 노회는 인력도 재정도 부족해서 의미 있는 사업을 할 수가 없다. 행정적인 절차만 다루고 있다고 해도 과언이 아니다. 노회는 그 힘을 잃어가고 있고, 총회는 비대해져서 효율성이 크게 떨어지고 있다. 총회가 비대해지다 보니 정책 결정도 졸속이고, 그 집행도 더디다. 이제 총회는 정치만 난무하는 집단이 되어 버렸고, 정책 집행에 대한 평가도 제대로 이루어지지 않는 무용지물로 전락하고 있다. 총회가 비대해지고 정치화되니 업무 파악도 부실하다. 예를 들면 국내선교부는 개척교회 현황 파악도 제대로 하지 못하고 있고, 세계선교부는 그 많은 선교사의 현 실태를 파악하지 못하고 있으니 지원 대책을 효율적으로 마련할 수도 없다.

이제 총회 기능을 분산시켜야 한다. 다행히 교단은 5개 권역별로 연합 활동을 해오고 있는 실정이니 5개 권역을 하나로 묶어 대회제를 신설해야 한다. 그러면 당회, 노회, 대회, 총회라는 구조를 갖게 되어 당회는 교회 일을, 노회는 행정과 소규모 자체사업을, 대회는 연합활동과 총회가 지시한 다소 규모 있는 사업을 관장할 수 있다. 총회의 사업을 나누어 하면 더욱 효율적인 집행과 평가가 가능하다. 예를 들어보자. 세계선교부인 경우 동남아는 서부 지역이, 유럽은 동부지역이, 미주지역은 중부지역이, 서남아시아는 강남지역이, 아프리카는 강북지역이 맡아서 하면 관리, 지원, 평가가 아주 효율적이 될 것이다. 교육자원부도 지역별로 나누어서 집중적인 연구하게 한다. 유초등부는 강북이, 중고등부는 강남이, 장년부는 서부가, 노인은 동부가 책임을 지게 한다.

대회제가 신설되면 노회에 목사 장로가 동수이어야 한다는 장로들의 주장도 해결된다. 장로들이 노회에서 전도목사, 기관목사, 부목사, 무임목사 등에 대해 노회원 자격을 주지 말아야 한다는 이 주장은 총회처럼 노회도 정치화되려는 징조이다. 총회는 대회에서 올라온 헌의안을 집중적으로 다루고, 국내외 각 교단 간의 연합 사업을 관장하며, 교리와 헌법, 대정부 활동, 신학교육 등 중요한 것만 다루어야 한다. 이렇게 되면 5개 권역은 총회가 지시하는 사업이나 자체사업을 할 수 있고, 총회는 탈정치화될 수 있다.

대회제를 신설하여 이를 효율적으로 운영하려면, 다음 몇 가지를 반드시 이행해야 한다. 첫째, 총회의 인력과 재정을 5개 권역으로 분산해 주어야 한다. 둘째, 대회에서 선출한 대회장은 총회 임원으로 그 지위를 격상시켜야 한다. 그래서 총회 임원은 총회장, 2명의 부총회장, 서기, 부서기, 회계, 부회계와 5개 지역의 대회장으로 구성해야 한다. 이렇게 되면 임원회의 결정은 더 권위를 갖게 되고 의사결정은 더욱 민주적이 되며, 부총회장 선거가 과열되지 않게 된다. 총회장에게 몰리는 과중한 책임 추궁도 사라지게 된다. 셋째, 총회와 대회의 권력 분산을 어떻게 하느냐에 대한 사전 연구가 있어야 한다. 제도를 변경시키는 것은 밀도 있는 연구를 한 후 과감하게 실행해야 하기 때문이다. 몇 해 전에 장기발전연구위원회에서 대회제를 채택할 것을 총회에 보고했으나 총회는 폐기하지 않고 연구 과제로 존속시켰다. 그때, 반대하는 총대들은 대회제는 교통 상황이 어려운 미국 같은 대국에서 하는 것이고, 우리나라처럼 교통이 편하고 작은 나라에서는 큰 유익이 없다고 주장했다. 그러나 총회와 노회의 정치화를 막고, 효율적인 사업을 하려면 대회제가 신설되어야 한다. 위기에 처할수록 기동성이 빨라야 한다. 지금처럼 총회가 정책과 사업을 총괄한다면 이미 늙은 말처럼 된 총회는 회의만 하고 집행은 하지 못하는 비효율적인 집단이 되고 말 것이며, 그러는 사이 일선 교회는 죽어갈 것이다.

총대들에게 묻는다. 지금 총회는 노회와 일선 교회를 위해 무엇을 하고 있는가? 과연 총회가 일선 교회들을 위해 의미 있는 일을 할 능력이 있다고 보는가? 인간은 정치적 동물이다. 정치를 피할 길이 없다. 어차피 정치를 할 수밖에 없다. 대회제를 만들어 이곳에서 온갖 정치를 하도록 그 장을 마련해 주면 될 것이다. 총회는 정책과 교리를, 대회는 정치와 사업을, 노회는 행정을, 당회는 목회를 맡도록 하면 서로 유기적 관계를 맺으면서 위기 탈출에 서로 협력하면서 좋은 열매를 맺게 될 것이다. 물론 어려움도 있다. 사무실 마련하는 것, 직원을 분산시키는 일, 재정을 나누어주는 일 등등 난제들이 많다. 그러나 실보다 득이 더 많다. 더 연구를 해서 5년 안에 결론을 내려야 한다.

# 21. 동반성장제도의 개혁

'동반성장'이란 자립교회와 미자립교회가 동시에 성장하자는 아름다운 뜻에서 만들어진 용어이다. 마땅히 그래야 하고 우리 교단이 지금까지 실천해온 자랑스러운 전통이다. 그런데 이 전통이 앞으로 계속 유지되기가 어렵게 되었다. 이 제도가 제대로 시행되고 좋은 결과를 맺으려면 세 가지 조건이 구비되어야 한다.

첫째, 자립교회가 계속 성장해야 한다. 미자립교회를 돕는 성금은 자립교회에서 나온다. 그런데 자립교회가 계속 성장하지 못하고, 심지어 자립교회들이 미자립교회로 쇠락하면 성금이 고갈되고 만다. 코로나 사태 이후 한국교회의 쇠퇴는 가속화될 것이다. 코로나 사태 이전부터 해마다 교인들이 줄고 있는데 코로나 사태는 한국교회에 치명타를 가했다.

둘째, 미자립교회의 목회 환경이 좋아져 가야 한다. 그래서 미자립교회가 점진적으로 자립교회가 되어야 한다. 그런데 농촌교회 현실은 계속 나빠지고 있다. 청년들은 중소도시로 빠져나가고 있고, 결혼하지 않는 사람들은 늘고 있으며, 70이 넘은 노인층들이 교회를 지키고 있으니, 결국 당회, 제직회 구성 자체가 어려워지고 있다. 도시에서 개척한 목회자들도 상황은 더욱 나빠지고 있다. 성전 건축은 그 비용이 막대하여 불가능해졌고, 젊은 층들은 교회에 실망하거나 신앙 성숙이 아직 미흡하여 헌금을 넉넉히 할 여건이 못 되고 있다. 2030세대는 취직도 어렵게 되었고 결혼도 힘들게 되었으며 그나마 집 한 채라고 마련하려면 상당액을 저축해야 하는 실정이라 헌금 의욕은 극도로 저하되었다. 그들에게 헌금을 요구하는 그 자체가 고통을 주는 일이 되고 있다. 지금 헌금하는 세대는 주로 50대 이후 교인들이다. 앞으로 10년 정도가 되어 이들이 세상을 떠나기 시작하면 다수의 자립교회도 교회 재정에 상당한 압박을 받게 될 것이다. 이제 도시에서 교회를 개척하여 자립교회로 발전한다는 것은 실로 어렵다. 사람도 없고 돈도 없다.

셋째, 농촌교회나 도시의 개척교회 목회자들의 능력이 향상되어야 한다. 그러나 현실은 어떤가? 자립교회는 이미 그 터전이 어느 정도 확립되었기 때문에 그나마 목회자들이 노력하면 간신히 현상 유지 또는 서서히 쇠락하는 것으로 만족할 수 있지만, 농촌교회나 도시의 개척교회 목회자는 그야말로 피와 땀과 눈물이 있어야 자립할 수 있다. 그런데 목회자도 사람이다. 주변 환경의 영향 속에서 사는 생물이다. 우리 세대는 편한 것을 즐기고, 즐거운 것을 찾는 세대이다. 농촌교회나 도시의 개척교회 목회자들은 나름대로 최선을 다했지만 그 결과가 허무할 때 받는 상처는 참으로 슬플 정도이다. 그들에게 무조건 피와 땀과 눈물을 요구하는 것은 잔인한 일이다. 이런 지경이 되면 목회자들은 현실 상황에 타협하기 쉽다. 교회를 형식적으로 운영하고 어쩔 수 없이 노회에서 주는 보조금에 의존하게 되면서 악순환은 계속된다. 이런 처지에 있는 목회자들에게 자질 향상을 강권하는 것이 과연 가능한 일이겠는가?

넷째, 미자립교회 현황을 정확하게 파악해야 한다. 통계가 있어야 효율적인 대책을 세울 수 있기 때문이다. 그런데 한국교회 모든 교단은 정확한 통계를 내지 못하고 있다. 아니 솔직하게 말하면 정확한 통계를 내지 않고 있다. 각 교단들은 숫자놀음을 하고 있기에 정확한 미자립교회 통계를 공개하지 못하고 있고, 각 노회에서 실사하려고 하면 반발이 강하기 때문에 겁이 나서 정확한 실사를 못하고 있다. 미자립교회의 형태는 다양하다. 교인 수가 적은 전형적인 미자립교회가 대부분이겠지만 그중에는 가족교회, 심지어 일인 교회도 있고, 간판 교회도 있을 수 있다. 목회자에게 목회는 생존의 터전이다. 그들을 일방적으로 비난하지 말고 살길을 열어 주면서 실사를 한다면 정확한 통계를 낼 수 있을 것이다. 대교단이라는 허명에 안주하려고 하지 말고 교회를 살리고 목회자를 살리기 위해서 정확한 실사가 필요하다.

동반성장을 하려면 위에서 열거한 몇 가지가 충족되어야 하는데, 사실상 불가능하기 때문에 이제 동반성장에 대한 근본적 개혁이 필요하다.

첫째, 노회를 통한 미자립교회 보조금, 일종의 생활비를 주는 제도를 폐기하고, 후원교회와 후원받는 교회가 직접 소통하는 제도를 만들어야 한다. 이런 제도는 예전에 미자립교회 목회자들이 스스로의 능력으로 후원금을 받아 교회를 운영하는 방식과는 다르다. 이 제도는 목회자의 개인 능력이 중요 변수가 되지만 자립교회와 미자립교회의 소통에 노회가 중재자 역할을 한다는 점에서 다르다. 노회는 객관적 기준을 정해 후원받을 미자립교회를 선정하고 자립교회와 연대를 맺게 한 후, 후원교회는 후원받는 교회와 직접 소통하여 경제적인 것은 물론 교회성장에 필요한 각종 지원을 하고, 노회가 그 결과를 평가하는 제도이다. 재정, 인력, 목회방법 등 모든 면에서 지원한다면 자립의 기틀을 단축시킬 수 있을 것이다. 무작정 긴 시간을 줄 수는 없다. 다른 교회도 기다리고 있기 때문이다. 기회는 공정해야 한다. 3년 정도면 적당할 것이다. 이 제도는 미자립교회 목회자에게는 상당한 마음의 부담을 줄 것이다. 지금까지는 노회에서 직접 편하게 생활비를 보조받았는데 이제는 교회로부터 받아야 하고, 후원하는 교회가 자주 들락거리면서 각종 지원을 해야 하기 때문에 고맙기도 하지만 성가시다고 느낄 수도 있기 때문이다. 특히 3년 안에 자립의 기틀을 다져야 한다는 압박감도 있고 노회 평가를 받아야 한다는 것도 부담이 될 것이다. 그러나 견디어 내야 한다. 언제까지 미자립교회 목회자가 되겠는가? 노회는 미자립교회의 목회방법을 자문하는 위원회를 두되 노회 안에 성공적인 목회를 하고 은퇴한 목회자들이 중심이 되도록 해야 한다. 그분들의 경험이 중요하기 때문이다.

둘째, 농촌교회는 통폐합되어야 한다. 일단 현 상태를 유지하되 목회자가 은퇴하면 미자립교회인 경우에 한해 후임자를 선임하지 말고 주변에 있는 다른 교회와 통합하는 것이다. 예배당을 하나로 통합하는 것도 필요하지만 예배를 각기 자기 예배당에서 따로 드리는 제도도 도입할 수 있다. 목회자는 한 사람인데 예배당은 두 곳, 세 곳이 되고, 재정은 각기 따로 할 수도 있고 하나로 통합할 수도 있으나 목회자 사례비는 서로 통합해서 드리는 제도로 가야 한다는 것이다. 이런 제도를 도입하면 농촌교회는 각기 다양성을 살리면서 목회자가 그 교회 특성을 살려 목회를 할 수 있다. 이제 목회자 한 사람이 반드시 한 교회만 섬겨야 한다는 사고를 버려야 한다.

순회목사제도를 도입해야 한다. 예배시간을 꼭 주일 11시에만 드리라는 법이 어디 있는가? 농촌교회 목회자 중에 요양교회, 직장교회 등등으로 옮기고 싶은 분들은 노회가 재교육을 하고 알선도 해야 한다. 불가능한 제도를 고집하는 것도 문제이고, 일방적인 지원만 하라는 요구도 비합리적이다. 시간이 지나면서 점점 비효율적인 제도가 된다는 것을 알면서도 그냥 방치하는 것은 무책임이다. 지원을 받는 목회자는 당당하게 지원을 받아야 한다. 그것은 지원금을 받으면 그에 상응하는 행동을 하는 것이다. 지원하는 교회가 요구하는 것을 받아들이는 것이다. 지원금만 받고 간섭은 안 받겠다는 생각이야말로 비겁함이다.

받고 주고 하는 인간 행위를 상호주의라고 한다. 일방적으로 주는 행위는 구제라고 부른다. 동반성장을 구제 정책이라고 부르면 되겠는가? 많이 받고 많이 주라. 그래야 도움을 받는 교회 목회자들은 당당해질 수 있다. 도움을 받는 목회자 입장에서 도움을 주는 교회에 많은 것을 요구하라. 그리고 많은 것을 되돌려 주겠다고 약속하고 그 약속을 이행하라. 미자립교회 목회자들이 그렇게 하면 돕는 교회는 신이 나서 더 많은 것을 줄 것이다. 동반성장의 성공 열쇠는 의무감을 강조하는 것이 아니라 양쪽 모두 신이 나게 하는 것이다.

# 22. 목사, 장로 재교육의 심화

교회의 운명을 결정짓는 가장 큰 인물은 당연히 목회자이다. 목회자의 목회 태도는 가장 큰 교회 흥망의 변수가 된다. 그러기에 목사에 대한 재교육은 매우 중요하다. 목사 재교육의 중요성을 간단하게 정리를 해 보자.

목회자들이 신학대학에서 배운 지식은 대부분 낡은 지식이다. 물론 근본 교리는 세월이 가도 변함이 없고 변해서도 안 되지만, 신학은 그 시대의 산물이기 때문에 그 시대가 지나면 사실상 현장에서는 무용지물이 된다. 물론 그 지식이 응용이 되고 기본이 된다는 점에서는 여전히 유용하지만 그 이상 큰 영향력을 목사에게 주지 못한다. 자유주의 신학은 오히려 해가 되는 부분이 더 많다. 바르트의 신정통주의 신학도 목회에 영향을 크게 주지 못했다. 신정통주의를 근간으로 설교하면 이단으로 정죄될 가능성이 크다. 목회자들은 신학적 상식을 배운 것으로 족하다. 솔직히 말해 목사들은 그런 신학적 상식도 필요하지만 그보다는 목회 현장에서 필요한 지식들을 더 배워야 한다. 행정, 재정, 홍보, 교인관리, 당회 운영법, 갈등 해소법, 경제지식, 노동법, 정치현안, 기초적인 형사소송법, 영상

관리 등등이 더 필요하다.

목회는 하나님의 말씀을 인간에게 전하는 것이기에 신학과 인문학은 기본적으로 반드시 알아야 한다. 그런데 대부분 목사는 인문학에 대해 전혀 기초 지식이 없다. 목사는 책을 읽어도 설교집이나 예화집 간증집 등을 중심으로 읽는다. 이대로 가면 설교 표절자로 내몰리기가 쉽다. 예전에는 남의 간증집이나 설교를 일부 표절해도 대충 넘어갔지만 지금은 아니다. 앞으로 더욱 엄격할 것이다. 적어도 목사들은 서울대학교에서 추천한 고전도서 100권 정도는 읽어야 한다. 그 지식 바탕에서 다른 책들을 읽으면 굉장한 시너지 효과를 얻게 될 것이다. 근본주의자들은 성경 하나만으로 충분하다고 주장하기도 하겠지만, 그 성경을 충분히 이해하기 위해서는 인문학적 지식이 있어야 한다는 것을 명심해야 한다.

목사 재교육은 총회 차원에서 엄격하게 시행되어야 한다. 제아무리 큰 교회 담임목사라 하더라도 5년에 한 번은 반드시 재교육을 받도록 법제화해야 하고, 재교육을 받지 않은 자는 총대권을 주지 말아야 한다. 목사 재교육은 형식적으로 하지 말고, 특히 강사를 신학대학 교수로 하지 말고 각 분야의 사회 저명인사들을 초빙해야 한다. 목사인 경우는 어느 특정 분야에 일가견이 검증된 분을 청해야 한다. 그래야 목사들도 재교육을 받고 싶어질 것이고 효과도 좋을 것이다. 모든 목사를 5년에 한 번 재교육을 시키려면 상당한 비용도 들고 준비도 잘해야 하겠지만 교단의 명운이 여기에 걸려 있다는 심정으로 목사 재교육을 해야 한다. 교육비는 지교회가 담당하면 될 것이다. 총회가 하기 어려우면 권역별로 하면 된다. 여름 방학을 이용해서 전국 신학대학에서 4박 5일 정도로 숙식하면서 해야 효과를 얻을 수 있다. 어렵지만 해야 한다. 목사들이 평신도들보다 지적 수준이 낮아지면 평신도들을 지도하기가 어렵다. 무식한 목사(?)의 뜻을 누가 따르겠는가?

목사 재교육에 실패하는 이유가 있다. 첫째는 법제화가 되지 않기 때문이다. 재교육을 받지 않으면 여러 가지 불이익이 주어진다는 제도화된 벌칙이 있어야 한다. 둘째 대형교회 목사들이 협조하지 않기 때문이다. 일반적으로 대형교회 목사들은 교만하다. 물론 교만하게 된 이유도 있다. 지적 수준이 높고, 설교도 잘한다는 평을 듣고, 스스로 자기개발을 열심히 하고 있으니 별도로 총회가 실시하는 재교육을 받을 필요가 없다는 생각을 할 수 있다. 셋째, 재교육을 담당하는 강사들이 목사들 보기에 급이 낮다고 생각하기 때문이다. 일반적으로 목사 재교육을 담당하는 교수진들은 신학대학 교수들이다. 목사들은 그들에게 더 배울 것이 없다고 생각하는 경우가 많다. 교수들에게 배운 지식으로는 목회가 잘 안됐다는 경험을 대부분 목사는 갖고 있다. 사실 교수들은 목회 경험이 부족하다. 재교육을 원하는 목사들은 새로운 지식, 새로운 경험을 원한다. 신학대학 교수나 동료 목사들을 강사로 모시지 말고 사회적 저명인사들, 심지어 불신자 중에서도 나름 전문가들을 강사로 초빙하는 과단성이 있어야 한다. 솔직히 말해 우리끼리 모여 무엇을 더 배울 수 있단 말인가? 넷째, 교육기간이 형식적이어서 목사들이 기대를 하지 않기 때문이다. 적어도 3박 4일은 되어야 한다. 시설이 좋은 장소에서 대접도 잘 받아야 한다. 그래야 목사들이 재교육을 받겠다고 몰려든다. 돈이 들겠지만 가치 있는 일이다. 목사들이 함께 3박 4일 동안 기숙하면서 교육을 받는다면 서로의 경험을 나누면서 목회 의욕을 더 강하게 갖게 될 것이다. 교단의 위기를 극복하는 데 최선봉에 서야 할 사람은 당연히 목회자들이다. 목회자들을 바로 세우지 않고 교단 위기를 극복할 수 있다고 생각한다면 이는 큰 어리석음이다. 목사 재교육을 위해서는 장로들이 협조해야 한다. 장로들이 재정적 어려움이 없도록 격려금도 보내고 다양한 선물들도 보내야 한다. 그러면 재교육은 성공하고 목사와 장로들 사이도 좋아지고 교회도 살고 교단도 살 것이다.

목사 재 교육은 평생 한번만 받으면 된다는 생각을 버려야 한다. 5년 주기로 은퇴할 때까지 받아야 한다. 그리고 장로 재교육도 같은 수준으로 해야 한다. 목사와 장로는 교회존립에 대등한 동반자요 대등한 역할을 하는 지도자들이다. 같은 수준의 재교육을 받는 것은 당연한 일이다. 목사 재교육보다 장로 재교육이 어려울 것이다. 장로들은 대부분 일터가 있는 분들이기 때문이다. 그러나 이런 분들에게는 영상으로 교육할 수가 있다. 뜻만 있으면 방법도 있다. 훈련 받지 못한 군인은 전쟁에서 살아남지 못한다. 훈련받지 못한 목사나 장로는 교회를 지키지 못한다. 오히려 교회를 무너지게 만드는 역적이 될 개연성이 높다

# 23. 목사 직업교육 실시

교회가 쇠퇴하면 가장 문제가 되는 것은 목회자의 생활고이다. 일단, 미자립교회 목회자와 전도목사들이 먼저 쓰러질 것이고, 그다음 작은 교회의 부목사들이 쓰러질 것이다. 이어 개척교회 목회자들이 쓰러질 것이고, 그다음에는 기관목사들과 중형교회 부목사들이 쓰러질 것이다. 소형교회 목회자들이 쓰러지고 나면 대형교회 부목사들이 쓰러질 것이다. 특단의 조치를 시행하지 않으면 향후 15년 후에 교단의 교세는 백만 명 이하로 떨어질 것이다. 목회자들이 쓰러지면서 연금도 도미노 현상이 생겨 수익율도 떨어지면서 수급 능력에 한계를 경험하게 될 것이다. 이제 목회자는 교회를 통해 생활을 유지하는 것이 어려워진다. 결국 목회자에게 직업교육을 시켜 비상시를 대비하게 해야 한다. 목회자에게 노동부가 실시하는 직업교육을 받으라는 권고도 중요하지만 이는 실효성이 없다. 왜냐하면 일반인과 함께 직업교육을 받는 것에 목회자는 상당한 자괴감을 느껴 참여를 거부하기 때문이다. 그러므로 총회 차원에서 직업교육을 실시해서 목회자끼리 직업교육을 받을 수 있도록 배려해야 한다. 총회가 재정이나 장소 문제로 직업교육을 하지 못하는 경우, 신학대학교에 위탁할 수 있다.

예를 들면 서울장신대학교는 직업교육을 할 수 있는 충분한 공간이 있다. 총회가 허락만 하면 당장에 시행할 수 있다. 방학 기간을 이용하여 학생들이 귀가한 후, 기숙사에 입소하여 한 달 동안 집중 교육을 하면 노동부에서 인정하는 자격증을 취득할 수 있다. 한 신학대학교가 목회자들에 대한 직업교육에 성과를 내면 각 신학대학교에서 이를 보편화하면 된다. 직업교육은 기술교육만으로는 부족하다. 자격증을 얻어 다른 직업에 종사한다 해도 적응하지 못하면 결국 그 직장에서 퇴출된다. 목사였다가 목사직을 내려놓고 일반직장에서 일을 하려면 목사티를 내면 안 된다. 목사티를 내면 다른 동료들과 어울리지 못한다. 사실상 목사의 직업교육은 기술교육보다 적응교육이 더 어렵다.

목회를 하다가 목회지가 없어지면 목회자는 어떻게 살아가야 한단 말인가? 죽어야 하는가? 이런 사태가 조만간 올 수밖에 없는데 총회는 무엇을 준비하고 있는가? 각자 알아서 제 인생을 살라는 말인가? 물론 각자의 인생은 각자가 책임져야 한다. 그러나 다시 생각해 보자. 목회자들은 총회 소속이다. 일정 부분 총회가 책임져 주어야 한다. 국가가 왜 존재하는가? 국민을 위해 존재하는 것이 아닌가? 국민을 책임져 주지 못하는 국가는 국가로서 존재 가치가 없다. 제발 총회는 목회자들의 삶을 책임지는 작은 일이라도 당장 시작하라. 멀리 내다보고 과감하게 규제를 풀어야 한다. 목회자가 영적 지도자임에는 분명하지만 영적 지도자들이 현장에서 쓰러져 가고 가족을 돌보기 위해 악전고투를 하는데 총회가 아무 대책도 세우지 않으면 결국 목회자들은 세상의 조롱거리가 되면서 한을 품게 될 것이다. 이런 현상이 과연 하나님의 뜻이고 소위 영적 공동체라는 총회가 할 짓인가? 당장 총회는 목회자들의 생존을 위해 무엇을 해야 할 것인지를 연구해야 한다. 목회자들이 교회가 문을 닫아 더 이상 목회를 못하게 되면 스스로 목사직을 사임하게 하고, 다른 직업으로 일하다가 교회를 개척하거나 교회가 목사로 청빙을 하게 되면 목사직을 다시 회복할 수 있도록 유연성을 갖게 해 주어야 한다.

한 번 목사직을 사임하면 다시 그 직을 회복할 수 없다는 경직된 조항은 목회자가 쉽게 다른 직업을 가질 수 없게 만들고, 계속 목회자로서 남아 무리한 방법으로 교회를 섬기거나 사유화하려는 나쁜 마음을 갖게 하는 원인이 될 수 있다. 극단적인 예가 되겠지만 생활고로 목회자들이 자살하거나 범죄를 저지르면 일반인들은 얼마나 교회를 조롱할 것이며 교인들조차 하나님은 과연 살아 계신가 의심 갖게 될 것이고, 목회자에 대한 존경심은 사라질 것이다. 목회자가 인간으로서 목회자로서 살아갈 수 있도록 총회는 특단의 조치를 해야 한다. 목회자가 쓰러지면 전도의 문도 좁아진다는 것을 명심해야 할 것이다.

# 24. 목사 경쟁 시대에 대한 적응

목사가 된다는 것은 주님처럼 십자가를 지고 인간을 섬기기 위해 먼 길을 떠나는 것이다. 그런데 대부분 목사는 그 출발점부터 잘못된 경우가 많았다. 우리 목사들은 인정하지 않지만 세상 사람들은 일부 목사들이 실력 없어서 목사가 되었다는 세평이 과거에 있었다. 충분한 사명감 없이 무슨 계시 같은 것을 보아서 목사가 되었다는 사람들도 있었다. 부모의 권유 때문에 목사가 되었다는 사람도 있었다. 목사 중에 극소수지만 제왕적 삶을 사는 사람들이 있는데, 그런 것이 부러워서 그렇게 성공해 보겠다는 야망을 가지고 목사가 된 사람도 있었다. 물론 그중에는 목사의 길은 십자가의 길임을 알고 그 십자가를 지고 가는 것이 최고의 가치임을 깨달아 그 길을 스스로 선택한 목사도 있었다. 이유야 어찌 되었든 그동안 목사들은 교인들에게 존경받고, 세상 사람들에게도 그 나름대로 인정받으면서 경제적으로 큰 어려움 없이 지내왔다.

그러나 이제 그 모든 것이 끝나가고 있다. 목사 수난 시대가 도래한 것이다. 이런 시대가 올 줄은 목사들도 몰랐을 것이다. 그러나 역사의 법칙은 정확한 것, 흥이 있었으니 망이 오는 것이고, 성이 있었으니 쇠가 올 수

밖에 없다. 서양의 기독교를 보면 이를 증명할 수 있다. 이 수난 시대가 얼마 동안 지속될 지는 알 수 없다. 적어도 30년은 갈 것이다. 이제 목사들은 이 수난 시대를 잘 견디어야 하고, 지혜롭게 대처해야 한다. 성령의 역사를 기대하는 것은 좋으나 성령이 역사할 수 있는 자격이 없는 한 기대는 절망이 될 것이다.

목사 수난 시대의 암울한 모습을 예상해 보자. 첫째, 교인에게서 존경을 받기가 매우 어려울 것이다. 이제 교인은 예전의 교인이 아니다. 신앙이 있다 해도 그들은 이미 비판적인 대중이 되었다. 그들은 목사가 시키는 대로 움직이지 않는다. 그들은 이미 지식인이 되었다. 스스로 판단하고 스스로 행동하는 사람들이다. 둘째, 장로들의 견제는 당분간 더 심해질 것이다. 장로는 지도자다. 목사에게 중요한 협력자이다. 그러나 그들은 무조건적으로 목사를 지지하거나 협력하지 않는다. 그들은 협력보다는 견제가 그 역할이라고 생각한다. 어떤 장로는 목사를 위해 견제하는 고마운 장로가 있다. 자동차의 브레이크 역할을 하는 장로이다. 목사를 살리는 장로이다. 그러나 어떤 장로들은 갑질을 하기 위해 견제를 하고, 심지어 어떤 장로는 교인들이 목사를 존경해서 그 시기심 때문에 견제하는 경우도 있다. 목사는 견제를 당하면 심기가 불편하다. 그러나 이런 견제는 점점 심해질 것이다. 셋째, 경제적 박탈감, 사회적 소외감, 가정에서의 고립감이 점점 강해질 것이다. 현대는 자본주의 시대이다. 돈이 모든 것의 척도가 된 시대이다. 목사의 사례비는 교육 경력과 근무연한을 중심으로 다른 중견 기업과 비교하면 일부 교회를 제외하고는 턱없이 적다. 결국 사회에서도, 가정에서도 그 존재감이 떨어지게 된다. 목사 개인은 사명감으로 그 직을 감당한다고 해도 가족조차 사명감으로 사는 것은 아니다. 넷째, 영적 무력감은 더 심해질 것이다. 목사의 마지막 자존심은 영적인 데서 온다. 교인들이 증가하고, 설교를 통해 교인들이 은혜를 받고, 생활 현장에서 힘을 얻는 것을 볼 때, 자존감이 강해지고 목사직에 만족하게 된다. 그러나 이제 그 모든 것은 물거품이 되었다. 다섯째, 목사 경쟁시대에 돌입함으로 심적인 부담감을 더욱 강하게 갖게 되었다. 영상시대가 되면서 교인들은 여러 교회 목사의 설교를 듣게 되었고 결국 목사들은 비교 대상이 되고 말았다. 물론 이런 비교 경쟁은 목사들에게 자극을 주어 목사의 수준을 높이는 데 도움이 되기는 하겠지만 목사들이 받는 스트레스는 더 심해질 것이고, 이를 잘 관리하지 못하면 우울증에 빠지는 지경까지 갈 것이다.

이런 목사 수난 시대를 어떻게 극복해야 할까? 여기서 신앙적인 방법은 논하지 않겠다. 그것은 각자가 알아서 할 일이기 때문이다. 현실적인 대안을 생각해 보자.

첫째, 목사직을 사임하고 다른 직업을 갖고 사는 것이다. 창피한 일도 아니고, 불가능한 일도 아니다. 하나님께 영광을 돌리는 것이 믿는 자의 목표라고 한다면 반드시 목사가 되어야 하나님께 영광을 돌리는 삶을 사는 것은 아니다. 이 경우 충분한 마음의 준비를 해야 한다. 특히 기술 자격증을 먼저 따야 한다.

둘째, 장기계획을 세워 목회하는 것이다. 경제적 자립을 위한 계획을 수립하고, 섬기는 교회의 부흥을 위한 계획도 수립하며, 실력을 쌓은 후 일정한 시기에 더 규모가 큰 교회로 옮길 계획도 수립하고, 사람들의 도움을 받기 위해 인간관계 계획도 수립하고, 자기 계발 계획도 수립하고, 건강관리 계획도 수립하는 등의 실천 계획을 수립하여 차근차근 실천해나가는 것이다. 준비한 자에게는 기회가 반드시 온다.

셋째, 영적 안시성을 쌓는 것이다. 안시성 성주는 양만춘이다. 그는 당대 세계 최강의 당나라의 침공을 막아낸 명장이다. 이 시대에도 영적 양만춘이 필요하다. 당 태종과 같은 거대한 반기독교 세력들이 밀려오고 있기 때문이다. 영적 양만춘이 되려면 우선 안시성 성주가 되어야 한다. 안시성은 작은 성이지만 백성이 양만춘을 중심으로 혼연일체가 되었기에 당나라를 이길 수 있었다. 반기독교 세력과 싸워 이길 수 있는 영적 안시성을 만들어야 한다. 작은 교회지만 모든 교인을 하나로 뭉칠 수 있게 해야 한다. 그러기 위해서는 두 가지 방법이 있다. 하나는 교회를 개척하여 처음부터 자기 목회철학에 맞는 교인들을 불러 모으는 것이고, 다른 하나는 작은 교회에 부임해서 적당한 규모의 교회로 키우는 것이다. 물론 이경우 교회가 성장하면서 교회의 체질을 서서히 바꿔 나가는 지혜가 있어야 할 것이다. 안시성은 고구려 전 국토에 비하면 작은 성이고 천리장성 근처에 있는 여러 성 중에서도 작은 성이었다. 요동성도 함락되고 백암성도 무너졌지만 안시성은 건재했다. 성주 양만춘을 중심으로 성민들이 하나가 되었기 때문이다. 한국교회의 쇠락은 미자립교회, 개척교회, 작은 교회, 그다음은 큰 교회가 될 것이다. 교회가 클수록 위험 지수가 높을 것이다. 성인 재적 교인 500명, 출석교인 300명 정도의 교회가 가장 오래 갈 것이다. 영적 안시성 성주가 되면 기독교를 지킬 수 있을 뿐 아니라 목회도 즐길 수 있다.

마지막으로, 성경의 가르침대로 주님처럼 십자가 지고 목회를 하겠다고 결심해서 오직 목회에 전념하는 것이다. 노회활동도 최소한으로 하고, 무슨 감투 같은 것은 탐내지 않고, 교회 일만 하는 목사가 되는 것이다. 그러기 위해서는 가정이 편안해야 하고 가족의 동의를 사전에 얻어야 한다. 가족의 동의를 얻지 못하면 이 길은 실패한다. 주님을 보라. 처음에는 가족이 주님의 사역에 동의하지 못해서 주님을 비난했지만 나중에는 모두 동의해서 주님을 돕지 않았는가? 동생 야고보는 후일 예루살렘 지도자가 되지 않았는가? 이제 목사 수난 시대가 왔다. 이 수난 시대를 잘 극복해야 한다. 목사로서 가치 있게 사는 것도 중요하지만 한 인간으로서 가치 있게 사는 것도 중요하다.

# 25. 목사 연금 지원책

연금은 목사에게는 생명선이다. 어떤 경우에도 연금에 대해 정치적 접근을 해서는 안 되며, 연금에 대한 범죄는 목사직 박탈과 동시에 형사 처분을 받도록 해야 한다.

지금 연금의 재원은 본인과 교회가 각각 절반씩 내고 있다.

이제 이 제도를 바꿔 전액을 교회가 지불하도록 하고, 은퇴할 때 연금과 동시에 퇴직금만 정산하고 따로 위로금을 받는 제도는 공식 폐기해야 한다. 지금의 제도는 여러 가지 문제점을 갖고 있다. 목사 중에는 자기 몫의 연금도 내지 못하는 이들이 제법 많다. 교회 사정이 어려워서 그런 경우도 있고, 목사 스스로가 당장 쓸 것이 부족해서 연금을 내지 못하고 있는 경우도 있다. 일부 목회자들이긴 하지만 연금과 퇴직금에 은퇴 위로금까지 요구하는 경우가 생겨서 교회가 분쟁에 빠지는 경우가 종종 생겨나고 있다. 만약 제도적으로 연금을 교회가 전부 대납을 한다면 목회자들이 은퇴할 때 위로금을 요구할 명분이 사라진다. 그리고 교회가 전액 연금을 대납하면 아무리 어려워도 목회자가 연금을 다른 용도로 쓸 수 없게 되어 목회자의 노후가 보장된다. 교회는 목회자 연금을 직접 연금 재단에 납부해야 하고, 어떤 경우에도 연금 대납을 연체하거나 목회자의 편의를 위해 목회자에게 연금을 빌려주거나 다른 용도로 사용하지 못하도록 해야 한다. 지금까지 목회자들은 교회 건축을 하거나 교회가 비상시에 재정이 필요할 때, 연금을 해약하는 경우가 생기고, 때로는 교회가 목회자에게 그렇게 하도록 요구하기도 했다. 재정이 어렵다는 이유로 일부 교회는 연금에 대한 교회 분담금조차 내지 않는 경우도 생겨나곤 했다. 연금을 교회가 전액 부담하고 어떤 경우에도 연금 체납을 하지 못하도록 노회가 감독한다면 목회자의 노후는 최소한 보장이 될 것이다.

그리고 이런 제도를 도입하면 연금재단의 재정 규모는 지금보다 크게 늘어날 것이다. 대충 연금재단에 쌓인 연금 총액은 약 5,000억 정도라고 알려져 있다. 이 제도를 실시하면 10년 정도가 지나면 1조 원대로 증가하여 투자나 자금 운용에 탄력을 얻어 지금의 수익보다는 거의 2~3배로 그 수익이 늘어날 것이다. 그러면 연금재단에 대한 신뢰도가 증가하여 불안하게 연금재단을 바라보는 목회자들이 크게 줄어들 것이다. 물론 그 규모가 커지면 제도적인 정비도 동시에 비례해서 이루어져야 한다. 우선 현재 근무하는 직원 수가 과연 적정한지를 검토해야 한다. 인원을 줄여도 된다면 신규 채용을 하지 않도록 조치를 취해야 한다. 둘째, 투자전문가를 영입해서 전문적인 투자를 할 수 있도록 해야 한다. 물론 투자전문가를 채용할 때는 면밀한 자격 심사를 해야 하고, 투자 실적에 따른 보상과 책임을 질 수 있도록 해야 하며, 본인 재정보증과 연대 보증 5인을 제출하도록 하는 엄격한 보안 장치가 있어야 한다. 이사들이나 이사들과 연계된 사람들이 연금 투자에 사적 참여를 하지 못하도록 철저한 제도를 만들어야 한다. 앞에서도 언급했지만 조금이라도 연금 투자에 이사나 총회 직원, 목사 장로들이 연루되면 특별법을 제정하여 단심제로 최고형을 내리고 가차 없이 사직 당국에 고발하여 그 누구도 연금에 불의한 개입을 하지 못하도록 해서 연금을 방어해야 한다. 그리고 이사들 중에 한 사람이라도 불법에 개입한 정황이 드러나면 임원회는 그 이사회의 직무를 정지시키고 그 판결이 날 때까지 이사회 임무를 임원회가 대신하도록 해야 한다. 그리고 한 사람이라도 불법이 드러나면 임원회는 노회장협의회의 과반 동의를 얻어 이사회를 해산하고 새 이사회를 구성하도록 해야 한다. 연금재단에 대한 흉흉한 소문이 그치지 않는 이유는 연금에 대한 죄를 가볍게 묻거나 소위 무죄추정의 원칙에 근거한 재판 연기를 시도하고 그 계략이 성공하는 경우가 종종 있기 때문이다.

연금은 목회자의 최고 관심사이고 연금의 붕괴는 총회의 붕괴와 직결된다. 총회는 특별법을 제정하여 연금을 보호하고, 재판은 신속하게 총회 재판국에서 판결해야 하며, 동시에 사법 당국에도 고발해야 한다. 망설이면 안 된다. 교회가 목회자 연금을 전액 납부한다면 가입자 총회는 각 노회에서 2명만 대표로 파견해서 총대 수를 줄이고 치밀하게 이사회를 감시할 수 있는 제도를 마련해야 한다. 연금에 대한 무고한 고소, 고발을 방지하기 위해 연금에 대한 고소, 고발은 일차적으로 임원회에 보내고, 임원회는 고소, 고발에 대한 사실 확인을 한 후에 재판국으로 넘겨야 한다.

# 26. 목사 호봉제 신설

인간은 위대한 존재인가? 목사는 위대한 실존인가? 아니다. 인간은 기본적으로 이기적 존재이고, 본성에 따라 활동하는 실존이다. 간혹 성자라고 할 수 있는 사람들도 있고, 일반인에게 존경받는 목사도 있기는 하지만 대부분 평범한 사람들이다. 인간에게는 생존하려는 본능이 있고, 남과 비교하려는 무의식도 있으며, 잘살아보겠다는 계산도 있다. 이러한 것을 무시하고 목사에게 무조건 성자가 되라고 요구하는 것은 일종의 고문이다. 교회가 목사에게 건강한 목회를 요구하기 전에 일차적으로 해야 할 것은 목사와 그 가족의 생존을 보장해 주는 것이다. 목사가 지나치게 사치스럽게 산다면 교인에게 위화감을 주기 쉽고 하나님을 의지해서 목회하기보다는 자신의 재산을 의지해서 목회하기가 쉽다. 그럴 경우 고압적이 되고 간절하지 못하며 목회에 전념하기보다는 세상일을 탐내기 쉽다. 목사에게 이 두 가지 경계선을 지키도록 하는 제도가 마련되어야 한다.

당장에는 어렵겠지만 향후 5년을 준비해서 목회자 호봉제를 시행해야 한다. 공무원처럼 사례비 책정을 법적으로 정해서 시행하자는 것이다. 목사 사례의 하한선을 정하고 동시에 상한선도 정하자는 것이다. 이런 제도를 시행하면 다음 몇 가지 유익이 생긴다. 첫째, 목사들이 사례비를 정할 때마다 느끼는 불안감, 모멸감이 사라진다. 총회가 정한 규정대로 자동적으로 인상되기 때문이다. 사례비를 높이기 위해 불필요한 교인 로비나 구걸(?)을 할 필요가 없어진다. 목사의 자존심을 지킬 수 있다는 것이다. 둘째, 큰 교회를 동경하거나 큰 교회로 가려는 마음이 줄어든다. 목사들이 큰 교회를 동경하는 가장 큰 이유는 사례금 때문이다. 호봉제를 실시하면 제아무리 큰 교회로 간다 해도 사례금은 동일하기 때문에 그런 유혹에서 자유롭게 된다.

물론 호봉제를 실시하는 데 난관도 있다. 첫째, 기존 대형교회 목사들이 반발할 것이다. 기득권을 잃기가 싫기 때문이다. 둘째, 생활비 하한선을 어떻게 정하느냐 하는 기준, 상한선을 어느 선에서 정하느냐는 것은 그리 쉽지 않기 때문이다. 결혼하지 않는 목사와 결혼한 목사의 차이를 정하는 것도 난제이고, 목사의 가족 수와 연계하는 것도 필요하다. 그러나 충분히 각종 자료들을 수집하여 연구하면 적절한 기준을 정할 수 있을 것이다. 가족 수당, 교육 수당을 따로 정하고 교회 규모에 따라 목회 활동비를 각 교회가 자율적으로 정하게 하면 더욱 합리적일 것이다. 호봉제를 정한 후, 해마다 경제 상황, 공무원 보수 인상률 등을 근거로 해서 인상 폭을 총회가 정하기도 하고, 경우에 따라서는 동결할 수도 있도록 한다.

목사 호봉제를 실시하려면 재원이 가장 큰 난제가 될 것이다. 그런데 향후 5년 내지 7년이 되면 상당수의 미자립교회가 정리될 것이다. 자연 감소가 필연적으로 생길 것이기 때문이다. 신대원 입학생이 급격하게 줄어들어 7~10년이 지나면 목사 수는 급격하게 줄 것이다. 따라서 하위 20% 정도만 총회가 재정적으로 도와주면 호봉제는 가능해질 것이다. 총회가 재정을 확보하기 위해서는 불필요한 사업을 대폭 줄여야 한다. 직원도 대폭 줄여야 한다. 사실 불필요한 사업과 인원들이 많다. 총회의 주기능은 사업을 하는 것이 아니라 교회들이 성장할 수 있도록 돕는 것이다. 교회가 망하면 노회도 총회도 망한다는 것을 잊지 말아야 한다. 교회가 사는 첩경은 목사가 사는 것이다. 목사가 죽으면 교회도 죽는다.

목사 호봉제를 위한 재정을 확립하기 위해서는 총회를 위해 헌금하는 것이 아니라 목사들을 위해 헌금하는 주일을 정해야 한다. 상당수의 교인들은 총회 불신, 무용론을 주장하고 있다. 따라서 총회를 위해 헌금하자고 하면 헌금하지 않는다. 그러나 호봉제를 실시하고 가난한 목사들을 위해 헌금하자고 하면 즐겁게 헌금할 것이다. 현대 사회는 기관이나 제도에 대해서는 비판적이나 사람에 대해서는 동정심이 강하다. 헌금에 대형교회들이 적극 참여하면 이 문제를 충분히 해결될 것이다.

이제부터 목사 호봉제에 대한 연구를 해야 한다. 이제 목사들의 생존권을 제도적으로 보장해야 한다. 생존권이 보장되지 못하면 목사들은 최악의 경우 죄를 범하게 될 것이고 더 최악의 경우 자살하는 목사들도 생길 것이다. 목사를 죄짓게 만들고 자살하게 만드는 교회는 교회가 아니다. 하나님께서 심판하실 것이다. 어려울 것이라고 처음부터 포기하지 말고 시행을 전제로 연구하면 다양한 방법들이 나올 것이다. 목사들을 위한 헌금과 동시에 믿음 있는 평신도들의 기부금, 대형교회들의 의무 분담금 등도 연구해 볼 가치가 있다.

# 27. 목회구조의 변화
## ― 심방, 구역예배, 성경공부 ―

우리 교단은 오래전부터 내려오는 전통적인 목회방법을 아직도 고수하고 있다. 아직도 심방을 열심히 하려고 하고, 구역예배도 집이나 교회에서 드리고 있으며, 성경공부도 소책자를 통해 개인별로 또는 교회에서 집단적으로 하고 있다. 예배, 교육, 전도, 봉사, 친교라는 전통적인 목회구조를 그대로 유지하고 있다는 것이다.

그런데 이제 상황이 변했다. 코로나 사태를 겪으면서 이 모든 것이 다 무너졌다. 그 구조 형태가 변화할 때가 온 것이다. 코로나 사태가 진정이 된 후에도 예전으로 돌아가기는 어려울 것이다. 이미 코로나 이전부터 허물어지기 시작한 목회 구조가 코로나로 인해 결정타를 맞았고, 코로나 사태가 진정된 후에도 이미 몸에 적응된 그 자세를 그대로 유지하려는 관성이 생겨나기 때문이다.

이제 교인들은 심방을 예전처럼 중요하게 생각하지 않는다. 사실 심방은 목회자에게 큰 부담이다. 심방 대상자를 정하고 시간과 날짜를 조율해야 하며, 구역장을 대동해야 하고, 교인 집으로 걸어서 또는 차를 타고

가야 하기 때문이다. 심방 대상자는 주로 결석자들이다. 그들 입장에서도 심방은 고역이다. 자기 집에 사람들이 찾아온다는 것도 부담이다. 심방 목적이 대부분 교회 출석을 하지 못해서 교역자가 찾아오는 것인데, 민망하기도 하고 이유를 대기도 멋쩍다. 심방은 이제 퇴물이다. 그나마 병원 심방이 필요성을 인정받고 있다. 구역예배도 그 내용이 구태의연하고, 취업하는 사람들이 많아짐으로 대형교회를 제외하고는 실질적으로 참여하는 사람들이 제한적이 되고 말았다. 그냥 그 사람들이 모여 예배를 드리는 실정이다.

성경공부도 마찬가지이다. 성경 해석이나 교리공부 등이 이루어지고 있지만 깊이 있는 성경공부는 이루어지지 못하고 있고, 같은 내용이 반복되는 경우가 많다. 예전에는 목회자들이 교인 집을 찾아다니면서 목회를 하는 구조였고, 성경 내용을 중심으로 한 일종의 진리 교육 또는 교리 교육, 전도 교육이 중심을 이루었다. 그러나 이제는 교인들로 하여금 찾아오게 하는 목회를 해야 한다. 그렇게 하려면 성경공부나 예배만으로는 역부족이다. 교회에서 성경 중심의 교육이나 행사가 아니라 생활 중심의 교육이나 문화프로그램을 활성화해야 한다. 예를 들면 자녀 상담 교육, 문제아 치료법, 자녀 직업 선택을 위한 교육, 생활 법률 교육, 취미 교육, 사회현상에 대한 교육, 국가 정책에 대한 기독교적 접근, 인문학 교육 등이 이루어져야 한다. 또 음악회, 시낭송회, 그림 전시회, 사진 전시회, 연극발표회, 춤 경연 대회 등등 문화 예술 프로그램들이 활성화 되어야 한다. 음악회도 찬양 중심이 아니라 즐거움을 줄 수 있는 잔치 요소가 있어야 한다.

예전에 교인들은 기복(祈福)을 원했다. 그러나 지금은 즐거움을 원한다. 깨달음을 원한다. 삶을 가치 있게 사는 방법을 알기를 원한다. 관념적 교리나 진리보다는 실질적이고 실용적인 지식을 원한다. 목회구조가 교인 관리나 교회 성장을 위한 구조보다는 삶을 위한 목회구조로 변화 해야 한다. 이제 변해버린 목회구조를 효과적으로 적응하려면 신학교육이 달라져야 한다. 지금처럼 신학 위주의 교육은 이제 퇴물이다. 신학은 필요하다. 그러나 신학만을 가르쳐서는 목회가 되지 않는다. 교인도 친교도 관리도 전도도 되지 않는다.

이제 교회는 예배 중심의 공동체가 아니다. 삶 중심의 공동체가 되었다. 그러니 신학대학에서는 신학은 물론 예술, 정치, 경제, 영상이용법, 교인 심리와 관리법 등을 가르쳐야 한다. 즉 실천신학을 중심으로 교육과정이 개편되어야 한다는 것이다. 우리 교단 신학대학의 구조는 그렇지 못하고 있다. 그래서 길이 없다는 것이다. 임시 처방으로 교인 중에 그런 분야에 능력이 있고, 관심 있는 자들을 찾아내서 관리하고 그들로 하여금 그 일을 할 수 있도록 이끌어야 한다. 구역장 시대는 갔다. 예술, 기술, 정보 전문가, 영상 기술자 등이 교회를 이끌 것이다. 노회는 노회 산하에 이런 분야의 전문가들을 찾아 인명록을 만들어 놓고 일선 교회들에게 다양한 인적 정보를 제공해서 작은 교회도 쉽게 새 목회구조에 적응할 수 있도록 도와주어야 한다.

# 28. 미자립교회를 위한
## 노회산하 자문위원회 설치

한국교회는 개척을 통해 성장해 왔다. 지금 대부분 대형교회는 1970년대에 개척한 교회들이다. 그러나 세상이 변했다. 지금은 개척 그 자체가 어렵다. 개척하겠다는 목회자도 크게 줄어들고 있고, 개척교회에 출석하겠다는 교인들은 거의 없을 정도이다. 개척교회의 꿈은 성전 건축인데 사실상 불가능하다. 땅값이 상상 이상으로 고가이고, 건축비도 매우 비싸다. 은행 빚을 내서 건축하면 경매로 넘어갈 확률이 거의 100%이다. 교인들도 줄고 있다.

이제는 개척이 아니라 이미 개척한 교회를 자립시키는 것이 우선되어야 한다. 이제는 목회자들을 교육하고 이미 개척한 교회를 자립시키는 데 다양한 조언을 할 수 있는 개척교회 자문위원회 설치가 시급하다. 각 노회에 은퇴목사들을 중심으로 이 위원회를 조직해야 한다. 시무하는 목회자는 섬기는 교회를 위해 최선을 다해야 하기 때문에 시간적으로 여유가 없다. 그러나 은퇴목사들 중에는 시간적으로 경제적으로 여유가 있는 분들이 있다. 이런 분들을 중심으로 위원회를 조직하여 미자립교회나 개척교회를 위해 다양한 경험을 공유하는 것은 매우 중요하다. 은퇴목사들에게도 노회를 위해 봉사할 수 있는 기회를 주어야 한다. 물론 정치나 노회 행정에는 관여하지 못하게 해야 한다. 오직 개척교회, 미자립교회 자립을 위해 목회 경험을 기부하는 일만 하게 한다면 현역에서 시무하는 목회자들에게 큰 부담은 없을 것이다. 노회는 일단 은퇴목사 중에 일정한 자격을 지닌 분들을 선발하여 교육시키고 해당 미자립교회, 개척교회를 선정해서 해당 목회자들과 연결을 시켜주고 자문 분야를 정해 준다. 설교, 심방, 교육, 지역사회 협력, 각종 행사 등에 대한 조언을 통해 개척교회, 미자립교회 목회자들은 다양한 정보와 지식을 얻을 수 있어 자립에 도움이 될 것이다.

이런 사업을 노회가 하는 경우 명심해야 할 것이 있다. 철저하게 자비량으로 해야 한다는 것이다. 노회에서 재정적으로 뒷받침하게 되면 이 조직은 정치 조직이 되고 만다. 순수하게 은퇴한 후, 시간적으로 재정적으로 여유가 있는 은퇴목사 중에서 자비량으로 봉사하겠다는 의지가 있어야 한다. 이럴 경우에도 분쟁의 여지가 있다. 이 자문위원회에 들어가지 못하는 은퇴목사는 불평할 것이기 때문이다. 그러나 이런 불평은 극복돼야 한다. 미자립교회 문제, 개척교회 문제를 해결하지 못하면 교단의 장래는 없고, 노회는 늘 허덕이는 별 의미 없는 조직으로 전락하고 말 것이다. 좌고우면(左顧右眄)하다가 교회들은 죽어간다.

한국교회에는 다양한 문제가 있다. 그중의 하나가 은퇴목사들이 죽을 때까지 목사로서 살았다는 것을 후회하지 않도록 돌보는 것과, 개척교회, 미자립교회 목사들에게 희망을 주고 계속해서 목회할 수 있도록 돕는 일이다. 은퇴목사들과 개척교회 목사, 미자립교회 목사들은 그 감정이나 의식이 비슷하다. 소통이 가능할 수 있는 심정들을 공유한 사람들이다. 이런 제도를 활성화하면 선배, 후배들이 서로 의지하며 목회에 대한 진정성을 회복할 수 있다. 목사들은 겉과 속이 다른 경우가 많다. 목사들은 서로 경쟁한다. 소리 없이, 서로 비교하며, 가까이하는 것 같으나 멀리한다. 목사의 적은 목사라는 참으로 감당하기 어려운 치부들이 목사들에게 있다.

그런데 은퇴한 목사와 시무하는, 그것도 힘들게 목회하는 후배 목사들은 경쟁할 필요가 없고 서로 속일 필요도 없다. 경험을 나누고, 의견을 듣고, 서로 감싸주면서 자문한다면 개척교회 목사나 미자립교회 목사들에게는 큰 힘이 될 것이고, 은퇴목사들은 정신적으로 다시 현역으로 되돌아가는 느낌을 갖게 되면서 활력을 얻게 된다. 가장 큰 자문은 성공의 희열을 나누는 것이 아니라 실패의 아픔을 나누는 것이다. 그러나 현역은 실패를 인정하기 어렵다. 그런데 은퇴한 목사에게는 자신의 성공보다는 자신의 실패를 후배에게 들려줄 수 있는 여유가 있다. 성공이 인생이듯 실패도 인생이다. 목사에게 가장 중요한 것은 큰 목회 작은 목회, 성공한 목회 실패한 목회, 존경받는 목회 욕먹은 목회보다 목사가 되었다는 그 자체, 목사로서 살고 있다는 그 자체를 행복으로 여길 수 있도록, 깨닫도록 해주는 것이다. 이 일을 누가 할 것인가? 노회가 해야 하지 않겠는가?

그런데 오늘날 대부분의 노회는 이런 일을 전혀 하지 못하고 있다. 목사는 노회원이다. 노회가 목사를 외면하면 누가 목사들을 돌볼 것인가? 교인들이 목사들을 돌보지 않는다. 이 세상에서 목사가 의지할 수 있는 곳은 노회뿐이다. 이제 노회는 은퇴목사들과 미자립교회, 개척교회 목사들을 연결시켜 주어 함께 목회할 수 있도록 해주어야 한다. 개척교회 자문위원회가 그 일을 할 수 있을 것이다.

# 29. 부총회장 선출 방식의 개혁

　지금까지 부총회장, 총회장 선출 방법은 5개 권역, 서울 강북, 강남, 서부(호남), 동부(영남), 중부(이북, 충청, 강원)로 나누어 돌아가면서 그 권역 출신을 중심으로 총대들이 투표로 선출했다. 나름대로 합리적이고, 지역을 안배한 평등성을 강조했다. 이 제도는 장점이 있기는 하나 단점도 많다. 첫째, 인재들을 보호하기가 어렵다. 한 번 부총회장으로 출마한 후, 낙선하면 5년이라는 긴 세월을 기다려야 한다. 그동안 대부분 후보자는 은퇴하게 된다. 교단 지도자가 되려면 오랜 목회 생활을 통해 검증된 사람이 되어야 한다. 그러기 위해서는 60대 이상이어야 하는데 5년 주기를 시행하다 보면 교단장에 출마하려면 50대 후반이 되어야 한다는 계산이 나온다. 그래야 한 번 낙선한 후에도 다시 도전할 수 있기 때문이다. 종교 지도자는 그래도 원숙한 신앙과 인격, 경륜을 지닌 자라야 한다. 그러기 위해서는 60대 이상이어야 하고 총회장을 한 후에는 바로 은퇴할 수 있어야 한다. 총회장을 하셨던 분이 다시 일선 목회로 돌아오면 능률이 나지 않는다. 총회장과 담임목사는 그 활동 범위가 다르기 때문에 총회장 하셨던 분이 다시 담임목사로 돌아오면 적응능력이 떨어지고 교인들도 총회장 하신 담임목사께 가까이 가기가 어려워 교인들에게도 유익을 주기가 어렵다. 총회장 하셨던 분은 1, 2년 후에 은퇴하는 것이 본인과 교회에 유익을 준다. 그러니 60대 이후에 총회장에 출마한 후 낙선하면 재도전할 수 있는 기회를 주기 위해서 5개 권역별로 후보를 내는 제도는 폐기되어야 한다. 원칙적으로는 전국 범위로 부총회장 선거를 해야 하지만 지역 안배를 위해 서울 이북과 서울 이남으로 2개 권역으로 나누어 후보를 선출하는 것이 합리적일 것이다. 부총회장은 큰 하자가 없으면 총회장으로 승계된다.

문제는 부총회장 선거 방식이다. 2개 권역으로 나누어 후보를 내되 전 노회원들이 모바일 투표를 해서 부총회장을 선출하도록 해야 한다. 그러면 부총회장 즉 총회장의 권위는 높아지고 연합 사업에도 큰 영향력을 끼칠 수 있다. 노회원 전원이 투표해서 선출된 총회장이기에 그의 목회서신은 각 교회에 상당한 영향력을 끼친다. 지금 총회장의 권위는 크게 떨어져 있다. 여러 가지 원인이 있겠지만 그중 하나는 총회장이 총회 내 정치 역학에 의해 선출되기 때문이다. 전 노회원들이 투표를 통해 총회장을 선출하면 총회장이 각 노회와 총회 직원들을 통제하는 데 큰 힘이 될 것이다. 특히 전 노회원들에 의해 총회장이 선출되면 대형교회에 대한 통제가 쉬워진다. 지금 총회장은 대형교회를 통제하지 못한다. 앞으로도 이런 치부는 계속될 것이다. 만약 총회장을 전 노회원들이 투표로 선정한다면 제아무리 대형교회라 할지라도 총회장의 행정 명령을 가볍게 여길 수 없을 것이다.

부총회장은 교단 전 노회원들이 모바일 투표로 선출하고 총회장 승계 허락은 총회 총대들에 의해 결정하는 제도가 시급히 시행되어야 한다. 이런 제도를 시행하는 데 가장 어려운 점은 지방에 있는 분들이 자신들에게 기회가 주어지지 않을 수도 있다는 염려가 큰 장애물이 될 수 있다는 점이다. 2년에 한 번 교차되는 것이어서 기회는 자주 오지만 권역이 넓어져 유능한 분들끼리 경쟁해야 한다는 걱정이 생기기 때문이다. 그러나 대승적으로 생각해야 한다.

총회장은 개인을 위한 자리가 아니다. 총회를 살려야 하는 자리이다. 개인의 욕심으로 총회장이 되려 한다면 이는 총회에 큰 죄를 범하는 행위이다. 총대들도 의식의 변화가 있어야 한다. 자기 지역에서 총회장이 나와야 한다는 좁은 생각보다는 위기 시대에 총회를 살릴 수 있는 인물이 총회장이 되어야 한다는 발전적인 의식을 가져야 한다. 교회들이 무너지는 판에 내 지역 사람이 총회장이 되어야 한다는 근시안적 발상을 한다는 것은 총회를 위해서 슬픈 일이다. 이제 총회장은 명예직이 아니다. 무너져 가는 교회를 살리는 데 앞장서야 할 영적 사령관이다. 전쟁에서 무능한 사령관과 함께 싸운다는 것은 실로 불행한 일이다. 지금까지 총대들이 사령관을 선택했다. 그러나 이제 모든 노회원이 사령관을 선택해야 한다. 그래야 정치적 야합에 의해 사령관이 선택되는 것이 아니라 목회를 바로 잘하는 검증된 인물이 사령관으로 선택되어 모든 노회원과 교인들이 그 사령관과 함께 교회를 지키고 발전시키는 영적 싸움에 함께 참여하게 될 것이다. 이제 악한 것과 싸우지 않으면 교회는 생존하지 못하고 세상 사람들에게 조롱거리가 될 것이며 결국 버려질 것이다. 과거 교회는 싸우는 교회였다. 독립을 위해서 민주화를 위해서 거리에서 강단에서 싸웠고 부정부패와 싸웠다. 싸우는 교회였기에 전도도 되었고, 일반인들에게 인정도 받았다. 지금 우리에게는 악한 것과 싸울 줄 아는 사령관이 필요하다. 사령관을 바로 뽑기 위해서는 부총회장 선거방식을 개혁해야 한다.

# 30. 사무총장 인선 방법의 개혁

사무총장은 총회의 가장 중요한 핵심 요직이다. 총회장은 임기 1년이지만 사무총장은 임기가 4년이나 된다. 연임도 할 수 있다. 총회 각 부서를 실질적으로 관장하고 인사권과 재정권을 가지고 있다. 실질적인 면에서는 총회장보다 더 권력이 강하다. 더욱이 임기 동안에는 그 어떤 처벌도 받지 않는다. 이런 강력한 권력을 지닌 사무총장을 인선하는 방법이 아주 비민주적이다. 왜냐하면 사무총장 인선권을 임원회가 갖고 있기 때문이다. 임원회는 총회장이 지명하는 7명과 총회에서 투표로 인선하는 부총회장 2명으로 구성된다. 이 9명이 투표하여 과반, 즉 5표를 얻은 사람이 사무총장이 된다. 총회장이 지명하거나 지지하는 사람이 사무총장이 되는 것은 자명한 일이다. 물론 총회에서 인준을 받는 과정이 있기는 하지만 이는 요식행위이다. 과반의 찬성만 얻으면 통과가 되고 총대들은 사무총장에 대해서 잘 모르기 때문에 임원회가 추천하면 특별한 하자가 그동안에 생기지 않으면 그대로 받는 것이 관례라고 할 수 있다. 이는 비민주적인 방법이다. 절차는 나름 민주적이기는 하지만 그 절차를 자세히 살펴보면 사무총장은 총회장이 임명하는 것이나 다름없기 때문이다. 그러므로 사무총장 인선 방법을 개혁해야 한다.

우선, 후보자 자격을 공지하고 해당 후보자들에게 필기시험을 치르도록 해야 한다. 면접은 주관적이고 정치적이어서 객관적으로 실력자를 선택하기가 어렵다. 면접으로만 인선하면 후보자들은 9명을 상대로 하여 치열한 사전 로비를 할 것이고, 이 과정에서 불미스러운 일들이 생길 수가 있다. 지방색 문제도 불거지고, 총회 인맥에 대한 구설수도 생길 것이며, 금품수수에 대한 소문들도 들려올 것이다. 이런 잡음을 막고 실력자를 선정하기 위해서는 필기시험을 치르는 것이 공정하다. 시험은 논문, 상식 등으로 정하고, 출제는 시험 당일 총회장이 교단산하 신학대학 총장 중에 제비뽑기로 한 사람에게 위촉하여 오후에 치르면 가장 공정하게 필기시험을 치르게 될 것이다.

면접은 임원회에서 임원들이 공개적으로 해야 한다. 그래야 임원들이 담합하지 못한다. 신문기자나 각 부서장들이 참관하면 누가 실력자인지 검정받을 수 있기 때문이다. 임원회에서는 필기시험 성적과 면접 성적을 합산하여 두 사람을 선정하고, 이를 전국노회장협의회에 추천하면 노회장협의회에서 두 사람의 소견을 듣고 투표하여 과반의 지지를 받은 사람을 사무총장으로 최종 선정하여 총회에 보고하고, 총회는 특별한 하자가 없는 한 인준해 주면 가장 실력자를 객관적으로 선출할 수 있을 것이다. 노회장협의회 대신 총회에서 과반의 찬성이 아닌 2/3 찬성으로 인준해 주는 방법도 생각해 볼 필요가 있다. 임원회에서 선정한 사무총장 후보가 실력자가 아닌 경우 여론에 의해 검증을 받을 수 있는 엄격한 과정이 주어지므로 임원회에서 공정하지 못한 방법으로 후보자를 선정하지 못할 것이기 때문이다. 교단이 위기에 처해 있는데 최전선에서 일할 사무총장을 지방색이나 인맥, 총회장 한 사람의 뜻으로 선임된다는 것은 매우 위험한 일이다. 사람을 잘못 선택하면 그 공동체는 망한다.

다른 항목에서 이미 지적했지만 이런 강력한 힘을 가진 사무총장을 통제하는 힘이 총회장에게 있어야 한다. 그래서 총회장에게 사무총장 업무를 중지시킬 수 있는 긴급 명령권이 주어져야 한다. 사안이 중대하다고 생각할 때, 총회장은 단독으로 사무총장의 업무를 노회장협의회의 동의를 얻어 중지시키고, 총회에 보고하고, 총회는 2/3 동의를 얻어 사무총장을 해임할 수 있게 해야 한다. 위기에 처한 교단의 모든 지도자는 책임감을 강하게 가져야 한다.

사무총장은 사례만을 받는 단순한 직업인이 아니다. 하나님과 총회장, 총대들에게 책임지는 지도자이다. 사무총장의 임기는 5년으로 하되 단임이어야 한다. 4년 후에 다시 4년, 8년을 한다는 것은 위기 시대에 적합하지 않다. 제아무리 유능한 사람이라도 8년을 잘할 수는 없다. 지금처럼 4년을 한 후 다시 연임할 경우에도 처음과 같은 선임 과정을 거쳐야 한다. 현직이라는 기득권을 이용해서는 안 된다. 위기시대의 지도자 선임은 엄격하고, 공정하고, 객관적이어야 한다.

# 31. 설교의 개혁

설교는 예배의 중심이다. 판사가 판결문으로 말하듯 목사는 설교로써 말한다. 설교가 죽으면 목사도 죽는다. 예전 같지는 않아도 설교는 교회 성장의 핵심요소이다. 교인들은 설교를 통해서 그 믿음이 성장하고 삶의 가치와 그 살아가는 방식에 변화를 경험한다. 설교가 죽으면 교인들은 갈등이 증폭된다. 상당수 교회 갈등은 설교에서 온다. 설교가 잘못되거나 설교를 통해서 교인에게 주는 영향력이 감소되면 이로 인해 악성(?) 교인들은 목사를 추방하려고도 한다. 목사들은 설교를 잘하려고 눈물겨운(?) 노력을 한다. 그러나 노력만큼 설교가 잘 되지도 않는다. 설교는 목회의 중요한 도구지만 동시에 목사를 죽이는 칼이기도 하다. 목사는 한 교회에서 오래 시무하기 때문에 신선한 설교를 하기가 어렵다. 설교를 듣는 교인들은 다양하다. 어디에다 초점을 둬야 할지 판단하기가 매우 어렵다. 설교가 평범하면 은혜가 안 된다고 말하고, 지적 설교하면 어렵다고 불평한다. 웃기는 예화를 하면 설교를 타락시킨다고 하고, 단조롭게 성경 중심으로 하면 학생 취급 한다고 화를 낸다. 그래서 모든 목사는 설교에 대한 공포증을 갖고 있다. 설교는 목사를 평가하는 기준이 되기도 한다. 실로 설교는 목사를 고통스럽게 하는 영적 통증이다. 그러나 설교는 목사의 운명이다. 피할 수 없고 피해서도 안 된다.

그렇다면 이 위기의 시대에 설교는 어떻게 해야 하는가? 설교에는 왕도가 없다. 아무리 준비하고 연구를 해도 완전한 설교는 존재하지 않는다. 스스로 설교를 잘한다는 목사는 교만한 자다. 설교에 대한 이런저런 이론은 있을 수 있으나 자신의 이론이 최고라고 주장하는 학자도 교만하다. 그런 학자일수록 실제 설교를 하라면 수준 이하의 설교를 하는 경우가 태반이다. 설교를 잘하려고 하기보다는 바로 하려고 노력하는 것이 중요하다. 제아무리 설교를 잘해도 바른 설교를 하지 못하면 그 자체가 죄악이다. 교인들을 바로 인도하지 못하고 있기 때문이다. 나는 33년 동안 설교를 해왔지만 여전히 설교에 대해서 자신이 없다. 그러나 그 긴 세월, 설교를 하다 보니 이런 설교를 해야 이 위기의 시대에 교인들에게 나름 공감을 얻을 수 있다는 자각은 생겼다.

### (1) 인문학적 설교를 자주 해야 한다.

일반적으로 설교는 크게 두 가지 내용을 담고 있다. 하나는 교리적인 내용이고, 다른 하나는 윤리적인 내용이다. 예수를 믿으면 구원받고, 복받고, 천당 간다는 설교는 교리적인 설교이다. 당연히 목사들이 해야 할 설교이다. 예수 믿는 사람들은 빛과 소금이 되어야 하고, 사랑을 실천해야 한다는 설교는 윤리적인 설교이다. 이 역시 목사들이 해야 할 설교이다. 그런데 이 두 가지 내용은 당연한 내용들이 많고 오래 설교하다 보면 교인 입장에서는 같은 내용의 반복이라는 느낌을 갖게 되고 결국 신선함이 상실된다. 이제 10년 정도 신앙생활을 한 교인들은 더 들을 것이 없다고 단정하고 설교 듣기에 기대를 잃어버린다. 그런 교인들은 설교를 들으러 예배를 드리는 것이 아니라 예배드리기 위해 예배드린다고 생각한다. 그래서 나는 교리적, 윤리적 내용을 중심으로 한 설교에 한 가지 더 추가해야 한다고 주장한다. 인문학적 설교가 그것이다.

인문학적 설교란 인간을 중심으로 인간은 어떤 존재인가, 인간의 실존은 무엇이며, 인간 본질은 무엇이가를 중심으로 설교 내용을 구성하는 설교이다. 시시각각 변하는 상황에 대해 인간은 어떻게 반응하고 그 결과는 어떻게 되는가를 중심으로 한 설교이다. 예를 들면 예수는 인간의 죄를 대속해서 우리를 구원하신다는 내용과 동시에 왜 인간은 죄를 짓는가를 더 깊이 살피는 설교이다. 해결책도 중요하지만 원인을 규명하는 것도 중요하다. 성경의 주어는 하나님과 인간뿐이다. 지금까지 설교는 하나님이 하신 일을 중심으로 해 왔다. 이제는 인간을 중심으로 인간 본질, 실존을 규명하는 설교를 해야 한다. 윤리적 설교는 그 행위의 당위성만 강조할 뿐이지 인간을 분석적으로 설교하지 않는다. 인문학이란 문학, 역사, 철학을 그 핵심으로 해서 심리학, 사회학, 경제학, 정치학 등등 인간 활동 전반에 걸친 학문이다. 인문학을 하면 인간 이해가 보다 분명해져서 그런 인간에게 어떤 설교를 해야 할지를 알 수 있다.

설교란 인간에게 주시는 하나님의 말씀을 설명, 증명, 명령을 하는 언어활동이다. 설교를 선포라고 주장하는 학자들도 있지만 더 엄밀하게 말하면 설교는 하나님과 인간의 소통이고, 목사는 그 매개자이다. 목사는 하나님이 어떤 분이신가를 알고 동시에 인간이 어떤 존재인가를 알아야 한다. 일부 보수적인 목사들은 성경 하나만 가지고도 충분히 인간이 어떤 존재인가를 알 수 있다고 한다. 일리가 있다. 그러나 성경 속에 등장하는 인간만으로 충분한 인간 이해를 할 수 있다고 단정해서는 안 된다. 성경은 구원의 역사이다. 그래서 구속사라고 말하기도 한다. 성경의 인간론은 조직신학적 입장에서 주로 이해한 것이다. 인간은 우리 기독교적 입장에서, 성경적 입장에서만 이해해서는 안 된다. 목회자들은 철학자 스피노자의 명언을 기억해야 한다. 그는 말한다. "나는 깊이 파기 위해 넓게 판다."

인문학적 인간 이해를 통해 신학적 인간 이해의 깊이를 더 할 수 있다. 다시 말하지만 인문학적 설교는 인간을 주제로 하는 설교이다. 그리고 인간에 대한 윤리적 접근보다는 실존적 접근을 더 강조하는 설교이다. 존재, 본질, 실존이 주어지는 상황에 어떻게 반응하는지를 살피고 인간에 대해 따뜻한 마음을 갖게 하는 설교이다. 그리스도의 교훈 핵심은 사랑의 실천이다. 설교도 사랑의 한 방법에 지나지 않는다. 인간을 모르고 어찌 인간을 사랑할 수 있는가?

인문학적 설교를 하면 그 내용이 다양해지고 공감이 더 깊어지며 결국 설교가 신선해지고 교인들로 하여금 설교에 기대를 갖게 한다. 실로 인문학적 설교는 이 위기를 탈출하는데 반드시 필요한 새로운 설교 형태이다. 인간은 죄인이라고만 설교해서는 안 된다. 왜 인간이 죄를 범하는지를 설교하고 그 인간을 어떻게 사랑해야 하는가를 역설해야 한다. 정죄하는 것이 능사가 아니라 이해하고 격려하고 사랑하며 희망을 깨닫게 하는 것이 중요하다. 그것이 인문학적 설교이다.

## (2) 목적이 분명한 설교를 해야 한다.

설교는 목적을 갖고 하는 언어 행동이다. 하나님께서 인간에게 그 무슨 말씀을 전할 때에도 목적이 있거늘 하나님의 뜻을 인간에게 전하는 목사의 설교에 어떤 목적이 없다면 그것은 설교를 모독하는 죄악이다. 한마디로 설교의 목적은 변화된 행동이다. 설교는 하나님께서 그의 백성들을 변화시키려고 그의 종 목사를 통해 말씀하시는 신적 행위이다. 구원, 축복, 성화는 모두 변화된 삶을 뜻한다. 예배, 선교, 친교, 봉사, 교육 등도 변화되는 과정에서 필요한 행동이다. 그렇다면 가장 중요한 문제가 남는다. 목사는 어떻게 교인들을 변화시킬 수 있는가? 내 오랜 목회 경험으로 보면 두 가지이다. 하나는 설교요, 다른 하나는 목사의 삶이다. 그런데 솔직히 고백하면 목사의 삶은 교인들을 변화시키는 삶의 본보기로는 역부족이다. 목사도 사람이다. 사람이 그 삶을 통해 다른 사람을 변화시킨다는 것은 불가능한 것은 아니지만 실로 어려운 일이다. 그래서 목사는 설교를 통해 교인들을 변화시키려는 노력을 더 열심히 하는 것이 중요하다. 교인들은 목사의 설교와 목사의 삶이 일치되기를 바라지 않는다. 그것이 어려운 일이라는 것을 교인들도 잘 알기 때문이다. 그러나 교인들은 목사의 설교에는 기대를 건다. 그러기에 목회 중에 설교는 목사 자신은 물론 교인들에게 가장 중요한 신앙 행위이다. 인간의 변화는 그 행동으로 측정이 된다. 행동이 변하지 않으면 그 변화는 죽은 변화이다. 위선이요, 거짓이다.

인간 행동의 변화는 두 가지 방법으로 시작된다. 깨달음과 감동이다. 깨달음은 이성적 활동으로 얻어지는 지적 결실이요, 감동은 감정의 움직임으로 얻어지는 정서적 열매이다. 인간의 이성과 감성은 인간 행동을 변화시키는 두 개의 축이다. 그런데 이성을 통해 얻는 깨달음은 오래 가지만 감정을 통해 얻는 감동은 오래 가지 않는다. 깨달음은 논리가 있어야 하고, 체계가 있어야 하며, 사색과 명상이 동반되어야 한다. 그러나 감동은 선동과 충동, 그 분위기에 의해서 형성된다. 깨달음은 스스로의 노력이 중요하고 감동은 외부의 자극이 상대적으로 더 중요하다. 그래서 깨달음은 어렵고 감동은 쉽다.

그동안 한국교회 설교는 깨달음보다는 감동을 통해 인간을 변화시키려고 했다. 초기 기독교가 들어올 때 한국 사람들은 대부분 문맹이었다. 이성적 설교를 하기에는 여건이 성숙되지 못했다. 결국 감동을 주는 설교를 강조하게 되었고, 설교를 듣는 사람들도 쉽게 감정적으로 설교에 응답했다. 설교를 듣고 울고 웃고 떠들고 아멘하고 손을 흔들고 박수를 치고, 그러면 교인들은 은혜를 받았다고 생각했다. 결과는 좋았다. 교인 수는 늘어나고 헌신하는 자들도 헌금도 늘어났다. 그러나 그런 감동은 오래 가지 않았다. 상황이 변하기 시작했다. 감동은 불이다. 쉽게 타고 쉽게 꺼진다. 감동은 자극이다. 감동이 지속되려면 더 강한 자극이 필요하다. 교인들에게 더 큰 자극을 주는 것이 어려워졌다. 또한 예전보다 교인들의 지적 수준이 높아지면서 감정적 반응을 자제하려는 지식인들이 늘기 시작했다. 지나치게 감정적으로 반응하기를 요구하는 목회자들을 부정적으로 보는 청년층 지식인들이 늘어가기 시작했다. 남성들은 본래 이성적이다. 청년들은 고등교육을 받아 더욱 이성적이다. 지식인들은 더더욱 이성적이다. 이제 감동을 강조하는 설교는 설 자리가 없어지고 있다. 감동 중심의 설교를 통해 대형교회를 이룬 교회는 당분간 현 교세를 유지할 것이다. 심리학자 칼 융이 지적한 그대로 그 교회는 일종의 집단 무의식으로 뭉쳐있기 때문이다. 그러나 결국에는 몰락할 것이다.

이제 한국교회는 깨달음을 강조하는 설교로 전환되어야 한다. 순종하면 복 받는다는 식의 설교가 아니라 순종이 왜 신앙의 핵심인가를 깨우쳐 주어야 한다. 복을 받기 위해 순종하는 것이 아니라 순종해야 그것이 신앙이 된다는 것을 깨닫게 해주어야 한다. 신앙은 복 받는 차원 그 이상임을 깨닫게 해야 한다. 그러나 깨달음을 강조하는 설교는 설교하는 자나 설교를 듣는 자가 충분한 준비가 되어야 한다. 감동을 주는 설교를 유지하되 깨달음을 주는 설교를 하기 위한 준비를 이제부터 해야 한다. 앞으로 5년 동안 이런 준비가 되지 않으면 한국교회는 남성, 청년층 지식인들에게 외면당하면서 신앙이 아니라 미신이라는 오명을 뒤집어쓰고, 설교는 애물단지로 전락하게 될 개연성이 높다. 실로 하나님께 부끄러운 죄이다.

결국 이제부터 목사들은 설교할 때, 교인들의 변화를 구체적으로 염두에 두고 그 변화를 위해 진리에 대한 깨달음과 감동을 동시에 얻고 느끼도록 노력해야 한다. 인간은 깨달음을 통해서 변화된 행동을 하고 감동을 받음으로 변화된 행동을 한다. 만약 이 두 가지가 병행된다면 더 효과적으로 교인들을 변화시킬 수 있다. 교인의 변화는 교인들을 위한 것이면서 동시에 교회를 위한 것이다. 설교를 통해 교인들을 변화시키지 못하면 교인들은 교회를 떠날 것이요 결국 교회도 몰락할 것이다. 거듭 강조하지만 설교의 목적은 교인들의 삶을 변화시키는 것이다. 그 변화는 행동으로 증명된다. 이를 목회자들이 명심해야 한다. 설교는 교인들의 행동을 변화시키려는 목사의 호소요, 설득이요, 애원이요, 사랑이다. 그래서 설교는 목사의 눈물이요 땀이요 피다. 설교를 타락시키는 목사가 되어서는 안 된다.

### (3) 청중을 분석해서 맞춤형 설교를 해야 한다.

설교에 있어서 가장 중요한 것은 오직 두 가지다. 하나는 하나님 말씀이요, 다른 하나는 설교를 듣는 사람, 즉 교인이다. 목사는 일종의 연결고리 역할을 하는 존재이다. 그래서 설교자는 하나님의 말씀을 정확하게 이해하는 것이 중요하고 동시에 교인들에 대한 철저한 분석이 필요하다. 설교자가 하나님의 말씀을 바로 이해하지 못하면 설교는 실패하고, 청중을 제대로 분석하지 못해도 실패한다. 설교가 어려운 것은 전자에 있지 않고 후자에 있기 때문이다. 하나님의 말씀은 비교적 단순하다. 이미 충분한 연구도 되어 있다. 또한 불변이다. 그러나 청중은 복잡하다. 상황에 따라 수시로 변한다. 그리고 청중 분포도 다양하다. 나이, 성별, 성격, 취향, 욕구, 신앙 경력, 지식수준, 직업 등이 천차만별이다. 지금까지 한국교회 설교자들은 한 공간에 다양한 청중들을 모아놓고 설교를 해 왔다. 그러나 이제 그런 식의 설교는 실패한다.

앞으로는 교인들을 분류해서 맞춤형 설교를 해야 한다. 물론 작은 교회는 사실상 불가능하다. 그러나 설교자는 교인들에 대한 종합적인 분석을 통해 교인의 수준과 그 욕구에 적합한 설교를 최대한 해야 한다. 특히 남자들과 청년들에게 설교의 초점을 둬야 한다. 왜냐하면 남자들과 청년들이 교회 이탈을 많이 하고 있기 때문이다. 그리고 소형교회는 좀 어렵기는 하지만 1, 2, 3, 4부 정도로 예배시간을 나누어서, 1부는 바쁜 사람들, 2부는 50대 이후, 3부는 40, 50대, 4부는 청년들, 이렇게 구분해서 맞춤형 설교를 해야 한다.

지금까지는 모든 교인을 함께 모아놓고 같은 내용으로 주로 감정에 호소하는 설교를 해왔다. 인간의 감정은 보편성을 지니고 있어 다양한 계층의 교인들을 동시에 자극할 수 있고 공감대 형성도 비교적 쉽다. 그러나 감정도 반복되면 좀처럼 자극에 반응하지 않는 경향이 있다. 결국 청중들은 설교에 식상하게 되고 감동도 점점 식게 된다. 이제는 교인들은 지적 수준이 높아졌기 때문에 말씀의 깊이를 원하게 되었고, 삶 속에서 말씀을 어떻게 적용하면서, 인간으로서, 그리스도인으로서 사회인으로서 바르게, 가치 있게, 즐겁게 살아가야 하는가에 관심을 두고 있다. 그러기에 지적 접근이 필요하다. 인간의 욕구 또는 삶 속에서 주어지는 문제는 사람마다 같기도 하지만 다르기도 하다. 설교자는 같은 것도 중요하게 다루어야 하지만 다른 것도 중요하게 다루어야 한다. 지금까지 설교자는 모든 인간이 공통적으로 관심 갖는 것, 예를 들면 죄, 축복, 평안, 희망, 사랑 등에 치중해 왔다. 아울러 신앙생활에 필요한 덕목들, 예배, 전도, 봉사, 헌금 등을 중심으로 설교를 해 왔다. 이제는 비교적 개별적인 것들, 예를 들면 직업, 결혼, 성, 각종 갈등, 가정, 대인관계, 경제생활, 사회현상, 정신질병, 국제적인 이슈 등에 대한 설교도 해야 한다. 설교의 주제가 삶 전체로 확대되어야 한다는 것이다.

그러기 위해서는 청중 분석을 제대로 하고 그들의 관심 갖는 분야를 맞춤형으로 설교해야 한다. 성경은 구원 문제를 중심으로 쓰이기는 했으나 동시에 구원받는 사람들의 삶을 보다 크게 다루고 있다. 처음 믿는 신자들에게는 구원과 축복이 큰 관심사지만 10년 이상 믿음생활을 한 신자는 삶 전체를 통해 무엇을 하며 어떻게 살아야 하는지, 주어지는 각종 갈등과 문제를 어떻게 풀어가면서 살아야 하는지, 가치 있는 인생이란 어떤 인생이고 그런 인생을 살려면 무엇을 준비하고 어떻게 살아야 하는지, 즉 무엇을, 왜, 어떻게 살아야 하는지에 관심을 갖는다. 이제 설교자는 이런 교인들의 욕구를 말씀으로 해결해 주어야 한다. 교인들이 설교에 짜증을 내고 실망하는 것은 그 설교가 자신의 삶에 별 도움이 되지 못하기 때문이다. 설교는 교인들을 향한 하나님의 사랑이다. 사랑은 그 대상에 맞게 표현되어야 한다. 그러기에 설교자는 청중 즉 교인들이 무엇을 원하고 있는지를 알아야 하고, 그러기 위해서는 치밀한 청중분석이 먼저 이루어져야 한다.

허공을 치는 메아리 같은 설교, 인간의 감정만 자극하는 낭만적인 설교, 설교자 자신의 의도를 강요하는 공감형 설교, 자기 자랑을 늘어놓는 교만한 설교, 교인들을 웃기려는 코미디 설교, 말씀과 상관없이 장황하게 자기 체험만 늘어놓은 장편소설 같은 설교, 믿기만 하면 무엇이든지 다 된다는 무당식 설교, 같은 이야기만 되풀이하는 반복형 설교, 구체적인 적용을 외면한 이론적 설교, 설교를 듣고 난 후 머리에도 가슴에도 남는 것이 없는 맹랑한 설교 등등, 이런 설교로는 이제 한국교회는 다시 부흥할 수 없다. 청중에게 필요한 맞춤형 설교를 해야 한다. 설교자는 설교 때문에 거룩한 고민을 해야 한다. 그것이 현대판 순교자의 길이다.

# 32. 세상의 악과 싸우는 교회상 정립

교회는 세상의 악과 싸우는 공동체이다. 주님께서 믿는 자들에게 세상의 빛과 소금이 되라고 말씀하셨기 때문이다. 빛과 소금이란 안내자 역할과 부패를 방지하는 역할을 총칭하는 상징적 언어이다. 교회는 세상을 자유롭고 평등하며 정의롭고 사랑이 풍성한 사회가 되도록 사람들을 인도해야 하며, 세상이 타락하지 않도록 방부제 역할을 해야 한다. 그러기 위해서는 세상의 악과 싸워야 한다.

세상의 악이란 무엇인가? 인간의 자유를 억압하고 불의한 방법으로 목적을 달성하려는 정의롭지 못한 일들, 권력을 가지고 민초들을 수탈하고 억압하는 작태들, 잔인한 방법으로 보복을 하는 일들, 가짜 정보나 뉴스를 통해 의도적으로 자신의 이익을 쟁취하려는 부도덕성, 인간이 지닌 인권을 유린하는 무자비성, 가난한 사람들의 삶을 돌보지 않는 무정함, 경제적 이익을 일방적으로 독점하려는 욕심, 적법한 절차를 무시하고 약자들을 직장에서 추방하는 일, 독점적으로 자신들의 이익만을 지키려는 야욕, 기독교를 탄압하는 정책들, 동성애처럼 반기독교적 가치를 권장하는 것, 국가만능주의, 약자들에게 공정한 기회를 주지 않고 일부 계층만 모든 것을 독점하려는 무자비함 등등……. 참으로 세상의 악은 만연해 있다. 세상의 악은 개인이 저지르는 악, 회사들이 저지르는 악, 기독교를 비롯한 종교단체가 저지르는 악, 정당이 저지르는 악, 신문, 방송, 시민단체, 사회단체, 국가가 저지르는 악 등이 있다. 교회는 이런 악과 싸워야 한다.

왜 기독교는 악과 싸워야 하는가? 첫째, 악과 싸우라고 주님이 가르치셨기 때문이다. 주님은 세상을 사랑하셨지만 세상의 악까지 사랑하지 않으셨다. 둘째, 싸우는 것이 전도가 되기 때문이다. 세상 사람들은 예수 그리스도가 누구신가에 관심 갖기보다는 교회가 무슨 일을 하는가에 더 관심이 많다. 어느 정도 식견을 가진 사람들은 예수 그리스도가 누구인지 이미 알고 있다. 그들은 주님이 누구신지를 몰라서 주님을 안 믿는 것이 아니다. 그들은 주님이 싫은 것이 아니라 교회가 싫은 것이다. 오늘의 전도는 예수 그리스도를 전하는 것보다 교회가 하는 일들을 통해서 사람들로 하여금 교회를 좋아하게 만드는 것이 더 효과적이다.

현대인은 싸우는 것을 두려워한다. 오늘 우리 사회의 싸움은 수단 방법을 가리지 않는 비열하고 잔인한 싸움이다. 그러기에 지식인들이나 점잖은 사람들은 싸우길 두려워한다. 그 대신 싸워주는 개인이나 공동체를 응원한다. 만약 교회가 세상의 악과 싸워준다면 그들은 교회를 응원할 것이고 그것이 전도로 확장될 수 있다. 교회가 세상의 악과 싸우지 않고 전도만 하려고 하면 일반 지식인들은 교회제국주의라고 비판한다. 우리는 사람을 구원하기 위해 전도한다고 말하지만 그들은 교세를 확장하려는 이기주의적 행동이라고 평가한다는 것이다. 그런데 교회가 세상의 악과 싸워준다면 지식인들은 교회의 필요성을 인정하게 되면서 자신도 그 공동체에 합류하려는 의지를 갖게 된다. 교회가 부흥했던 그 시절 교회는, 일본제국주의와 공산주의자들과 치열하게 싸웠다. 민주화를 위해서도 싸웠다. 그래서 교회의 존재감을 보여주었고 결국 교회는 크게 부흥했다. 그런데 지금은 어떤가? 교회는 세상의 악과 싸우지 않는다. 존재감이 없다. 왜 교회는 세상의 악과 싸우지 않는가? 이유는 간단하다. 우리 자체가 부패했기 때문이다. 우리가 당당해야 세상의 악을 상대해서 싸움을 걸 수 있는데 교회가 교회답지 못하게 되었으니 싸움을 걸 수 없게 된 것이다. 그러나 그래도 싸워야 한다. 교회는 싸우면서 정화해야 한다.

그렇다면 누가 싸울 것인가? 대형교회 목회자는 전장으로 못 갈 것이다. 여러 가지 제약이 많기 때문이다. 결국 작은 교회 목회자들과 교인이 전장으로 갈 수밖에 없다. 대형교회 목회자들은 그래서 작은 교회 목회자를 잘 대우해 주어야 한다. 유사시에 교단을 지키기 위해 전장터로 가는 사람들은 그들이기 때문이다. 전쟁에 패하면 대형교회 목회자들이 먼저 피해를 볼 것이다. 전쟁의 논리는 간단하다. 쓰러져 죽은 자는 명예롭지만 뒤에서 전쟁을 구경하던 지도자들은 치욕을 당하게 된다. 교회가 쓰러지면 대형교회 목회자들이 더 많이 좋은 것들을 잃을 것이다. 대형교회 목회자들은 작은 교회 목회자들을 무시하면 안 된다. 그들이야말로 대형교회를 지키는 십자가 군병들이기 때문이다. 싸우는 방법은 다양하다. 설교로, 성명서로 기자회견으로, 총회장 담화문으로, 최악의 경우에는 거리로 나가 행진해야 한다. 오늘 우리 사회가 진보적 행진이 멈춘 것은 자신의 이익을 위해서는 싸우지만 세성의 악과 싸우는 집단이 없기 때문이다. 교회만이라도 세상의 악과 싸워야 한다.

물론 세상의 악과 싸우려면 교회는 전략적인 작전을 미리 수립해야 한다. 십자가 군병을 양성해야 하고, 이 군대를 지휘할 장군을 세워야 하며, 관전하는 사람들에게 공감을 얻을 수 있도록 싸움의 명분이 분명해야 한다. 전국 교회를 하나로 뭉칠 수 있는 신앙적 정당성도 확보해야 한다. 기독교 이기주의라는 비판을 받지 않도록 기독교를 위해 전쟁해서는 안 된다. 교회의 전쟁은 기독교를 위한 전쟁이 아니다. 모든 사람을 위한 전쟁이어야 한다. 바로 이것이다. 역사적으로 보아 교회의 전쟁은 교회를 위한 전쟁이었다. 이제 그런 전쟁을 해서는 안 된다. 교회의 전쟁은 불신자들을 포함한 모든 인간을 위한 전쟁이어야 한다. 그래야 전쟁에 승리할 수 있고, 교회의 존재 이유가 증명되면서 교회는 세상의 빛이 되고 소금이 될 것이다.

교회가 전쟁을 하게 된다면 최전선으로 나가 싸울 군병을 양성해야 한다. 그가 누군가? 미 자립교회목사들이요 개척교회 목사들이다. 그들은 잃을 것이 없는 사람들이다. 총회는 그들을 무시해서는 안 된다. 그들을 대접하고 그들이 목회를 잘 할 수 있도록 도와주어야 한다. 그들의 도움을 받지 않은 한 총회는 그 어떤 전쟁도 이길 수가 없는 무력한 단체가 될 것이다.

# 33. 신학교육부 활성화

총회에는 여러 부서가 있다. 그중 가장 중요한 부서는 단연 신학교육부다. 왜냐하면 신학교육부는 목사후보생들을 교육하는 신학대학을 관리, 지원, 통제하는 부서이기 때문이다. 그러나 지금까지 총회는 헌법위원회, 재판국, 규칙부 등 소위 권력 기관들을 중요하게 생각했다. 이는 총회가 정치화되었다는 증거이다. 목사들이 잘못되면 교회는 죽고, 교회가 죽으면 총회도 죽는다. 그러므로 목사 후보생들을 교육하는 신학대학이 얼마나 중요하겠는가? 그런데 현실은 그렇지 않다. 이제 신학교육부에 대한 인식이 바로 되어야 한다. 그러기 위해서 다음과 같은 제안을 한다.

## (1) 신학교육부장은 부총회장 급으로 격상시킨다.

신학교육부장을 부서에서 선출하지 말고 부총회장 선거에 떨어진 인물을 자동으로 모시는 일이 필요하다. 이런 제도는 피선거권을 제한한다는 논란이 있겠지만 그 위상을 높이는 데는 필요하다. 다른 방법도 있을 것이다. 중요한 것은 그 위상이 높아져야 한다는 것이다. 그래야 경륜 있는 분들이 신학교육부에 들어올 것이다. 노회에서 총대 부서를 파송할 때 이

점을 유의해서 신학교육부는 상당한 식견들이 있는 분들로 배치해야 할 것이다. 교육 경력이 있는 분들, 이사로 파송할 만한 자격과 자질이 있는 분들을 배치해야 한다. 특히 실행위원들은 이사로 구성되어야 한다. 그래야 각 신학대학의 현황을 파악할 수 있고 대책을 현실적으로 세울 수 있다.

### (2) 신학대학 총장 회의를 상설화해야 한다.

신학대학은 총장 중심으로 운영된다. 이사회는 재정적인 부담을 하고 법적 절차를 뒷받침해 주는 일에 불과하다. 그러므로 신학교육부는 총장 회의를 상설화하여 년 5회 이상 모여 현안에 대해 진지한 토론과 토의를 해야 한다. 여기서 각 대학이 서로 협조할 일들을 논의하고, 교수 교환 강의제, 학생 교환 수업, 재정 문제 등을 논의해야 한다.

### (3) 목사후보생을 위한 다양한 행사를 주관해야 한다.

지금 목사후보생 연합수련회는 합동으로 하고 있다. 그러나 그 범위를 다 넓힐 필요가 있다. 목사후보생 졸업여행을 합동으로 하든지, 친선 체육대회를 함께 하든지, 설교대회를 개최한다든지, 논문경연대회를 하든지, 목사후보생들과 직접적인 관계를 맺어야 한다. 신학대학을 따로따로 졸업한 후보생들은 나중에 학교별로 동문회에 가입함으로 파벌이 생길 염려가 있다. 지금도 그런 징조들이 보이는데 미리 예방하는 일을 신학교육부가 해야 한다.

**⑷ 신학교육부를 후원하는 100개 교회를 정해 후원체제를 갖추어 야 한다.**

신학교육부는 신학대학 재정을 지원해야 한다. 이는 총회 예산으로는 불가능하다. 산하에 100개의 후원교회를 지정해서 도움을 받아야 한다. 충분히 가능하다. 교회 규모로 100개 교회를 선택하여 위촉하면 된다. 특히 총회가 파송하는 이사가 재직하는 교회는 당연히 후원교회에 가입해야 한다. 한 학교에 이사가 15명이다. 그중 총회가 파송하는 이사는 12명 정도이다. 7개 신학대학 이사들을 합하면 무려 84명이다. 잘하면 120 교회도 가능하다. 한 교회가 일 년에 신학교육 주일을 정하여 헌금을 하고 교회가 더 보태면 최소 한 교회가 500만원은 충분히 모을 수 있다. 그리고 대형교회 협조를 얻으면 연 10억은 가능하다. 한 대학에 일억씩 장학금으로 보내주고, 나머지는 사업비로 사용하면 총회 제일의 부서가 될 수 있다. 책임은 지지 않으려 하고, 편한 지위만 누리려는 그 무사안일주의가 총회를 망치고 있다는 것을 명심해야 한다.

# 34. 신학교육의 개혁

교회는 일차적으로 그 기본 구조가 교인, 목회자, 예배당이다. 목회자가 없으면 교회가 될 수 없다. 목회자의 수준은 그 교회의 수준을 결정하는 핵심요소이므로 목회자를 양성하는 신학교육은 사실상 교단의 운명을 결정하는 핵심이다. 그동안 우리 교단은 신학교육에 심혈을 기울여 왔고 어느 정도 성공했다. 그러나 이제는 신학교육에 대한 기본 구조를 달리해야 할 때가 왔다. 교회 환경이나 사회 환경, 국가교육 정책 등이 크게 변했기 때문이다. 신학교육이 개혁되지 않으면 교회의 미래가 없을 정도로 이 문제는 시급하다. 다음 몇 가지로 개혁 방향을 논의해야 한다.

## (1) 신학교육 내용이 변해야 한다.

신학교육은 기본적으로 이론교육을 그 바탕으로 해야 한다는 점은 지금도 유효하다. 그러나 이론교육의 비중이 너무 크다. 실천신학과 이론신학의 비중을 50대 50으로 해야 한다. 즉 실천신학 비중에 더 비중을 두어야 한다는 것이다. 신학대학을 졸업한 후, 목회에 바로 적용할 수 있는 전도, 양육 분야를 강화하고, 영상, 방송, 컴퓨터 등에 능숙한 기술을 습득해야 하며, 특히 인문학 교육을 강화해야 한다. 목회자들이 인문학적 지식 바탕이 적기 때문에 교인들의 욕구, 심리, 반응 방법을 알지 못하고 결과적으로 갈등 해결 능력도 현저하게 저하되며, 인간관계에 대한 지혜도 부족하여 평신도 지도자들과 소통이 잘되지 않고 교인들과의 대화도 미숙해져서 교회를 혼란스럽게 만드는 경향이 점점 늘어나고 있다. 현재 신학대학에서는 인문학 교육은 전혀 하지 못하고 있다.

특수 분야, 예를 들면 교회개척, 해외선교, 농촌목회, 직장선교, 교정선교, 요양선교 등등에 대한 이론과 실제를 가르쳐야 한다. 4차 산업혁명 시대로 접어들어 급격하게 변하는 사회 속에서 전통적인 신학교육 방법으로는 교회 성장도 개척도 불가능하고, 결국 대부분 교회는 몰락하게 될 것이다. 교육과정을 개편하는 데는 이해 당사자들을 중심으로 상당한 저항이 있을 것이다. 그러나 교단은 과감하게 신학대학 교육 내용을 개혁해야 한다. 질질 끌다가는 찔찔 몰락한다.

### (2) 신학대학을 지원하는 구체적 대안이 마련되어야 한다.

신학대학들이 위기에 처해 있고 그 위기의 핵심은 두 가지이다. 재정난과 입학생 수의 감소이다. 이 두 가지는 서로 연결되어 있다. 재정이 나빠지기 때문에 학교에 투자를 하지 못하여 학교가 낙후되고, 학생들에게 외면당함으로 입학생 수도 줄어들고, 입학생 수가 줄어들기 때문에 재정도 어려워진다는 것이다. 예전에는 교회나 독지가들의 지원이 상당 수 있어서 그나마 유지되었는데 지금은 교회가 어려워지면서 교회 지원도 점점 줄어들고 있고, 독지가들도 예전처럼 많지 않고 이런 현상은 앞으로 가속화될 것이다. 설상가상으로 목회자에 대한 기피 현상이 생겨나 목회자가 되려는 사람들이 급격하게 줄고 있어 신학대학의 경영위기는 가속화되고 있다. 이대로 가면 신학대학은 폐교가 될 것이다. 따라서 총회는 신속하게 신학대학 지원책을 마련해야 한다. 일부 총대들은 신학대학을 통폐합해야 한다고 주장한다. 일리는 있다. 결국 통폐합될 것이다. 그러나 그 방법을 합의하기까지는 긴 시간이 걸릴 것이고, 부작용도 클 것이다. 장기적인 과제로 남겨 놓고 당장 급하게 할 수 있는 대책은 있다.

7개 신학대학을 지원하는 노회 군을 정해 주는 것이다. 노회의 능력을 감안하여 69개 노회는 7개 군으로 나누어 신학대학을 지원하게 하고, 이사를 해당 노회에서 1인씩 파송하게 하여 각 노회마다 매년 2,000만원씩 신학대학을 지원하게 한다. 그러면 각 신학대학은 매년 2억 정도 보조금을 총회로부터 받을 수 있다. 그다음 대학평의회 또는 유지 이사로 봉사하는 이사 7명은 매년 1,000만 원 정도 기부하도록 강제 규정을 만들어야 한다. 그리고 그 자격도 개방되어야 한다. 총대 중심으로 이사회를 구성하려고 하지 말고, 장로, 권사, 안수집사 등으로 그 범위를 넓혀야 한다. 신학대학 유지에 협력하지도 못하면서 총대라는 이유만으로 신학대학 이사가 된다는 것은 책임은 없고 권한만 갖겠다는 일종의 죄악이다. 신학대학이 쓰러져 가고 있는데 이런 구태로는 학교를 살려내지 못한다. 각 지원 노회에서 파송하는 이사는 70 정년을 유지하되, 대학평의회파송 이사, 유지이사는 70 정년을 폐지해야 한다. 매년 1,000만원 낼 수 있는 이사들로 구성해야 한다. 그래야 신학대학이 산다. 대학을 살려야 목회자를 양성할 수 있고 목회자를 양성해야 교회가 살 수 있지 않는가?

### (3) 7개 신학대학을 대학별로 특성화해야 한다.

현대는 다양성의 시대이다. 그런데 교단 산하에 있는 7개 신학대학이 똑같은 신학교육을 한다는 것은 시대착오적이다. 다양한 사회에서 목회를 하려면 일단 목회자 자신도 다양화된 교육을 받아야 한다. 목회자도 각양각색의 특성화가 되어야 한다는 뜻이다. 예를 들어보자, 장로회신학대학은 이론 중심의 신학대학으로, 서울장로회신학대학은 교회개척을 중심으로, 부산장신대학교는 선교사 양성을 중심으로, 영남신학대학교는 특수목회 중심으로, 호남신학대학교는 생활목회 중심으로, 한일장신대학교는 직장목회 중심으로, 대전신학대학교는 목회자재교육 중심으로 등등 특성화해야 한다는 것이다. 이제 교회는 다양한 생태계를 가질 것이다. 대형교회는 지금 수준을 넘지 못해서 서서히 쇠퇴할 것이고, 소형교회는 특성화되지 못하면 문을 닫게 될 것이다. 중형교회는 간신히 그 명맥을 유지할 것이다. 속히 신학대학을 특성화해야 한다.

### (4) 신대원생을 전원 장학금으로 교육시켜야 한다.

예전에는 사명감으로 목회의 길을 걷는 사람들이 많았다. 신앙심이 깊은 가정에서는 아들 한 명은 목회자로 만들고 싶었던 영적이고 낭만적인 욕구도 있었다. 그러나 지금은 아니다. 세상은 변했다. 목회의 길은 고달프고 교인들의 태도도 냉정해져서 목회자의 자존감은 나락에 떨어졌다. 직업으로서의 목회자는 더욱 비참해졌다. 대우는 열악하고 세상 직업과의 격차는 더 벌어지고 있다.

이런 환경에서 누가 목회자가 선뜻 되려고 할 것이며 어느 부모가 자식이 목회자 되기를 원할 것인가? 당회, 제직회, 공동의회, 구역회 등에서 목회자들은 자괴감에 빠지고 세속화가 되어버린 교회에서 영적 만족감을 느끼지 못하고 있으며 교회가 성장하는 즐거움도 누리지 못하는 이 서글픈 시대에 어느 정신 나간 청년들이 목회자가 되겠다고 신학대학에 입학하겠는가? 혹자는 목회자는 순교의 길을 걷는 심정으로 목회를 하는 것이 정상이라고 주장하면서 이런 목회자들의 고난을 당연하게 생각도 하겠지만 그런 사람일수록 자기 자식이 목회자가 되겠다고 한다면 먼저 말릴 것이다. 자 솔직해지자. 목회자들이 순교의 길을 걸어야 한다고 주장하는 것이 잘못된 것은 아니지만 목회자도 엄연히 사람이다. 생존권과 인격권과 영권이 보장되어야 그 길을 걸으면서 순교할 것이 아니겠는가? 목회자들은 당당하게 순교하기를 원한다. 그래야 그 순교가 하나님께 영광이 된다.

좋은 목회자가 좋은 교인을 만든다. 좋은 목회자를 양성하려면 좋은 자질을 가진 자들이 입학해야 한다. 지식과 인성이 바르지 못하면 나쁜 목회자를 만들고 그 목회자는 결국 교회를 망치는 목회자가 된다. 좋은 자질을 가진 청년들이 신학대학에 들어오게 해야 한다. 그러기 위해서는 목회자가 되려는 모든 신대원생을 장학금으로 육성해야 한다. 각 교회는 신대원생을 지원하는 일정액을 예산에 편성해서 신학대학에 보내야 한다. 신대원생을 잘 육성하는 것이 교회를 살리는 첩경이다.

# 35. 신학대학 지원대책 강화

신학대학이 위기에 빠졌다. 신학대학의 위기는 그 원인이 세 가지이다. 첫째는 목사후보원생들의 급감, 교회의 쇠퇴, 목사 위상 추락, 다양한 교회분쟁에 대한 세상 사람들의 비난 등이 그 원인이다. 둘째는 재정 부족이다. 본래부터 취약한 재정 구조를 지니고 출발했지만 그동안은 등록금, 교회지원금 등으로 근근이 유지해 왔다. 그러나 등록금 인상은 국가에서 통제하고, 교회에서 지원하는 재정지원이 끊기고, 입학생 수도 급감하면서 재정적 위기는 필연적이 되었다. 더더욱, 인건비 상승, 관리비 상승 등이 겹치면서 재정은 고갈되어 갔다. 셋째는 학교운영이사회의 비합리적 구성이다. 학교를 운영하는 주체는 이사회다. 총회는 각 신학대학에 이사를 파송할 전적인 권한을 가지고 있다. 그런데 파송된 이사들은 법적인 의결만 할 뿐, 학교 재정에는 전혀 도움이 되지 않고 있다. 4년 임기에 천만 원을 후원금을 내도록 결의했고 그 결의를 위반했을 때는 이사 자격을 상실하도록 했지만, 일단 이사로 교육부에 등재가 되면 본인 의사에 반해 사직을 할 수도 없고, 사직시킬 수도 없다. 현실은 어떤가? 이사로서 그 책임을 감당하는 사람들은 극소수이다. 임기가 4년인데 이사회에 참석한 것은 년 3, 4회 정도이다. 특히 이사 15명 중에는 5명은 반드시 교육 경력이 있는 사람으로 세우게 되어 있다. 그런데 목사, 장로 총대 중에 교육 경력자를 선택하기가 매우 어렵다. 그런 자격을 가진 사람들이 별로 없기 때문이다. 그러니 학교에서는 교육 경력자를 모시기 위해 천만 원 이사부담금을 내지 않아도 좋으니 오시기만 하시라는 청을 드리는 것이 현실이다.

한마디로 신학대학은 주인이 없다. 책임지고 학교를 운영할 주체가 없으니 이 난세에 신학대학은 재정난을 겪을 수밖에 없다. 이제 곧 신학대학은 무너질 것이다. 총회도 이를 감지하고 신학대학 통폐합을 시도하고 있는데 탁상공론이 될 개연성이 아주 높다. 일단 통폐합을 하려면 각 신학대학 동문회의 반대에 직면할 것이고, 현실적으로 교수, 직원들의 임금, 정원 문제를 합리적으로 해결해야 하며, 재단을 정리하는 데 있어서 교육부와 협의를 해야 한다. 일단 통폐합을 시작하면 적어도 10년 이상 시간이 걸린다. 그 사이 신학대학은 고사할 것이다.

그렇다면 신학대학 존폐 문제를 해결하는 방안은 없는가? 있다. 첫째 방법은 목사후보생 교육은 총회가 직접 관장하는 방안이다. 지금은 각 신학대학에 목사후보생들을 분산 위탁하여 교육시키고 있는데 앞으로는 총회가 그 후보생들을 직접 교육시키는 것이다. 이런 제도를 도입하는 데는 두 가지 어려움이 생긴다. 하나는 학사를 마련하는 일이고, 다른 하나는 학위문제를 해결하는 것이다. 그러나 해결 방안은 있다. 장로회신학대학 학사를 이용하면 된다. 학위는 다른 대학에서 얻으면 되고, 사실상 목사 되는 데 학위는 부수적인 것이지 반드시 있어야 하는 것은 아니다. 이런 제도를 실시하면 다른 6개 신학대학의 운영이 어려워진다. 대부분 6개 신학대학이 총회에서 위탁받은 목사후보생들은 60명에서 70명 이하인데 학위과정, 예를 들면 석사, 박사 과정은 6개 신학대학에서만 받을 수 있도록 하면 재정에 도움이 되고, 또 총회는 6개 신학대학 이사진 구성을 총회에서 파송하는 이사 8명 외에 각 이사회가 자율적으로 학교운영에 도움이 될 수 있는 재력 있는 분들을 이사로 영입하면 학교운영이 지금보다는 훨씬 좋아질 것이다. 책임지지 않는 이사들을 파송하면 신학대학은 운영이 되겠는가? 학교는 죽어가는데 이사만 되면 되는가? 실제적으로 학교운영에 도움이 될 수 있는 사람들을 이사로 파송해야 한다.

둘째 방법은 7개 신학대학을 지원하는 노회 그룹을 만들어 각 노회가 해마다 2,000만원 정도 대학을 지원하는 것이다. 그리고 그 노회가 한 사람의 이사를 파송하게 하는 것이다. 그러면 한 해 2억 정도의 재정을 확보할 수 있고, 나머지는 총장이 책임지고 후원금을 모집하게 하면 된다. 장로회신학대학은 규모가 커서 큰 도움이 되지 않겠지만 다른 신학대학은 년 3억 정도만 재단에 들어오면 운영이 가능하다. 이사 파송 권한을 각 노회에 위임하라. 그리고 재정적으로 도움을 줄 수 있는 사람들을 이사로 모실 수 있도록 문호를 개방하라. 총대만 이사가 된다는 제도는 시대를 역행하는 제도이다. 이제 신학대학들은 살아남기 위해 비현실적인 방법들을 동원하게 될 것이고 이런 것들이 쌓여서 적폐가 될 것이다.

마지막으로, 젊은 목사후보생들은 없고 나이 든 분들만 목사가 되겠다고 한다면 교단의 장래는 어떻게 될 것인지도 깊이 생각해 보아야 한다. 젊은 목사후보생들이 지원할 수 있는 제도를 마련해야 한다. 나이든 분들이 목사가 되겠다고 신학대학에 입학하는 현상은 나쁘지만은 않다. 노령화가 급속도로 이루어지고 있기 때문이다. 그러나 장기적으로 보고 효율성을 생각한다면 젊은 목사들도 있어야 한다. 젊은이들이 목사가 되겠다는 생각을 갖게 할 수 있는 정책의 변화가 필요하다. 총회는 탁상공론만 하다가 결국 학교를 망하게 만들 것이다. 방법을 제시했으니 당장 시행하라.

장로회신학대학 입장에서는 현행대로 신대원 후보생도 학위과정도 다 하겠다는 욕심을 부리겠지만 이는 지나친 욕심이다. 이대로 방치하면 결국 장로회신학대학도 무너진다. 다른 대학은 신대원 후보생 수가 적다. 서울장신대학교만 해도 한 학년이 50명 정도이다. 만약 서울장신대학교가 50명 전원에게 장학금을 주는 특단의 처방을 한다면 장로회신학대학 신대원 후보생이 300명이나 되는데 전액장학금으로 교육시킬 수 있겠는가? 교단의 미래를 생각하면 목사후보생들의 질이 저하되어서는 절대 안 된다. 그런데 이제 그길로 접어들었다. 목사들을 홀대한 결과 이제는 우수한 학생들이 목사의 길을 외면해버리는 현상이 가속화되고 있어 앞으로 20년 정도가 지나면 평신도들 지적 수준에도 미달되는 현상이 생기면서 목사의 지도력은 크게 흔들릴 것이다. 지적 수준이 떨어지면 경건으로 그 삶으로, 평신도들에게 존경을 받아야 하는데 이 역시 어렵다. 경건으로 목사의 길을 가겠다는 사람들은 애초부터 없다. 경건은 시대의 퇴물이다. 다시 경건주의로 되돌아가려면 목사, 장로, 교인들이 다 회개해야 하는데 교단의 힘으로 이 일이되겠는가?

# 36. 연금 개혁

　연금은 목회자의 생명을 유지해주는 줄이다. 연금이 무너지면 목회자도 무너진다. 목회자에게 가장 무서운 것은 두 가지, 교회와 연금이 무너지는 것이다. 그런데 불행하게도 목회자들은 이 두 가지가 무너지고 있다고 생각하고 있다. 연금이 이렇게 중요한 것이기에 연금을 정치적으로 이용하려는 것과, 연금을 이용하여 개인적 이익을 얻으려는 생각이나 활동은 가장 큰 죄악이다. 좀 과장해서 말하면 용서받을 수 없는 죄악이다. 그런데 지금까지 이런 죄악들이 음으로 양으로 저질러지고 있다. 그래서 대다수 목회자는 연금에 대해 불안해하고 분노하고 있다. 이제 이런 불안과 분노가 목회자에게 주어지는 일이 없어져야 한다. 그러기 위해서는 연금이 안정적으로 운영되어야 한다.

　우선, 연금을 갖고 투자하는 일에 대해 전문성이 보다 강화되어야 한다. 이사들 대부분은 목회자들이다. 목회자는 투자의 전문가가 아니다. 이사회에서 투자를 결정할 때 반드시 전문가들의 검토를 받도록 제도화해야 한다. 전문가들은 적어도 2명 이상이 되어야 한다. 그래야 전문가들의 담합을 어느 정도 막을 수 있기 때문이다. 전문가들을 초청할 때,

그 직에 상응하는 보수를 주어야 하고, 임기를 1년으로 하여 연임할 수 있게 하며 전문가들의 오판이나 고의적인 실수를 최소한으로 막아야 한다. 전문가의 임명은 이사회가 하지 말고 임원회가 하며, 임원회는 전문가들을 잘못 인선하여 연금에 손실을 끼쳤을 때는 그에 상응하는 책임을 지도록 해야 한다. 임원회에게 이런 일을 맡기는 이유는 임원들은 비교적 대형교회 목사, 장로들이고, 사고가 생기면 그 명예가 실추되어 앞으로 총회장으로 출마하는데 지장을 주므로 그나마 신중하고 객관적으로 전문가들을 선임할 수 있기 때문이다.

그다음, 사무총장을 당연직 이사로 파송하는 것을 종식시키고 그 대신 목사 부총회장을 당연직 이사로 파송하여 이사회를 감독 견제하도록 해야 한다. 목사 부총회장은 차기 총회장이 될 사람이다. 선출될 때, 연금에 대한 정책을 제시했던 사람이고, 차기에 총회장이 된다는 부담 때문에 책임감도 남과 다르게 무겁게 느낀다. 목사 부총회장은 연금이 사고 나면 총회장 승계에도 문제가 생기기 때문에 관리, 감독을 더 바르게 할 수 있다. 합리적인 견제 장치가 없으면 돈이 있는 곳은 부패한다.

그다음, 연금 이사회가 연금을 특정 단체나 회사에 투자하도록 결정을 하면 바로 임원회에 보고하고, 각 노회에 있는 가입자 대표에게 그 사실을 공지하도록 해야 한다. 투명성이 강화되어야 연금에 대한 의혹이 불식된다. 현대사회는 투명사회요, 소통사회이다. 연금이 어떻게, 어디에, 언제, 왜, 그렇게 활용되고 있으며, 현 상태가 어떤지를 가입자들은 세밀하게 알아야 한다. 가입자들을 속이거나 안심시키려는 의도가 숨겨진 그런 자료는 일종의 범죄 행위이다. 사실 그 자체가 중요하다. 앞에서 지적

했지만 목회자들은 연금에 대한 불안과 분노를 가지고 있다. 그것을 해소시키려면 총회가 연금을 지키려는 의지가 확고하다는 것을 보여주어야 한다. 그것을 증명하기 위해서 총회가 결의하거나 아니면 잠정적으로 매년 총회 예산 중 2,000만 원 정도를 연금 이사회에 납부해야 한다. 일종의 선언적 의미지만 가입자들에게는 큰 힘이 될 것이다.

그다음, 연금은 보유금액이 크면 클수록 안정적이고 효율적인 운영을 할 수 있다. 지금 법적으로는 모든 목회자가 의무적으로 연금에 가입하도록 되어있지만 실효성은 의문이다. 왜냐하면 모든 교회가 목회자 연금 가입을 지원하고 있지 못하고, 일부 교회는 교회와 목회자가 연금의 전액을 부담하기도 하지만 대부분 교회는 목회자와 교회가 반반씩 나누어 부담하고 있다. 그런데 목회자 연금은 교회가 전액 부담하는 제도로 전환해야 한다. 상당수 목회자는 연금을 반액만 부담하는 데도 어려움을 당하고 있고 일부 교회는 이를 외면하여 연금을 전혀 부담하지 못하고 있다. 연금을 내지 못하는 교회는 농촌교회나 개척교회 등인데 동반성장위원회가 이들 교회를 지원하는 보조금 내지 선교활동비를 일단 우선적으로 목회자 연금으로 지불하도록 법제화하여 모든 목회자가 연금에 들 수 있도록 해야 한다. 그래야 안정적으로 목회자 은퇴 준비가 된다. 모든 교회가 목회자 연금을 전액 지급하면 두 가지 장점이 생긴다. 첫째는 연금보유액이 급격하게 증가하여 다양하게 기금을 운영하여 실익을 극대화시킬 수 있고, 둘째는 목회자들이 은퇴할 때 위로금 문제로 교회와 목회자 사이에서 생기는 갈등을 원천적으로 막을 수 있다. 원로목사제도는 조만간 폐기될 것이지만 위로금 문제는 목회자 자신이 요구할 수도 있고 교인들이 거론할 수도 있다. 연금을 전액 교회가 지불하면 이런 갈등은 근본적으로 없어진다.

또한 가입자 총회와 연금 이사회 관계가 명쾌하게 정립되어야 한다. 가입자 회의에서 이사회를 감시, 감독하는 것은 합리적이다. 그래서 가입자 회의를 대표해서 일정수의 이사를 파견하고 있는 것이다. 그런데 가입자 회의에서 너무 많은 이사를 파견하면 감시, 감독을 하기보다는 직접 연금을 운영하는 경우가 생기고, 이사장도 가입자 회의에서 파송된 이사가 선임되기도 한다. 운영하는 자와 감시하는 자는 구별되어야 한다. 앞으로 가입자 회의에서 파견된 이사는 이사장이 되지 못하도록 법제화해야 하고, 파송 이사도 그 수를 제한해야 한다.

연금제도에 대한 일반 목회자들의 불안과 분노를 잠재우기 위해서 로비스트들에 대한 엄격한 감시와 통제가 필요하다. 연금을 어떤 단체, 회사에 투자하느냐, 누가 대표로 있는 단체나 회사에 투자하느냐 하는 것은 매우 중요하다. 잘못 투자하면 수백 억을 날릴 수 있기 때문이다. 이 과정이 투명해야 한다. 그러기 위해서 목회자들이 끼어있는 단체는 투자하지 말아야 하고, 목회자들이 투자 알선을 하지 못하도록 해야 한다. 목회자들 중에는 연금 투자를 위해 유령회사 내지 불량회사를 만들기도 하고, 투자 알선을 위한 로비스트 역할을 할 수도 있기 때문이다. 그러므로 이를 차단해야 연금 운영의 공정성이 확립된다.

마지막으로 이사로 활동하려는 사람들에게 지급되는 각종 수당이나 활동비는 공개되어야 하고, 이사로 취임할 때는 일정한 재정, 신원보증을 해오도록 해야 한다. 그래야 이사들의 활동에 대한 목회자들의 신뢰성을 확보할 수 있고 가짜 뉴스나 유언비어가 차단된다.

연금재단에 대한 총회의 통제력을 강화해야 한다. 그러기 위해서 총회 개회 시 연금재단 보고서는 충분한 시간을 갖고 질의응답을 하도록 배려해야 한다. 재단 측에서는 연금재단 보고를 간단하게, 짧은 시간에 하고 총대들의 질의도 가능하면 없었으면 하는 심리가 있을 수 있다. 그러다 보면 사회자와 공모해서(?) 또는 총대들 중에 유력한 자들을 포섭해서 마치 군사작전 하듯. 속도전을 해버리는 가능성이 있다. 비합리적인 방법이기는 하나 사안이 중대하기 때문에 연금재단 보고는 최소 한 시간 이상 의무적으로 시간 배당을 해서 자세하게 보고하게 하고, 자세하게 질문할 수 있도록 법제화해야 한다. 이런 제도가 마련되면 충분한 시간이 주어지기 때문에 연금재단에 대한 총회의 통제력은 강화되며 시중에 돌아다니는 유언비어에 대해 총대들이 질의할 수 있고 재단 측은 상세하게 보고하여 총대들의 신뢰를 얻을 수 있다. 모두에게 유익한 제도이다.

제도의 변화는 그것이 합리적이냐 비합리적이냐를 따지기 이전에 그 사안이 중요하냐 중요하지 않느냐를 더 생각해야 하고, 누구에게 유익이 되느냐를 먼저 판단해야 한다. 연금은 목회자는 물론 총회의 운명을 결정하는 가장 큰 사안이다. 다른 사안들과 같은 반열에 놓고 생각하면 안 된다. 연금재단 이사들은 이사 이전에 목회자요 총회 구성원 중 한 사람이라는 경각심을 갖고, 연금재단을 위해서가 아니라 목회자들과 총회를 위해 일한다는 각오를 가져야 한다. 사리사욕을 버려야 한다는 것이다.

# 37. 연합사업에 대한 인적 지원 강화

연합사업을 해야 하는 이유는 자명하다. 연합단체는 한 교단의 힘으로 할 수 없는 일들을 여러 교단이 합심해서 공동으로 추진하여 좋은 열매를 맺겠다는 취지로 결성된 모임이다. 그런데 한국교회 연합사업의 핵심축은 우리 교단이다. 우리 교단이 그 역할을 잘하지 못하면 연합사업은 좋은 결과를 내놓지 못한다. 연합사업은 크게 두 가지 영역에서 이루어져야 한다. 한 영역은 한국교회가 가지고 있는 여러 문제를 효율적으로 해결하려는 노력이다. 각 교단은 나름대로 교리와 직제를 가지고 있다. 그것을 간섭하는 일들을 할 수는 없다. 그러나 목회자의 자질 문제, 교단 간의 불필요한 경쟁, 교회 절기 예배의 공동 주관, 각 교단이 교세 별로 출연하여 세워지는 봉사 단체 구성과 활동 등을 함께 토의하면서 공동선을 만들어 가는 것이고, 다른 하나는 사회적 영역으로 사회문제에 대한 공동의 의견 수렴, 국가 정책에 대하여 성경적 입장에서의 비판, 수용, 지지 등을 논의하여 실천하는 것이다. 빛과 소금 역할을 주님이 당부했는데 이는 교인 개인에게만 요구하는 명령이 아니라 교회와 연합단체에게도 명하시는 당부이시다. 정교분리 원칙을 준수하되 반성경적인 정책을 국가나 사회단체가 추진한다면 이를 비판하고 심지어는 저항하는 일들도 해야 한다. 전도는 개인이 하는 전도도 있지만 공동체가 하는 전도도 있다. 사회문제에 대한 바른 비판과 수용, 지지 등을 하면 일반인들이 교회에 대한 인식이 매우 긍정적이 되어 전도도 된다.

사실 오늘의 연합사업은 지지부진하다. 유력인사들에게 자리를 배정하는 것이 고작이고 부활절 연합예배 드리는 정도가 전부이다. 연합사업이 분열되는 경우도 생기는데, 이때 교단의 자세가 매우 중요하다. 교단이 중심이 되어 하나로 통합시키는 일을 주도적으로 해야 한다. 분열되면 힘이 소진되어 긍정적인 결과를 만들어 내지 못한다. 그러나 이단과의 연합사업은 불가능하다. 하나 되는 것은 중요하나 이단과 하나가 되어서는 안 된다. 연합사업은 일반적으로 총회장 내지 증경총회장들이 대표로 파송되는데, 이는 다른 교단과 형평성을 맞추기 위해 필요한 조치이다.

문제는 연합사업 각 부서에 젊은 목회자들이 없다는 것이다. 젊은 목회자들이 참여하지 않는 단체는 역동성이 없고 미래지향적이지 못하다. 총회장들이 하나가 되는 것보다 젊은 목회자들이 하나가 되는 것이 현장성이 높다. 그러므로 연합사업에 대표를 보낼 때는, 젊은 목회자들을 많이 보내야 한다. 경우에 따라서 투쟁해야 할 때 젊은 목회자들이 없으면 동력은 크게 상실된다. 각 교단 총무들이 연합사업을 주도하고 있는데, 이는 구조상 어쩔 수 없다 해도 각 위원회에는 젊은 목회자들이 많이 있어야 한다는 것이다. 젊은 목회자들이 없으면 행동대가 없는 조직이 되어 머리는 있으나 팔, 다리가 없는 괴물이 되고 만다.

앞으로 연합단체는 개방성을 지녀야 한다. 즉 목회자뿐 아니라 평신도들도 참여할 수 있는 단체로 발전해야 한다는 것이다. 장기적으로 장로 수도 급격하게 줄 것이다. 안수집사, 권사, 집사들의 참여 없이는 아무것도 할 수 없는 시대가 10년 안에 올 것이다. 사람들은 연합단체에서 어떤 결정을 하면 각 교단이 이를 따르고, 교단이 목회자들과 교인들에게 명하면 목회자나 교인들이 다 따라올 것이라는 도식적 생각을 갖고 있는데, 이는 허구다. 대다수 목회자는 연합단체에 관심이 없다. 교인들은 더욱 없다. 일부 목회자들과 교인들은 연합단체에 대해 비판적이다. 교인들을 단체로 끌어들여야 활기 있는 연합단체가 된다. 앞으로 모든 연합단체는 재정적 위기를 당할 것이다. 교단 분담금으로 충당하기는 어려울 것이다. 교단 자체가 재정이 어렵기 때문이다. 교단 운영도 어려운데 연합단체에 줄 보조금이 충분하겠는가? 기금을 모으기 위해서도 젊은 목사, 교인들이 연합단체에 모여들어야 한다. 교인들의 협조 없이 교회도, 교단도, 연합사업도, 아무것도 못하는 시대가 올 것이다. 지금은 권위주의 시대가 아니라 가치지향 시대이고, 참여주의 시대이기 때문에 젊은 목회자들을 통해 교인들의 협조를 얻는 길을 모색해야 한다.

# 38. 예배당 개념의 변화

교회와 교회당 내지 예배당은 다른 개념이다. 교회는 부름받은 교인들의 공동체라는 의미이고, 교회당은 성전이라는 개념이다. 성전에서 이루어지는 신앙 행위의 핵심은 예배를 드리는 것이다. 그래서 예배당이라고 불렀다. 성전에서 드리는 예배야말로 바르게 신앙생활을 하려는 사람들에게는 중요한 신앙생활이다. 그래서 성전은 웅장해야 하고 아름다워야 하며, 예배드리는 데 편해야 한다는 생각을 지금까지 목회자도 교인들도 해왔다. 예배당이 커야 교회가 성장한다는 생각도 했다. 그래서 목회자들이나 일부 교인들은 무리하게 은행 빚을 내서 큰 성전을 건축해 왔다. 일부 교회는 성공하기도 했다. 그러나 이제 세상은 변했다. 다수 교인의 생활 편의를 위해 1, 2, 3부 등으로 예배시간이 다양화되어 교인들이 분산됨으로 큰 교회당의 필요성이 없어졌다. 또한 교인의 예배 참여 수가 줄어들기 시작했다. 재적 교인 수는 큰 변함이 없으나 예배 출석 교인 수가 줄어들었다는 것이다. 성수주일 하는 교인들이 감소하면서 큰 예배당은 쓸모가 없어지게 되었다. 특히 코로나 이후 화상 예배가 일반화되면서 큰 교회당은 더욱 그 효율성이 떨어졌다. 앞으로 이런 경향은 더 가속화될 것이다.

큰 예배당은 교회 성장이나 운영에 큰 부담이 되고 있다. 코로나 이후에 계속 줄어들 헌금 때문에 은행 빚이 있는 교회는 심각한 재정 압박을 받게 될 것이고, 결국 교회당을 경매해야 하는 비참한 지경에 놓이게 될 것이며, 그 빚을 갚기 위해 다른 사업을 하지 못하게 되면서 교회는 몰락하게 될 것이다. 관리비는 증가되면서 재정 압박은 더욱 가속화될 것이다. 교육용 시설도 장차 학생 수가 감소되면서 그 필요성이 줄어들게 되어 교회를 힘들게 할 것이다. 앞으로 교회도 재산세를 물게 될 날이 올 것이다. 교육 사업을 하는 학교 법인도 재산세를 내게 되는데, 교회도 장차 각종 세금을 내야 하는 지경에 처할 것이다. 생각해 보라. 교인 수는 감소되고 헌금도 줄어들며, 은행 이자는 갚아야 하고, 각종 세금도 내야 하는 경우 큰 예배당은 교회를 무너지게 하는 짐이 될 수 있다. 이런 점을 염두에 두고 앞으로 성전 건축은 자제해야 하고, 꼭 필요한 경우에는 작은 예배당에 넓은 주차장을 만들려는 노력을 해야 한다. 이제 허세는 버려야 하고 예배당이 커야 교회가 성장한다는 고정관념을 버려야 한다. 큰 예배당보다는 아름다운 예배당, 교회학교를 위한 건물 구조보다는 지역 주민들에게 개방하여 그들의 필요성을 채워주고 지역 주민들이 편하게 접근하여 이용할 수 있는 건물구조를 만들어야 한다. 작은 예식장으로 사용할 수 있는 건물, 작은 도서관, 아이들 놀이방, 주부들이 쉴 수 있는 공간, 커피숍, 세미나 방 등등이 필요하다.

하나님께 예배하는 공간과 인간을 위한 공간으로 나누어 적절하게 배치해야 한다. 이제 교회는 지역사회와 함께 가야 한다. 한국 사람들은 작은 것보다 큰 것을 선호한다. 무엇이든지 커야 한다고 생각한다. 큰 것은 웅장하기는 해도 아름답지 못할 수 있다. 인류 문명은 보다 편하게, 보다 즐겹게, 보다 아름답게, 이런 세 가지 방향으로 진보해 왔다. 교회건물도 교인들을 편하게, 교인들을 즐겁게, 교인들이 아름답다고 느낄 수 있도록 재구성해야 한다. 지나치게 큰 교회건물, 지나치게 작은 교회건물은 먼저 무너진다. 교회건물에 욕심을 내서는 안 된다. 교회 건물에 대한 개념이 변해야 한다. 앞으로 다양한 형태의 교회들이 생겨날 것이다. 직장 교회, 생활형 교회, 선교형 교회, 영상 교회 등이 생겨나면 예배당 개념은 혁명적으로 변할 것이다. 기존 예배당 개념이 아닌 세속형 교회 개념이 생긴다는 것이다. 예를 들면 평일에는 식당으로 사용하다가 주일이 되면 예배당으로 변하는 일들이 생긴다는 것이다. 이미 주님은 사마리아 여자와의 대화에서 예배에 있어서 공간 개념은 강조하시지 않았다. 그리심 산도 아니고 예루살렘도 아니라고 말씀하셨기 때문이다. 예배는 영과 진리로 드리는 것이 중요하다.

그렇기 때문에 이제 예배당 개념도 변해야 한다. 불길한 예언 같지만 앞으로 50년이 못 돼서 지금 대형교회 예배당은 교회를 무너지게 만드는 골치 아픈 건물이 될 것이다. 교인은 줄고 관리비는 늘고, 그런 교회를 유지할 수 있는 교회는 과연 몇이나 될까? 이제부터 대형교회들은 예전의 영화에 교만하지 말고, 어두운 미래를 예상하면서 장기적으로 대책들을 강구해가야 할 것이다. 역사를 보라. 로마도 망하는데 대형교회에 어려움이 닥치지 않겠는가? 그러나 아직은 시간이 좀 남아있다. 침착하게 자구책을 강구하면 피해를 줄일 수 있을 것이다. 크든 작든 예배당은 예배를 드리기 위한 거룩한 공간이다. 예배당이니까 거룩한 공간이 되는 것이 아니라 예배를 드리니까 거룩한 공간이 되는 것이다. 앞으로 길거리에서 예배를 드리면 그 길거리도 예배당이 되는 때가 올 것이다.

# 39. 원로목사, 원로장로 제도 폐지

원로목사 제도는 아름다운 제도이다. 한 교회에서 20년을 하나님과 교인들을 섬긴다는 것은 매우 어려운 일인데, 그 모든 난관을 인내로 견디면서 사역을 잘 감당한 담임목사를 예우해서 원로로 모신다는 것이 얼마나 아름다운가? 그런데 이제 상황이 변했다. 원로목사 제도는 과거 유교적 사고에서 나온 것이고, 당시 교인들은 순박하고 인정이 있으며 공동체 의식이 강했는데 이제 세월이 흐르다 보니 서구화되어 교인들도 개인주의화 되어버렸다. 인정보다는 모든 것을 합리적으로 생각하는 습관들이 몸에 배었고, 사회 전반의 흐름에 익숙해져서 교회도 사회처럼 되어야 한다는 의식이 강해졌다.

원로목사 제도가 교회에 여러 가지 어려움을 가져다주는 제도라는 인식이 강해서 이 제도를 폐지해야 한다는 교회 여론이 높아졌다. 문제의 핵심은 돈이다. 헌법에 원로목사로 예우하면 사례비 50%를 예우비로 매달 드려야 한다는 규정이 있다. 심지어 어떤 목사는 살 집을 마련해 달라는 요구도 한다. 돈과 연결된 일은 잡음이 생기게 마련이다. 일반적으로 돈에 대한 교인들의 생각은 각각 다르다. 왜 드려야 하느냐 반문하는 교인도 있고, 그동안 수고했는데 드려야 한다고 주장하는 교인도 있다. 드린다면 얼마나 드려야 하느냐에 대한 논쟁도 있을 수 있다. 그러니 예우비에 대한 객관적 기준을 정할 수 없어 갈등이 생긴다. 교회를 개척한 분이 은퇴하는 경우는 더 심각하다. 일반적으로 교회를 개척한 목사는 자기 전 재산을 드려 교회를 개척하는 경우가 많다. 전 재산을 드려 교회를 세우고 교회를 부흥시켜 은퇴하게 되었는데, 교회가 그 희생을 외면한다는 것은 일종의 배반이다. 일부 교인들은 하나님께 드렸으니 하나님께 받아야 한다고 주장하기도 하는데 이것도 일종의 비약이다. 퇴직금을 드리지 않았느냐 그리 주장하는 교인도 있겠는데 퇴직금은 법적 개념이지 수고한 것에 대한 교회의 신앙적 예우는 아니다. 이런 어려움이 있기는 해도 지금까지 교회는 은퇴하는 분을 원로로 모시고 그 예우를 아름답게 해왔다.

그런데 이제 상황이 달라졌다. 첫째, 교회가 쇠퇴하면서 재정적으로 어려워졌다. 앞으로 더 어려워질 것이다. 원로목사를 예우할 여력이 없어진다는 것이다. 둘째, 세금 문제가 변수로 생겼다. 예전에는 목사들이 세금을 내지 않았다. 그러니 원로를 예우하는 사례에 세금이 붙지 않았다. 그러나 지금은 붙는다. 고액의 증여세가 붙는다는 것이다. 증여세는 받는 쪽이 부담해야 하는데, 받는 목사들은 증여세를 내는 것이 불편하고 교회는 증여세까지 교회가 내야 하느냐 하는 반론이 생길 수도 있다. 이런저런 일로 인해 원로목사 제도는 교회 갈등의 원인을 제공하고 있다. 그러니 아쉽지만 폐지해야 한다.

그러나 교회를 개척한 목사에 대해서는 깊이 생각해 보아야 한다. 만약 교회를 개척한 목가가 은퇴할 때, 교회가 그 노후를 책임지지 않게 되면 앞으로 누가 자기 재산을 들여 교회를 개척하겠는가? 은퇴할 때 교회가 노후를 책임지지 않게 되면 그 목사는 시무하는 동안 자기 노후를 준비하기 위해 교회 재정에 간섭하고 유용하고 결국 사유화하려는 욕심을 갖게 되면서 교회는 망하게 된다. 심지어 개척한 교회의 부동산을 자기 이름으로 등기해서 은퇴 후, 자기 것이라고 주장하게 되면서 법정 싸움이 벌어지게 된다. 교회 이름으로 등기하지 않으면 노회 가입을 허락 하지 않는다고 주장하는 사람들도 있는데, 이는 별 의미가 없다. 앞으로 노회에 가입하지 않으려는 목사들이 더 많이 생길 것이다. 노회에 가입해 보아도 별 유익이 없다고 생각하기 때문이다. 노회는 어느 정도 규모 있게 개척한 교회에 대해 어떤 힘도 작용할 수 없다. 앞으로 우리나라도 독립교회들이 늘어날 것이다. 그러므로 전 재산을 들여 교회를 개척한 목사들에게는 그 노후를 보장해 주는 제도가 필요하다. 그래야 개척교회가 더 많이 생겨나고 교회 사유화를 막을 수 있다. 어느 정도 보상해 주어야 하는가에 대한 합리적 접근도 필요하다. 개척한 목사가 평생 그 교회에 헌금한 액수가 얼마인지 통계를 내보면 그 기준을 정할 수 있을 것이다. 물론 이런 제도도 그 교회가 성장해서 개척한 목사를 예우할 능력이 있을 때 가능하다. 교회를 팔거나, 빚을 내면서 이런 일을 할 수는 없다.

그렇다면 은퇴하는 목사들의 노후는 어떻게 보장되어야 하는가? 일단은 총회연금에 가입하고 국민연금을 들어야 한다. 이 두 가지만 계획적으로 잘하면 퇴직금과 합해 노후를 조금 여유 있게 살 수 있을 것이다. 문제는 거주할 집인데, 20년 이상 목회하고 은퇴할 때 집이 없으면 참 곤란

하게 된다. 이 경우 목회자는 노후에 거주할 집을 마련하기 위한 장기계획을 세워 준비하고, 교회는 집을 마련하는데 적당한 금액을 보태주는 인정을 베풀면 될 것이다. 도심에 집을 마련한다면 어렵겠지만 도심을 약간 벗어난 준도시 또는 농촌으로 내려가면 적당한 집을 마련할 수 있을 것이다.

원로목사 제도를 폐지해야 하는 또 하나의 이유는 원로목사가 후배 담임목사의 목회에 간섭하고 지시하고 심지어 담임목사를 몰아내려는 일을 하기 때문이다. 아주 예후가 좋지 않은 경우이다. 과거가 현재를 지배하는 것은 바른 모델이 아니다. 물론 담임목사가 교회에 문제가 생겨 원로목사를 찾아가 상담하거나 지혜를 구하는 일은 가능하다. 아름다운 일이기도 하다. 그러나 오늘의 현실은 그렇지 않다. 간섭하고 지시하고 문책하고 몰아내려는 일을 하는 경우가 종종 있다. 물론 원로목사 제도를 폐지한다고 해서 이런 일들이 없어지지는 않겠지만 명분이 없기 때문에 그 강도는 현저하게 줄어들 것이다. 목회는 현재의 담임목사가 주도하고 그 결과에 대한 책임도 져야 한다. 그래야 교회가 성장한다. 원로목사 제도를 폐지한다면 당연히 원로장로 제도도 폐지해야 한다. 그것이 합리적이다.

# 40. 위임제도 폐지

위임제도는 필요한가? 필요하다. 담임목사의 신분이 안정되어야 장기적인 안목으로 목회 계획을 세워 교회를 섬길 수 있기 때문이다. 담임목사는 성직이기는 하지만 동시에 거룩한 직업인이다. 위임제도가 없으면 노후가 안정이 안 된다. 현실적으로 50이 넘으면 목회지를 옮기기가 어렵다. 그러나 지금 이 위임제도가 교회성장에 큰 장애가 되고 있다. 물론 일부지만 위임을 받고 나서도 더 좋은 교회가 생기면 그 교회로 옮겨가 버리는 목사들이 많이 생겨나고 있다. 위임이란 교인들이 정년까지 교회를 섬겨주십시오 하는 일종의 계약이다. 그런데 목사들이 자기 이익을 위해 위임제도의 뜻을 파기하고 있으니 위임제도가 이제 필요 없게 되었다. 이 제도는 교인에게 배신감을 갖도록 하는 제도가 되고 있다.

또한 위임제도는 그 뜻이 악용되고 있다. 이 역시 일부 목사에게 한정되기는 하지만 그 파장은 매우 크다. 교회가 분쟁이 생겨 교인과 위임목사 사이에 갈등이 생기면 이를 합리적으로 신앙적으로 해결하려고 하지 않고, 위임목사들이 상상도 못할 금액을 교회에 요구해서 교인들로 하여금 큰 시험을 받게 하는 사례가 종종 생기고 있다. 위임목사니까 강제로 퇴출시킬 수 없으니 더 많은 돈을 주면 나가겠다는 비목회적인 요구를 하는 경우가 생긴다는 것이다. 참으로 슬픈 일이다.

더구나 이 위임제도 때문에 교회에서는 담임목사를 청빙해 놓고 위임을 시키려고 하지 않으려는 경향이 생겨 교회 갈등의 또 다른 원인을 제공하고 있다. 위임을 시키려는 쪽과 그 반대의 세력들이 싸움하게 되면서 교인들을 갈라놓고 교회를 시끄럽게 만들어 결과적으로 교회 쇠락의 길을 걷게 하는 일들이 생겨나고 있다. 분명 위임제도는 장점이 있다. 그러나 단점이 더 많다. 단안을 내려야 한다. 장로 7년 단임제를 실시하려면 목사들도 위임제도를 내려놓아야 한다. 목사들이 자신의 안위를 위해 위임제도를 붙잡고 있으면 긴장을 덜한다. 지도층이 긴장하지 못하면 공동체는 결국 망한다. 이 위기의 시대에 교회를 살리려면 목사나 장로는 기득권을 내려놓아야 한다.

만약 목사들이 위임제도를 내려놓지 못한다면 다른 대안은 있다. 일단 위임을 받으면 어떤 경우를 막론하고 다른 교회로 갈 수 없다는 법적 장치를 해 놓아야 한다. 최근에는 국가가 교단 헌법보다는 개 교회의 정관을 우선적으로 인정하기 때문에 교회 정관에 당회와 제직회의 요청으로 공동의회에 신임을 물어 과반의 찬성을 얻지 못하면 자동 해임되는 것으로 정하면 된다. 물론 그 사유를 구체적으로 적시해야 하고 노회에 통고를 한 후에 투표를 해야 한다. 교단 헌법도 위임제도를 인정하되 위임목사 해임도 인정하는 헌법 개정을 해야 한다. 결국 위임제도 폐지나 장로 7년 단임제는 교회 지도층이 나태하고 자기 위주로 그 권한을 악용하는 것을 막고 교회 성장 동력을 제도적으로 뒷받침하자는 것이다.

다시 생각해 보자. 교인들에게 신임을 얻지 못한 위임목사가 어떻게 목회를 할 수 있단 말인가? 목사가 직업으로 어쩔 수 없이 자리매김되는 이 시대에 대세를 역행할 수는 없다. 깨끗이 던져야 한다. 물론 일부 교인들이 소신 있게 목회하는 목사를 몰아내기 위해 작당을 하고 일부러 목사를 괴롭히는 것은 철저하게 막아야 한다. 그러기에 노회의 허락 없이는 담임목사든 위임목사든 그 신분이 보장되어야 한다. 최고의 신분보장은 스스로 부끄러움 없이 목회에 전념하는 것이다.

우리나라는 법치국가이고 교회도 법치에 따라 치리된다. 목사들이 법을 지키면서 목양에 전념하면 일부 교인들의 잔인한 만행에도 그 지위를 유지할 수 있을 것이다. 대다수 교인은 그래도 양식 있는 교인이기 때문이다. 이 경우 목사를 억울하게 한 교인들은 그 죄에 따라 엄격하게 권징해야 한다. 목사는 매사를 은혜로만 해결하려고 해서는 안 된다. 정도가 심한 악행 교인은 노회를 통해, 사회 재판을 통해 문책해야 한다. 일부 교인이기는 하지만 목사는 사법적 대응을 하지 못할 것이라는 판단으로 도를 넘게 목사를 핍박하는 사례가 있다. 이 폐단도 이제는 끝내야 한다. 위임제도를 과감히 포기하고 장로 단임제를 실시해야 이 위기를 극복하는 제도적 개혁이 된다. 모두 기득권을 내려놓아야 한다. 그래야 산다.

# 41. 인간 이해의 변화

목회는 교인을 상대로 한 거룩한 행위이다. 목회의 축은 하나님과 인간이다. 목회자는 일단 하나님의 뜻을 알아야 한다. 동시에 인간도 알아야 한다. 사실 하나님과 인간을 완전히 이해한다는 것은 불가능하다. 하나님은 전적 타자요, 인간은 신이 만든 수수께끼이다. 그러나 목회자는 최선을 다해 하나님과 인간을 알아야 한다. 그 노력이야말로 고통이요 고독이요 고난이다. 그래서 아무나 목회자가 될 수 없고 되어서도 안 된다. 어느 정도 하나님을 아는 길은 있다. 성경이 있기 때문이다. 그러나 인간을 아는 길은 그리 단순하지 않다. 인간을 알려면 일단 자신을 알아야 한다. 그리고 이웃을 알아야 한다. 그런데 그 정도로는 인간을 알 수가 없다. 하나님의 얼굴은 하나지만 인간의 얼굴은 수백이다. 인간의 생각, 느낌, 행동, 성격, 가치, 죄의 형태, 죄를 극복하려는 방법, 다양한 인간관계, 상황에 대한 인식과 대처, 흥미 등등 실로 많다.

그래서 목회자는 인간을 이해하기 위해서는 다양한 인문학적 지식을 통해 간접적으로 인간을 경험함으로 인간을 구체적으로 알아야 한다. 물론 성경을 통해서도 인간을 알 수 있다. 그러나 성경의 인물들은 구속사적 입장에서 필요한 인간 유형들이다. 성경과 인문학을 조합해야 인간을 알 수 있다. 그렇다면 인간이란 과연 어떤 존재인가? 인간은 이기적 존재이다. 아담의 타락은 그 이기심 때문에 발동이 되었다. 최초의 살인 사건 즉 가인의 살인도 이기심에서 시작되었다. 성군 다윗의 타락도, 지혜의 왕 솔로몬의 무너짐도 그 이기심 때문이었다. 성경은 성령의 9가지 열매를 언급할 때, 절제를 최후의 덕목으로 강조했다. 절제가 없는 그 모든 덕목은 결국 무너진다. 절제란 자신의 마음속에 숨어있는 이기심이라는 독을 통제하는 능력이다. 인간이 신앙을 갖는 것도 그 이기심 때문이다.

인간은 자신에게 유익이 있다고 생각하기 때문에 신앙생활을 한다. 그런데 그 유익이라는 것은 시대에 따라 사람에 따라 상황에 따라 변한다. 예전에는 자식이 있어야 자신에게 유익이 있다고 생각했지만 지금은 아니다. 자식 없는 사람들이 늘어난다. 행복한 결혼(?)을 해야 자신에게 유익이 있다고 생각했지만 지금은 이 역시 아니다. 결혼을 포기하는 사람들이 많아지고, 이혼한 사람들도 늘어나고 있다. 무엇이 인간에게 유익이 되는가를 목회자는 깊이 통찰해야 한다. 그렇다고 해서 자식이나 행복한 결혼을 무시하거나 외면하거나 포기해서는 안 된다. 그런 것들은 공동체 유지에 반드시 필요한 것이기 때문이다. 중요한 것은 인간의 처한 다양한 상황을 이해하면서 가치 지향적인 방향으로 교인들을 인도해야 한다는 것이다. 모세가 후계자 여호수아에게 좌로나 우로나 치우치지 말라고 당부했다. 좌는 무엇이고 우는 무엇인가? 개인과 공동체, 본질과 상황, 주자학 용어로 말하면 이와 기이다.

지금까지 한국교회는 개인의 이기심을 충족시키는 설교들을 해왔다.

기복주의이다. 그러다 보니 교인들이 이기주의와 개인주의 신봉자들이 되었다. 이런 식으로 계속 가면 교회는 무너진다. 교회는 개인이 아니라 공동체이기 때문이요, 교회의 유지는 자신의 이익을 줄이면서 자기희생을 하는 사람들이 있어야 가능하기 때문이다. 현대인은 전통적으로 유익이 되는 것들보다는 자신 주체성을 살리는 것들을 더 선호하고, 돈이나 명예, 권력보다는 보다 즐겁게, 보다 편하게, 보다 아름답게 살려는 경향이 강해지고 있다. 인간은 변하는 존재이고 그 변화의 방향은 각각 다르다.

이제 인간은 통제받는 존재도 아니고 협박이나 공갈에 넘어가는 존재도 아니다. 그 어떤 영웅도 인간을 지배할 수 없다. 인간은 영웅을 만들고 적당한 때가 되면 영웅을 버린다. 목회자가 영웅이 되는 시대는 지나갔다. 목회자는 영웅이 되려고 하지 말아야 한다. 목회자들은 교인들도 인간이라는 것을 알아야 한다. 제아무리 오랜 세월 신앙생활을 했다 해도 자신의 유익이 침해당하면 돌아서 버리는 존재인 것을 알아야 한다.

목회란 교인과 이론으로, 감정으로, 머리로, 가슴으로 싸우는 것이다. 때로는 협상하고 타협하며 달래고 내몰며 이기기도 하고, 지기도 하는 최고의 전쟁이다. 손자가 말했다. 적을 알고 나를 알면 전쟁에 승리할 수 있다고. 교인들을 새롭게 이해해야 한다. 옛날식으로 교인들을 이해해서는 필패한다. 특히 교회 여론을 주도하는 사람들에 대해서는 한 사람 한 사람 맞춤형으로 알아야 한다. 그들의 성격, 지식 정도, 사회활동, 심리현상, 경제적 형편, 학력, 가정환경, 능력, 가치, 신앙유형 등등을 알아야 한다. 그들은 목회자의 동지이면서 적이 될 수 있는 사람들이다. 동지가 되었을 때 평생 동지가 될 수 있도록 관리해야 하고, 적이 되었을 때 친구로 만드는 관리 기술이 필요하다. 목사는 운명적으로 교인과 싸워야 할 때는 칼을 뽑는 용기도 필요하다. 목사에게 가장 유용한 칼은 두 가지가 있다. 하나는 법에 근거한 행정이고, 다른 하나는 직접 당신 때문에 내 목회가 어렵다고 말하는 것이다.

이제 목사들에게 인간을 이해하는데 도움이 되는 각종 자료들을 만들어 목사들을 도와야 한다. 책자를 만들고 기독공보를 통해서, 기독교방송국과 제휴하여 인간 이해에 도움이 되는 내용을 제작하여 정기적으로 방송함으로, 목사 재교육을 통해서 이를 세부적으로 실천해야 한다. 인간을 모르고 인간을 치유한다, 안내한다, 설교한다, 교육시킨다, 돌본다, 문제를 파악한다, 상담한다 이게 말이 되는가? 그동안 교인들은 순진했다. 그러나 이제는 아니다. 그들은 목사보다 똑똑하고 지혜롭다. 눈치도 빠르고 임기응변도 잘한다. 교인들을 무조건 무시하거나 믿으면 큰 낭패를 당한다. 교인을 알아야 한다. 그래야 목사는 목회를 할 수가 있다. 사랑하면서도 경계해야 한다. 믿으면서도 방어책은 마련해 둬야 한다. 교인들에게 요구를 하되 무리한 요구를 하지 말아야 한다. 선배 목사들은 후배들에게 이렇게 말한다. 목회는 "인간관계야" 인간관계를 잘 하려려면 인간을 이해해야 된다.

# 42. 장로, 안수집사, 권사의 임직 방법의 변화

교회가 어려우면 누가 교회를 끝까지 지킬까? 대부분 사람은 담임목사라고 대답할 것이다. 당연한 대답이고 마땅히 그래야 한다. 그러나 이 질문에 대해 인문학적 대답을 하라고 하면 담임목사는 그 역할을 끝까지 할 수 없다. 왜냐하면 담임목사는 신앙적으로 보면 성직자이지만 인문학적으로 보면 생활인이기 때문이다. 목회자가 성직자임에는 틀림없다. 그러면서도 가정을 갖고 있고, 처자식들이 있다. 남편으로서, 아버지로서 감당해야 할 책임이 있다. 교회가 어려워지면 목회자는 생활을 위해서 이직이나 다른 교회로 이적을 하려는 생각을 갖게 된다. 기회가 주어지면 이직이나 이적을 하는 것은 당연하다. 이를 비난해서는 안 된다. 이런 의미에서 교회를 끝까지 지켜야 할 사람들은 항존직, 즉 장로, 권사, 안수집사들이다. 교회를 성장시키는 데는 목회자의 비중이 상대적으로 크지만 교회를 지키는 데는 항존직의 역할이 상대적으로 더 크다. 그런 의미에서 항존직 임직은 교회 흥망에 큰 영향을 준다.

한국교회는 나름대로 항존직을 세우는 데 일정한 기준을 갖고 있다. 장로는 노회의 허락을 얻어 공동의회에서 2/3 찬성으로 선출하고 노회고

시에 합격한 후 임직한다. 그런데 교회에서 장로로 선택을 받으려면 헌법에 명시적인 자격 기준을 정해 주어야 한다. 성경적 원리는 이미 사문화되었다. 보다 구체적인 자격 기준을 적시해 주어야 한다. 십일조, 성수주일, 교회 행사 참여도는 반드시 강화해야 한다. 5년 동안 십일조 생활은 필수이고, 성수주일을 적어도 년 2/3 정도는 출석해야 하며, 교회행사 참여도는 1/2 이상이어야 한다. 장로 선거 때, 신앙경력, 학력, 사회활동 등도 교인에게 알려주어야 한다. 장로후보자에 대한 기본적인 정보도 모르고 장로를 선택한다는 것은 이제 시대착오적 발상이다. 교인들은 장로 후보자들에 대해 알 권리가 있다. 흔히 교인 중에는 교회에서 장로가 되는 데 학력이나 사회활동 경력이 왜 필요하냐고 반문하기도 하겠지만 교회는 신앙공동체면서 동시에 사회공동체이다. 특히 장로는 담임목사와 더불어 목회를 협치하는 사람이고, 교회의 각종 정책을 결정하는 역할을 하는 사람인데, 무지하거나 사회경력이 없거나 사회에서 인정받지 못하는 행동을 한 사람을 선출할 수는 없다.

장로는 봉사직이지만 말이 봉사지 나름대로 권력(?)을 행사하려는 장로들도 있고, 교인 중에는 장로를 권력자(?)라고 보는 사람들도 한국교회 안에는 있다. 교회 안에서 당회의 역할을 막중하다. 따라서 당회원인 장로의 역할도 막중하다. 어떤 사람이 장로가 되느냐가 곧 그 교회의 운명을 결정할 수 있다. 그러기에 장로 임직은 구체적 기준을 정해 엄정하게 해야 한다. 교인으로서 의무를 바로 감당하지 못한 자는 절대 장로로 임직시켜서는 안 된다. 그 교회에서 오랫동안 신앙생활을 했다거나, 담임목사와 가깝다거나, 교회 내 파벌이 지원하고 있다거나 나이가 많다거나 등등, 인정이나 세속적 기준으로 장로를 선택하면 그 교회는 반드시 어려운 상황에 처하게 된다.

권사나 안수집사 임직은 장로 임직보다는 그 기준을 완화해서 신앙경력 중심으로 교회 나름대로의 기준을 정해 선출해야 하겠지만, 십일조와 성수주일 책임을 잘 감당하는 교인 중에서 임직시켜야 한다. 그런데 임직 전에는 반드시 철저한 교육을 받아야 하며, 그 교육은 지교회의 담임목사가 해서는 안 된다. 담임목사는 임직자들에게 엄하게 구체적으로 직설적으로 교육하기가 어렵다. 여러 가지 신경 써야 할 일들이 생기기 때문이다. 노회가 임직자들을 교육하는 데 필요한 현실적 내용을 중심으로 교육해야 한다. 신앙적 내용들은 구체성이 없고 자의적으로 해석할 염려도 있고, 이미 오랜 기간 신앙생활을 한 사람들이기 때문에 신앙교육은 사실상 형식적이 될 염려가 있다. 인간관계, 언어예절, 회의예절, 담임목회자를 보필하는 구체적인 활동들, 갈등해결법, 금전관계, 교회행정, 봉사 자세 등등을 철저하게 가르쳐야 한다.

항존직은 몸으로, 물질로, 신앙으로 교회를 지키는 마지막 보루이다. 목회자를 잘못 세우면 교회는 성장하지 못하지만 항존직을 잘못 세우면 교회를 지켜내지 못한다. 임진왜란 때 선조는 무능했지만 왕 주변에는 조선 시대 최고의 인재들이 모여 있었다. 그래서 큰 고통을 당했지만 나라는 지켜낼 수 있었다. 만약 장로, 권사, 안수집사들이 이러한 교육을 제대로 받지 못하면 그 사람은 임직에서 제외해야 한다. 항존직을 선출할 때도 기준을 엄격히 정하고, 선출한 다음에도 철저한 교육을 시켜야 한다.

장로가 없으면 목사는 임시목사가 되는 규정 때문에 아무나 장로로 세우는 경우가 있는데 매우 위험한 발상이고, 근본적으로 위임목사 제도는 폐지되어야 한다. 장로가 있으면 매우 좋지만, 장로가 없다고 해서 교회가 성장하지 못하는 것은 아니다. 오히려 장로를 세워 교회가 무너지는 것보다는 장로가 없는 것이 차선책이다. 목회자의 독주를 막는 방법을 강구하여 제도화하면 될 것이다.

　교인 수가 줄어들면서 교인들 중에는 항존직을 하려는 사람들도 줄어들고 있다. 항존직을 하려는 사람들이 있어야 한다. 그렇게 하려면, 항존직들을 우대해야 한다. 임직은 엄격하게 하고, 교육은 철저하게 하며, 그 지위를 존중해서 교인들에게 존경을 받도록 해야 한다. 그들의 은퇴식을 정중하게 해야 하고, 대우를 잘 해주어야 한다. 성지 순례라도 할 수 있게 배려하고, 장례식도 교회장으로 정중하게 해 드려야 한다. 의무만 강요하지 말고 권리도 행사할 수 있도록 해 주고, 연말이 되면 좋은 식당에서 정성스럽게 대접도 해드려야 한다. 항존직을 바로 두지 않으면 교회는 몰락하고 항존직을 잘 두면 교회는 흥한다.

# 43. 장로초빙제 신설

    한 교회가 성장하느냐 쇠퇴하느냐를 결정하는 요인 중에 장로가 제 역할을 하느냐 못하느냐도 중요한 변수가 된다. 지금까지 한국교회에서 장로는 매우 중요한 성장 동력이었다. 그러나 이제 상황이 급변하고 있다. 교인들의 믿음이 예전 같지 않아서 장로로 교회 봉사를 하려는 사람들이 적어지고 있고, 장로들에 대한 교인들의 존경심도 급격하게 하락하고 있다. 현대 사회에서 사람들에게 존경받는다는 것은 매우 어렵다. 언행일치, 솔선수범하지 않는 한 교인들은 장로들을 존경하지 않는다. 또한 현대인들은 남에게 존경받는다는 것에 대해 가치를 두지 않는다. 자유롭게 편하게 살고 싶어 하는 기류가 강하다. 장로가 되면 그 책임을 다하지 않는 한 교인들에게 비판이나 비난을 받을 개연성이 높다는 것을 잘 알고 있기 때문에 젊은 나이에 장로 되는 것을 매우 꺼린다. 특히 장로는 교인들에게 절대적인 지지를 받아야 선택되기 때문에 이 역시 쉽지 않다. 투표에 떨어지는 경우가 종종 생겨 자존심에 상처를 입게 되고 때로는 교회분란의 원인을 제공하기도 한다. 장로가 되려면 한 교회에서 오래 신앙생활을 해서 교인들에게 신임을 받아야 한다. 쉽지 않은 일이다. 시골 교회인 경우 기존 장로가 은퇴하면 후임자를 세워야 하는데 자질이 있는 사람이 없는 경우도 있고, 노인만 있어 자격을 갖춘 사람이 없는 경우도 생긴다. 목사가 목회하는 과정에서 전문적인 지식을 갖춘 장로의 도움을 받아야 일들이 잘 처리될 수 있는 경우도 생기는데, 그런 전문적인 지식과 경험을 지닌 사람이 장로가 되지 못하는 상황도 교회에서 생긴다. 이처럼 이런저런 일로 앞으로 장로를 세우기가 매우 어려워질 것이다.

이런 경우 목사가 다른 교회 장로를 한시적으로 초빙해서 당회원이 되게 하는 '장로초빙제'를 실시할 필요가 있다. 장로초빙제는 담임목사가 당회에 요청하면 당회 결의를 거쳐 공동의회 승인을 받아 1년을 임기로 그 직을 수행하게 하고, 한 차례 연임할 수 있게 한다. 임기 중에 실덕을 하면 담임목사의 요청에 의해 당회가 과반의 결의로 공동의회 승인을 받아 그 직을 사임케 한다. 초빙 장로는 한 교회에 2명을 초과할 수 없게 한다. 초빙 장로는 총대가 될 수 없다. 앞으로 교회는 총력체제로 무장하지 않으면 망한다. 담임목사 한 사람의 힘으로 교회를 지킬 수 없다. 집단지성이 필요하고, 그렇기 위해서는 훌륭한 장로를 모셔오는 개방적 자세가 선제적으로 갖추어져야 한다. 모든 제도는 부작용이 있다. 그러나 지금 교회의 사명은 교회를 지키는 것이다. 선교도 봉사도 예배도 교회가 생존해야 가능하다. 교회가 생존하기 위해서 제거해야 할 것들은 과감히 제거해야 한다. 교회를 지키는 데 가장 중요한 구심점이 당회이다. 당회 인적 구성을 좀 더 신앙적으로, 전문적으로 짜야 한다. 초빙 장로는 그 임기가 끝나면 본래의 교회로 돌아가야 한다. 초빙 장로를 다른 교회로 파송한 원래 교회는 임기를 끝내고 다시 본 교회로 돌아오는 장로를 시무

장로도 받아들여야 한다. 교회끼리 합의하면 두 교회가 서로 초빙 장로를 교환하여 시무하게 할 수도 있다.

이런 제도는 교회를 지키기 위함이고 당회를 개방함으로 분쟁을 막고, 전문적인 사업을 할 때, 경험 많은 다른 교회 장로의 도움을 받아 교회 성장을 도모하자는 생각에서 나온 제도이다. 사람이 바뀌어야 발상도 변하고 활력도 생긴다. 늘 같은 사람들끼리 모여 논의해보아도 새로운 아이디어가 나올 수 없다. 초빙장로제를 도입하면 교인들도 새로운 기대를 갖게 되면서 기존 장로와 비교하게 될 것이고, 기존 장로들은 이런 분위기를 감지하고 초빙 장로에게 뒤지지 않기 위해 더 열심을 낼 것이다. 위기 시대에는 자극이 필요하다. 교회 부흥에 가장 먼저 자극을 받아야 할 사람들은 장로들이다. 누가 장로들을 자극할 수 있겠는가? 다른 교회에서 초빙해온 장로다. 장로들끼리 경쟁하게 만들어야 한다. 좋은 방법은 아니지만 장로들끼리 심리적으로 적당하게 담합(?)하여 교회를 더 어렵게 만드는 것보다 낫지 않겠는가? 지금은 교회를 살리는 제도가 가장 중요한 때이다.

# 44. 장로 7년 임기제

　흔히 장로교는 대의제라고 말한다. 지교회는 노회에서 인정한 목사와 교인들이 선출한 장로로 당회를 구성하고 당회가 교회를 치리하도록 하고 있다. 이 대의제의 맹점은 한 번 교인들에게 선택을 받으면 그 직이 임기까지 자동 이어진다는 것이다. 교인 40명이 있을 때 장로로 선출이 되면 70세까지 그 직을 유지한다는 것은 대의제의 원칙에 맞지 않는다. 40명 때의 대표성이 400명, 4,000명 되었을 때도 그 대표성을 갖는다는 것은 비합리적이다. 특히 앞으로 교회는 저성장 내지 쇠퇴의 길을 걷게 될 것인데, 장로가 70세 정년까지 그 직을 유지한다면 그 교회는 젊은 장로를 택할 수 없다. 흔히 교회는 신앙공동체이기 때문에 모든 것은 신앙으로, 은혜로 문제를 해결해야 한다고 주장한다. 맞는 말이다. 그러나 현실은 어떤가? 교회는 갈등공동체이다. 당연하다. 사람들이 모인 곳이기에 갈등은 존재할 수밖에 없다.

　교회갈등의 원인 중 하나가 많은 안수집사, 권사가 장로가 되지 못하는 데서 오는 불편함이다. 그 불편함은 당연한 불편함이다. 그들도 나름대로 장로가 되어 교회봉사를 적극적으로 하고 싶은데, 교인들은 증가하지 않고 기존 장로들은 정년까지 그 직을 유지하려고 하기 때문에 갈등이 생길 수밖에 없다. 지금 상황은 급변하고 있다. 지도층이 젊어져야 하고, 당회 그 구성원들은 필요에 따라 바뀌어야 한다. 교회가 쇠퇴하면 그 책임을 담임목사가 혼자 져야 한다는 것은 비합리적이다. 당회원 전체가 공동으로 책임을 져야 한다. 그러기 위해서는 장로도 임기제를 도입해야 한다.

장로 임기제는 장로신임 투표제를 한시적으로 실시한 후, 도입할 수도 있다. 분명한 것은 교회가 쇠퇴의 길을 걷고 있는데, 그 책임을 담임목사에게만 지우는 것은 일종의 비겁함이다. 만약 담임목사에게만 지운다면 담임목사들은 목회 의욕을 상실할 것이다. 흔히 담임목사는 사례를 받는 존재이고 장로들은 봉사직이라고 하는데, 일부지만 장로들 중에는 봉사라는 미명하에 목사를 통제하고 교회 일을 전횡하려는 이들도 있다는 것이 엄연한 현실이다. 모든 문제 해결은 사실에 근거한 현실을 바탕으로 그 해답을 찾아야 한다. 교회는 주님의 교회이다. 목사도 장로도 교인들도 주인은 아니다. 무능한 목사도, 권력을 행사하는 장로도 교회를 망치는 주범들이다. 그러기에 지도층의 임기를 제한하는 것이 합리적이다.

장로 임기제는 두 가지 유형이 있다. 하나는 단임제인데, 임기가 끝나면 시무를 끝내는 제도이다. 7년 임기제, 10년 임기제 등이 있을 수 있다. 다른 하나는 신임투표제인데, 4년 임기가 끝나면 신임투표를 해서 교인 과반이 그 시무를 찬성하면 다시 4년을 더 봉사하는 것이다. 그런데 단임제가 더 효과적이고 깨끗하다. 대부분 신임투표는 당사자나 교인 모두 갈등하게 된다. 신임을 받는 장로는 떨어지면 어찌하나 걱정하고 교인들은 신임을 거부하자니 미안하기도 하고, 부결되면 교회가 시끄럽게 되지 않을까 걱정하게 된다. 그러니 8년 또는 7년 단임제로 하는 것이 교회 평화를 위해 좋을 것이다. 이 경우 특수한 교회는 장로 단임제를 시행하면 후임 장로가 없어 당회 구성이 어렵다는 걱정을 말하기도 하겠지만 당회가 없어도 공동의회 산하에 운영위원회를 둬서 당회 역할을 하게 하면 된다. 당회가 있느냐 없느냐가 중요한 것이 아니라 당회가 제구실을 하느냐 못하느냐가 더 중요하다. 위기시대에 교회를 지켜내지 못하는 당회는 주님께 죄짓는 것이고, 교인들에게 미안한 짓이다.

예전에는 장로를 임직할 때, 장로장립식이라고 했다. 장로를 장군으로 세운다는 뜻이다. 장로가 되면 신앙에 본이 되고, 교회가 재정적으로 어려워지면 물질로 교회를 돕고, 목회자가 목회를 잘할 수 있도록 협력하는 그야말로 장군 역할을 하는 것이 장로의 직분이었다. 그런데 그 역할을 잘하지도 못하면서 70세까지 장로로 시무하겠다는 생각은 시대착오적인 발상이다. 이제 이 사회는 군림하는 자를 모조리 적으로 돌리는 냉엄한 사회이다. 군림하는 목사나 장로는 설 자리가 없다. 제 역할을 잘 못하는 목사나 장로는 교회 안에서도 교회 밖에서도 슬픈 존재가 될 것이다.

# 45. 장로 부총회장 위상 강화

장로 부총회장의 위상이 강화되어야 한다. 지금 전국 장로회장이 사실 상 장로 부총회장보다 그 위상이 높다. 구조상 그럴 수밖에 없다. 전국 장로회장은 비록 친목단체이기는 하지만 전국 장로들이 모인 단체이고 그 구성원이 많고 자체 예산을 가지고 사업을 하며 장로들의 의견을 대변 하는 일들을 하기 때문이다. 그러나 총회의 장로 부총회장은 독자적으로 할 수 있는 사업이 없고 따라서 예산 집행권도 없다. 선출도 경선으로 이 루어지는 것이 아니라 단일화 작업으로 이루어져 관심의 대상이 되기가 어렵다. 그런데 명분상 전국 장로회 회장은 친목단체의 장이고 장로 부총 회장은 총회의 부회장이다. 합리적으로 생각하면 당연히 총회 장로 부총 회장의 위상이 높다. 이제 장로 부총회장의 위상을 높여야 한다. 그러기 위해서 몇 가지 조치를 취해야 한다.

첫째, 장로 부총회장 선출을 할 때 인위적으로 단일화시키지 말고 가능 한 경선으로 선출하도록 분위기를 조성해야 한다. 민주주의 사회에서는 경선으로 선출되어야 힘을 인정받을 수 있다. 지금까지 장로 부총회장은 항상 단독 후보로 출마해서 사실상 무투표 당선이 되었다. 이런 현상은 좋게 말하면 타협이요 협상이요 장로들끼리 양보하여 생기는 현상이지만, 나쁘게 말하면 야합이요 탄압이다. 장로부총회장도 총회장과 같이 2년 임기로 봉사하도록 해야 하고 서울 이북과 이남으로 전국을 2개 권역으로 나누어 선출하도록 한다. 둘째, 장로 부총회장이 총회 사회를 많이 할 수 있도록 배려해야 한다. 사람들 앞에 자주 그 얼굴이 보여야 그 권위를 인정받을 수 있다. 적어도 하루 정도는 장로 부총회장이 사회를 보도록 배려해야 한다. 셋째, 선거관리위원장은 자동으로 현직 장로 부총회장이 맡도록 해야 한다. 선거관리위원의 업무를 부총회장 선거에 국한하지 말고 총회 산하 각 부서의 선거까지 통괄하도록 해야 한다. 명칭도 중앙선거관리위원회로 개칭해야 한다. 중앙선거관리위원회는 선거관리위원들을 각 부서에 파견하여 부서 선거를 진행한다. 부서장으로 출마하려는 사람들은 미리 이력서 등 소정의 서류를 중앙선거관리위원회에 제출하여 그 자격 여부를 심사받도록 해야 한다.

넷째, 총회는 특별위원회 위원장 회의를 분기별로 한 번씩 열게 하여 특별위원회 사업 진행 상황을 점검하고 독려하며 평가하는 일을 하는데 그 위원장을 장로 부총회장에게 맡긴다. 특별위원회 위원장 모임은 중요하다. 부서장 연석회의는 총회장이 주도하지만 특별위원회는 장로 부총회장이 주도하게 해야 한다. 일은 위임하는 것도 중요하지만 관리하고 감독하고 격려하는 일, 평가하는 일도 중요하다. 총회는 지금 그렇게 하지 않고 있다. 그러니 부서든 특별위원회든 총회가 결의한 것을 정치적 이유로 태만해서 그냥 방치하는 일들이 비일비재하다. 감독하고 격려하고 평가하는 일을 체계적으로 해야 한다.

마지막으로 장로 부총회장은 장로들의 의견을 반영하는 사람이 아니다. 교인들의 의견을 대변하고 교회에 유익이 되는 일을 대변해야 한다. 총회는 장로와 목사들의 의견을 중심으로 그 무엇을 결정하는 회의체가 아니다. 교회의 입장, 교인들의 생각을 수렴하여 교회와 교인들에게 신앙적 유익을 주는 일들을 결정하는 대의기관이기에 장로 부총회장이 장로의 의견을 대변한다면 이는 바른 태도가 아니다. 만일 장로 부총회장이 장로들만의 의견을 대변한다면 그 위상은 추락할 것이다. 장로 부총회장도 장로이니 전국장로회 회원일 것인데 장로회에 가서 총회 입장을 당당하게 말하고 장로들의 협조를 구하는 그런 태도가 있어야 그 위상이 높아진다. 장로 부총회장을 거수기로 만들어서는 안 된다. 장로가 올라갈 수 있는 최고의 영광스러운 자리가 되도록 해야 한다. 총회회관에 장로 부총회장 사무실도 마련해 주고, 장로 부총회장이 사망할 때는 현직 장로 부총회장이 장례위원장을 맡아 각별한 의식으로 예우해야 한다. 장로 부총회장, 장로회장, 전국남선교회회장, 이 셋이 장로들이 선망하는 자리인데, 그 권위는 장로 부총회장, 전국남선교회회장, 장로회장, 이런 순으로 자리매김이 되는 것이 합리적이다.

# 46. 재판국 개혁

사람이 있는 곳에는 분쟁이 있게 마련이고, 분쟁을 해결하려면 재판을 해야 한다. 그러나 재판이 당사자는 물론 사람들에게 공정성을 인정받지 못하면 그 재판은 사람을 억울하게 만드는 악이 된다. 현재 노회나 총회에서 행해지는 재판은 사실상 진심으로 승복하는 사람들이 없다. 이런 현상은 어찌 보면 당연한 결과이다. 그 원인을 정리해 보면 다음과 같다.

첫째, 재판국원들은 전문성이 없다. 목사와 장로로 구성된 재판국은 법에 대해서 상식적인 수준에서의 지식이 있을 뿐 법에 대해 공부해본 적도 없고 경험도 부족하다. 그러니 판결에 대한 공신력에 이의를 제기하는 사람들이 비일비재하다.

둘째, 재판국원은 목사 8명, 장로 7명으로 구성되는데 송사 대부분은 지교회에서 목사와 장로와 연계된 사건들이 태반이다. 그러다 보니 판결하는데 목사와 장로가 대립되는 경우가 많이 생긴다. 이 역시 공정성을 의심하게 하는 구조이다.

셋째, 재판국원에 대한 로비가 치열하게 벌어지게 되면서 금품 수수 등이 간간이 이루어져서 물의를 빚기도 하고 실제 그런 사례들이 있었다.

당연히 공정성이 의심 받는다.

넷째, 판결문을 작성할 때, 재판국원들 각자의 소신을 밝히지 않기 때문에 재판국원들의 책임의식이 희박해진다. 각 재판국원의 소신을 밝힌다면 재판국원들에 대한 비난이 생겨 그 누구도 재판국원이 되려고 하지 않을 것이라는 주장도 일리는 있으나 결과적으로 각자의 소신을 밝히지 않기 때문에 재판이 잘못될 수 있다는 점을 간과해서는 안 된다.

다섯째, 판결 이전에 화해를 강조하는 미덕은 좋으나 화해가 지루하게 이루어지지 않을 때 생기는 부작용을 책임지려고 하지 않는다. 무작정 화해를 주장하는 것은 능사가 아니다. 마지막으로, 노회나 총회 재판에 불복하여 일반 법정으로 문제를 갖고 가는 사례가 늘어나고 있다. 일반 법정의 판결과 총회의 판결이 서로 반대되는 경우가 생겨 총회 재판에 대한 공정성을 의심받는 경우가 생기는 것이다. 사람들은 일반 법정의 판결을 더 믿는다. 이런 이유로 재판이 불신을 받는다면 이제 재판국을 개혁해야 한다.

우선, 교리나 헌법 사항, 이단 문제만 재판하도록 해야 한다. 폭행, 사기, 배임, 횡령 등은 일반 법정으로 가도록 해서 일심 판결을 그대로 수용하도록 해야 한다. 그래야 공정성을 확보할 수 있다. 둘째, 총회 판결은 재판관 각자의 소신을 명시해야 한다. 즉 소수 의견도 기록해야 한다는 것이다. 그래야 재판관들이 책임 있게 판결할 것이다. 셋째, 공개 재판을 해야 한다. 우리나라 형사소송법은 공개 재판이다. 재판관들과 소송 당사자만 모여 재판하는 것은 절차상 문제가 있다. 넷째, 당사자들 간의 화해를 우선적으로 권고하되 일정 기간이 지나도 화해하지 않으면 양쪽 모두에게 불이익을 주는 제도를 검토해야 한다. 예를 들면, 일정 기간 당사자들에게 교회나 노회에서 주는 권한을 정지시킨다든가 판결을 하되 양쪽에 벌금을 물린다든가, 극단적으로는 교단에서 추방하는 처분까지도 해야 한다. 지금 재판국은 권력기관이 되어 있다. 모든 총대는 평생 한 번만 재판국원이 되도록 제도화해야 한다. 권력의 사유화를 막아야 한다. 마지막으로, 상설 재판국을 없애고 중대한 사안이 생겼을 때 총회의 결의로 그 사건에만 한정한 재판국을 임시로 설치하는 방안도 검토되어야 한다. 사안이 많이 생기면 따로 재판국을 설치하면 된다. 재판국원의 비리는 가중 처벌을 해야 하며, 이는 재판국에서 다루지 말고 임원회 결의로 특별재판국을 설치하여 그곳으로 이첩하면 된다. 행정 체계상 문제가 있다는 지적도 받을 수 있지만 재판국원들끼리 재판국원을 재판하는 것은 이해 당사자끼리 재판하는 잘못을 범하게 된다. 이런 제도는 헌법을 개정하면 법체계의 문제는 없어진다.

재판국 산하에 재판 연구원을 상설로 둬서 지금까지 각종 재판을 연구하여 사례집을 만들어 배부하고 재판 연구관을 임명하는 것은 공천위원회가 지역별로 안배하도록 하되 법학을 전공한 총대 아닌 사람들, 예를 들면 목사, 부목사, 장로, 안수집사, 권사 등에서 선정하도록 해야 한다. 총대들도 감시를 당해야 한다. 특히 재판국원들은 총대 아닌 전문가들, 일반 교인들에게 감시당해야 한다. 기분이야 나쁘겠지만 그래야 재판의 공정성이 확보된다. 재판국은 재판이 열리기 전 그 사안을 연구관들에게 보내 일차적으로 그 사안을 연구하게 하고 그 보고서를 바탕으로 재판하도록 해야 한다. 보고서 검토를 한 후 재판국 전원이 보고서가 부적절하다고 결의하면 다시 되돌려 재차 연구하게 하고 다시 재판국원들이 수용하지 않으면 연구관들은 그 결과를 공개한 후 재판국은 재판을 하도록 해야 한다. 번거롭지만 이런 과정을 거쳐야 재판의 공정성이 확립되고 총회 재판은 권위를 갖게 된다. 우리 총회의 단점은 폐쇄성이다. 총대가 되어야 무엇이든지 할 수 있다는 이런 생각을 이제 버려야 한다. 총대와 전문가들이 서로 힘을 합쳐야 한다.

다시 정리해 보자. 재판 국원은 평생 한 번만 하게 해야 한다. 권력기구가 되다보니 기회만 있으면 재판 국원이 되려는 총대들이 있다. 이를 막아야 한다. 한 번이면 족하다. 재판국 판결문은 공개되어야 한다. 총회 홈페이지에 그 판결문이 수록되어 누구든지 볼 수 있게 해야 한다. 우리 사회는 공개 사회이다. 모든 것이 공개되어야 한다. 군사기밀도 아닌데 숨길 필요가 없다. 당사자에게 판결문이 가는 것은 지극히 정상이지만 누구든지 그 판결문을 볼 수 있게 하는 것이 더 중요하다. 특히 소수의견을 낸 자들의 이름을 밝히게 되면 재판은 공정성을 갖게 된다. 변호인의 변론 요지도 가능하면 수록해 주어야 한다. 그래야 제 삼자들이 공정하게 그 판결을 분석할 수가 있다. 재판은 가급적 없어야 한다. 앞으로 상설 재판국은 없애는 방안으로 나아가야 한다. 필요할 때만 재판국을 설치해야 한다. 분쟁 당사자들이 화해하지 않을 경우, 재판은 하되 양쪽 모두 상당액의 범칙금을 부과하는 방안도 검토해야 한다.

# 47. 전국 노회장협의회 법적 지위 부여

'노회장협의회'라는 단체가 있다. 교단 산하 69여 개의 노회장들의 친선 단체이다. 그러나 단순한 친선모임은 아니다. 공천위원장을 선출하는 모임이 노회장협의회이다. 노회장은 노회의 대표이고, 그 노회장들이 모여 총회 업무를 논의하기도 하기에 그 활동 여부에 따라 교단에 큰 영향력을 갖는다. 엄밀하게 말하면 노회장협의회는 소총회라고 할 수 있다. 부총회장을 제외한 다른 임원들은 총회장이 임명한 사람들이다. 과거 노회장을 역임한 분들이지만 사실상 현 노회장들이 아니기 때문에 노회를 대표한다고 말할 수 없다. 총회는 폐회 후, 모든 사항을 임원회에 위임하기 때문에 힘을 가질 수 있다. 그런데 9명의 임원들이 이해관계가 다른 각종 현안을 합리적으로 처리하기에는 역부족이다. 상당한 정치적 압력도 받는다. 특히 총회장은 선거를 통해 선출되기 때문에 선거에 협조한 유력인사들의 청을 거절하기가 어렵다. 영향력으로 보아 노회장협의회가 잘 운영되면 사실상 전국노회장협의회를 능가할 힘을 갖는 조직은 없다. 그래서 역대 총회장들은 노회장협의회를 멀리했다. 그저 자문협의체로 인정했을 뿐이다.

그러나 이제는 노회장협의회를 법적 기구로 만들어야 한다. 교단의 중요한 사항을 결정할 때는 노회장협의회에서 일단 토론하고 임원회가 결정해야 한다. 상식적으로 말하면 총대는 노회원들의 대표이기는 하지만 그 수가 많다. 그러나 노회장은 노회원들의 대표로서 총대가 된 오직 한 사람이다. 비유로 들면 총대는 국회의원들이고 노회장은 노회의 수반이다. 특히 노회장은 자동 총대가 되는 특권을 가지고 있다. 이처럼 총대와 노회장은 그 격이 다르다. 교단의 각 부서는 임원회를 능가하는 권한을 가지고 있다. 물론 각 부서의 결정을 임원회는 1차에 한해 거부를 할 수 있고 재논의를 요청할 수 있다. 그러나 재논의를 한 후 같은 결론을 결의하면 임원회는 그 결정을 따를 수밖에 없다. 헌법위원회, 규칙부, 재판국의 결정은 대단히 중요한 영향력을 갖는다. 그런 부서는 자기들의 입장을 옹호하거나 고집스럽게 지키려고 하는 경향이 있다. 임원회의 재논의를 받아들이는 경우가 거의 없다. 그런데 이럴 경우 즉 임원회는 헌법위원회, 규칙부 등의 결정이 큰 문제가 있다고 생각되면 총회장은 노회장협의회를 소집하여 노회장들의 의견을 들어볼 필요가 있다. 권력기관은 통제가 필요하다.

지금 총회장은 권력기관들을 효율적으로 통제하지 못하고 있다. 법적 뒷받침이 없기 때문이다. 모든 부서는 나름대로 권력화되어 있다. 노회장협의회에 법적 지위를 부여하여 총회장을 보필하도록 해야 한다. 물론 노회장협의회는 다른 부서가 하는 일을 대신하는 것은 아니다. 총회장의 자문에 응해 총회장에게 힘을 실어주고 각 부서의 불필요한 고집이나 권력 남용에 제동을 거는 것으로 충분하다. 노회장협의회의 권고를 무시하는 부서는 없을 것이다. 명분 없이 거부하면 총회에서 박살이 날 것이기 때문이다.

정치하는 사람들은 헌법위원회, 규칙부, 재판국에 로비를 하려고 한다. 그리고 가능하다. 그 숫자가 제한적이기 때문이다. 그러나 노회장협의회를 로비하기는 어렵다. 수가 많고 대부분 노회장들은 비교적 비정치적인 인물들이기 때문이다. 노회장협의회에 법적 지위를 주면 노회장이 되려는 노회 안의 파벌 갈등은 더 심해질 수는 있다. 그러나 겁낼 필요는 없다. 이미 노회는 그런 갈등에 익숙해 있기 때문이다. 전국노회장협의회는 행정조직이 아니라 자문 조직이다. 오직 총회장에게만 소집할 권한을 주어야 한다. 총회장의 결정이 힘을 얻기 위해 설치한 자문기구의 범위를 넘어가서는 안 된다. 잘못하면 노회장들이 연대해서 총회장에게 소집을 요구하는 경우도 있겠지만 이런 경우를 철저히 배격해야 한다. 자문기구인 이 조직이 압력조직이 될 수 있기 때문이다. 어떤 조직이든 운영을 잘하면 득이 되지만 잘못 운영하면 실이 된다. 노회장협의회를 잘 운영만하면 총회장은 각 부서를 지휘, 감독, 통제하는 힘을 가질 수 있고 이 위기의 시대에 조타수 역할을 잘할 수 있을 것이다. 총회장만 수용하면 총회에서도 긍정적으로 수용할 수 있는 합리적인 제도이다.

# 48. 전도 방법의 변화

　전도는 교회의 지상 과제이다. 그런데 전도는 지교회의 양적 성장을 위한 도구가 아니라 주님의 뜻을 실현하려는 신앙행위이다. 내 교회를 위한 전도가 아니라 주님을 위한 전도, 즉 인간을 구원하기 위한 전도라야 한다. 그런데 한국교회의 전도는 자기 교회를 위한 전도였다. 목회자들이 전도를 강조하는 것은 자신이 섬기는 교회를 성장시키기 위한 방편으로 전도를 강조해 왔다. 나쁘지는 않다. 성과도 있었다. 그러나 이런 전도는 교회의 양극화를 가져왔다. 큰 교회는 더욱 커지고 작은 교회는 무너졌다. 작은 교회가 무너지면 큰 교회로 가버린 사람은 상관없지만 작은 교회를 지키려는 목회자와 교인들에게는 한을 남긴다. 작은 나무 하나하나가 쓰러지면 언젠가는 숲도 사라진다. 작은 교회의 몰락은 큰 교회 몰락의 원인이라는 것을 왜 모르는가? 자기 교회를 위한 전도도 중요하지만 작은 교회를 위한 전도는 더 중요하다. 큰 교회들이 작은 교회의 전도를 도와야 한다. 전도는 전도지를 갖고 했다. 이제 전도지의 형식이나 의미가 변해야 한다.

　첫째, 교회 건물, 내지 예배당이 전도지가 되어야 한다. 교회당이 깨끗해야 한다. 교회당이 더러우면 전도를 망친다. 누가 더러운 예배당을 찾겠는가? 가능하면 교회당에 꽃들이 피어있게 해야 한다. 나무들이 있으면 더욱 좋다. 둘째, 주보가 전도지가 되어야 한다. 주보는 교회의 얼굴이고 역사다. 가장 완벽한 전도지가 되어야 한다. 예배 순서, 공지사항만 알리는 주보가 되면 안 된다. 교인은 물론 불신자들도 읽을거리가 있어야 한다. 주보는 작은 신문이요, 잡지가 되어야 한다. 불신자들이 주보만 보면 그 교회를 알 수 있고 그 교회가 어떤 행사들을 하며, 어떤 교인들이 모여 신앙생활을 하는지를 쉽게 알 수 있도록 해야 한다. 주보는 단순한 종이가 아니다. 교회 성장에 큰 영향을 주는 전도지요, 교인들에게는 자랑거리이다. 셋째, 교회 행사가 전도지이다. 교회 행사는 행사를 위한 행사가 아니라 그 행사에 참여한 사람들에게 감동을 주는 예술이어야 한다. 형식도, 내용도 살피고 연습에 연습을 해서 사람들에게 보여 주어야 한다. 교회 행사는 그 교회의 수준이다. 목회자는 교회 행사를 부교역자나 교인들에 위임해서는 안 된다. 직접 챙기고 확인해야 한다. 교회 행사를 할 때는 이웃을 초청해서 함께 즐겨야 한다. 교회 행사는 교인들을 위한 행사이면서 전도를 위한 행사이다. 그러기에 교회 행사를 기획할 때는 불신자들을 염두에 두고 그들에게 유익한 행사를 해야 한다. 신앙만을 위한 행사는 전도지가 될 수 없다. 넷째, 교회 선물이 전도지이다. 교회는 다양한 선물들을 교인들에게 준다. 이 선물이 전도지이다. 왜냐하면 교인 중에는 이 선물을 이웃에게 나누어 주는 경우가 있기 때문이다. 사람들에게 필요한 것, 보기 좋은 것, 의미가 있는 것, 정성이 담긴 것 등등을 골라야 한다. 선물을 고르기는 어렵다. 그러나 고심해야 한다. 해당 부서 교인들이 깊이 연구해서 선물을 골라야 한다. 다섯째, 교회 각종 현수막들이 전도지이다. 교회는 다양한 현수막들을 건다. 예배당 안에도 밖에도. 그런데 이 현수막에 대해 그리 관심이 없다. 의미만 전하면 된다고 생각한다. 그러나 사람은 시각적 존재이다. 보기 좋은 떡이 맛도 있다는 속설이 있다. 아름다운 현수막이 중요하다. 현수막만 보면 그 교회로 한번 가 보고 싶은 생각이 들 정도로 현수막 자체가 미술이요 시가 되어야 한다. 여섯째, 목사의 옷차림, 교인들의 옷차림이 전도지이다. 주일날, 예배드리러 오는 교인들은 자신이 갖고 있는 최고의 옷을 입고 와야 한다. 옷은 문화이고 메시지이다. 비싼 옷을 입으라는 것이 아니다. 하나님과 인간, 이웃에게 최선을 다하는 인격을 표현하라는 것이다. 일곱째, 교인들의 언어, 인사가 전도지이다. 교인들끼리 서로 인사를 잘해야 한다. 교회 안에서는 모르는 사람에게도 인사를 정중히, 아름답게 해야 한다. 성도의 교제는 차를 마시고 웃고 떠들고 기도하고, 그런 데서 시작하는 것이 아니라 서로 즐겁게 예의 있게 인사하는 데서 시작한다. 교인들의 밝은 표정, 웃는 얼굴, 서로 인사하는 그 모습을 보면서 지나가는 불신자들이 교회를 부러워하게 되면서 전도가 된다. 무표정하고 으르렁거리고 얼굴 돌리고, 이거야말로 교회 성장을 막는 비인격적 행위이다. 마지막으로, 전도지를 통해 전도하는 것은 지양되어야 한다. 전도지는 거의 판박이이다. 전도지에 작은 선물을 보태 주면서 사람들에게 전도하는데 이런 전도는 효과가 매우 적다. 차라리 그 돈을 아껴 적립했다가 교회창립주일 때, 어느 정도 값이 나가는 선물을 이웃 사람들에게 나누어 주는 것이 더 효과적이다.

지금까지의 전도는 교인들로 하여금 사람을 찾아가게 만들었다. 그러나 이제 세상은 변했다. 사람을 찾아가 전도하는 교인도 줄어들고 있고, 사람의 전도를 받아 교회로 오는 사람들도 줄어들고 있다. 그런 전도를 계속하면서 사람들이 교회로 찾아오게 하는 전도, 교회에 대한 이미지를 좋게 하여 찾아오게 하는 전도, 구원이나 축복을 전하는 전도에서 신앙생활을 통해 삶을 즐기고, 삶의 문제를 해결해 주려는 전도의 방법이 더 필요하다.

오늘의 전도 방법의 기본 골격은 찾아 가는 전도방법보다는 사람들을 교회로 찾아 오게 하는 전도방법을 우선하라는 것이다. 교인들은 세상으로 찾아가는 전도를 하기에는 너무 바쁘다. 관계전도가 그나마 효과적이기는 하지만 관계를 맺기 위해 교인은 상당액의 돈을 지속적으로 써야 한다. 부담이 된다. 그러니 교회가 다양한 전도 행사를 기획해 사람들을 교회 안으로 오게 해서 간접적으로 마치 가랑비에 옷 젖듯이 전도를 해야 한다. 노회는 시찰별로 행사를 하도록 재정적 지원을 하면 미 자립교회나 개척교회들이 할 수 없는 집단전도를 할 수가 있다. 특히 노회는 이런 전도방법을 시범적으로 실시하는 교회를 선정해서 연구해 보고, 그 결과를 일반화 시키는 적극적 방법도 모색해 볼 필요가 있다.

# 49. 정치교육

우리나라는 정교분리의 나라이다. 당연히 정치와 종교는 분리되어야 한다. 그런데 교인들은 교인이지만 동시에 국민이다. 우리나라 헌법은 모든 권력은 국민으로부터 나온다고 선언하고 있다. 교인들은 신앙적 소신도 갖고 있지만 정치적인 소신도 갖고 있다. 그러므로 교회는 교인들로 하여금 바른 신앙을 갖도록 지도해야 하고, 동시에 교인들이 국민으로서 바른 정치의식을 갖도록 지도해야 한다. 국회의원, 시의원, 대통령 선거를 하게 되면 당사자들이나 지지자들은 교회에 반드시 찾아온다. 교회의 지지를 받으려고 노력한다. 이미 현장에서는 교인들이 정치에 참여하고 있다. 이제 교회는 정치교육을 해야 한다. 한국 정치가 정치다운 정치가 되는 데 교회가 일조를 해야 한다. 그러나 교회의 정치교육은 몇 가지 전제가 있다.

첫째, 교회의 정치교육은 어느 정당을 지지한다거나 어느 후보를 지지하는 정치교육이 아니라 원칙을 가르치는 정치교육이라야 한다. 예를 들면 정정당당한 선거, 법을 지키는 선거, 나라를 위한 선거 등을 가르쳐야 한다는 것이다.

둘째, 교회의 정치교육은 이념을 극복하는 정치교육이라야 한다. 한국의 정치는 보수와 진보의 창조적 이념 대립이 아니라 이념을 가장한 위장된 권력투쟁이다. 해방 전후 근 80년 간 보수와 진보는 사실상 반공과 친북 이념으로 전쟁을 해왔다. 그러기 때문에 정치가 잔인했다. 일종의 역사 발전 단계로 보아 필요한 과정이었지만 이제는 극복되어야 한다. 우리의 과제는 통일이 아니라 국민 모두가 정치적, 경제적, 사회적, 문화적으로 정의롭고 공정하게 상식적인 삶을 살면서 함께 잘 사는 것이다. 그러기 위해서 통일이 필요한 것이다. 통일은 목적이 아니라 수단이다. 교인들이 지나치게 이념을 갖게 되면 그 이념은 우상이다. 교인은 인간이다. 인간은 이념을 가질 수 있다. 그러나 그 이념이 우상이 되어서는 안 되고, 이념숭배가 우상숭배가 되어서도 안 된다. 교회의 정치교육은 우상숭배를 배격하는 일종의 신앙교육이다.

셋째, 교회의 정치교육은 보수와 진보의 장점을 결합시키는 통합교육이다. 일반적으로 보수는 좋은 가치는 지켜나가자는 주장이면서 자유를 강조하고, 진보는 잘못된 것은 고쳐가면서 평등을 강조한다. 다 옳은 주장이다. 교회는 이 두 가지가 다 성경적 교훈이기 때문에 통합하려는 노력을 해야 한다. 어느 한쪽으로 치우치는 교육은 잘못된 교육이다. 문제는 이 두 가지가 상반된 가치인데 이것을 조화시키는 지혜가 있어야 한다는 것이다. 이 지혜는 각 분야의 열린 토론을 통해 접점을 찾아야 한다. 토론은 승패를 정하는 것이 아니라 접점을 찾는 지적활동이다. 필자 생각에는 사안별로 자유와 평등을 적용하면 되지 않을까 한다. 예를 들면 어떤 사회적 문제가 생겼을 때, 또는 정책을 정할 때, 이 분야는 자유로,

저 분야는 평등으로, 이것은 지켜나가고, 저것은 고쳐나가고, 이런 식으로 정치가들이 토론을 통해서 정한다면 좋을 것 같다는 생각을 한다.

우리 역사의 흐름을 보자. 독립운동, 건국운동, 산업화운동, 민주화운동, 이제는 무슨 운동을 해야 하는가? 탈이념화 운동이 일어나야 한다. 그래야 정치의 인격화가 이루어지면서 명실상실한 선진국이 된다. 내년은 대통령 선거가 있는 해이다. 금년 11월경이면 대통령 후보들이 결정될 것이다. 대한민국 대통령 선거 사상 최악의 치열한 선거 전쟁이 터질 것이다. 수단 방법을 가리지 않고 정권을 지키려고 하거나 빼앗아 오려고 할 것이다. 이 잔인하고 비도덕적인 선거 전쟁은 결국 승자나 패자 모두에게 큰 상처를 줄 것이고 교인들도 둘로 갈라질 것이다. 치유가 불가능한 상처를 모두에게 줄 이 선거 전쟁을 어찌해야 한단 말인가?

한국교회는 정치교육을 하지 못해 이 잔인한 선거전쟁을 막지 못함으로 결과적으로 이 일 때문에 나라는 물론 교회도 더 빠르게 몰락하는 한 가지 원인을 제공했다는 후대의 평가를 받게 될 것이다. 그러니 지금이라도 정신을 차리고 한국 사회를 살리고 교회를 살리기 위해 건전한 정치교육을 해야 한다. 기독교인들도 이념을 가질 수 있다. 그러나 기독교인에게 신앙은 이념 위에 있다. 기독교인에게 있어서 이념은 사고의 틀이 될 수는 있어도 사고와 행동의 절대 가치가 될 수는 없다. 지금 일부 기독교인들은 이념이라는 것을 우상으로 섬기는 최악의 죄를 범하고 있다. 여기서 막지 못하면 더 많은 기독교인이 이념 우상 숭배자가 될 것이고, 결국 기독교는 이념의 시녀가 되는 치욕을 당하게 될 것이다. 총회가 정치교육을 한다면 경우에 따라 국가의 탄압이 있을 수도 있다. 그렇게 되면 목회자들은 순교의 길을 걸어야 한다. 교인들은 보수파가 되거나 진보파가 되거나 자유롭게 자신의 이념을 택할 수 있다. 그러나 분명히 해 두자. 그 어떤 이념도 하나님의 가르침을 조롱거리로 만들지는 못하게 해야 한다고. 하나님이냐, 이념이냐를 선택해야 할 때가 이제 곧 온다.

교회가 정치교육을 하려며 사전에 준비를 잘 해야 한다. 우선 교인들을 설득시켜야 한다. 교인들이 오해할 수가 있기 때문이다. 그 다음 목사가 어느 정당 편이거나 어느 이념에 충실한 사람이라는 오해를 받지 않도록 조심해야 한다. 정치교육의 필요성을 설득하고 근 1년 동안 준비기간을 걸쳐서 실시해야 한다. 총회는 가능하면 정당대표들을 초치해서 교회가 정치교육을 하는 이유를 설명하고 교재도 보여 주어야 하며, 그들의 의견도 참고해야 한다. 정치교육의 교재는 목사가 하지 말고 교단 안에 있는 정치학교수들을 초치해서 합동으로 만들도록 해야 한다. 정치교육을 총회가 한다고 하면 상당한 오해와 저항이 있을 것이다. 그러나 장기적으로 정치교육은 반드시 해야 한다. 산업화, 민주화, 선진화 다음에는 정치의 인격화가 필요하다. 그 동안 한국정치는 너무나 잔인했다. 교회가 이 잔인함을 막아야 한다.

# 50. 지도층의 의식 변화

　교회에서 지도층이라면 목사, 장로, 안수집사, 권사, 즉 항존직이다. 항존직은 그 임직 과정이 분명한 기준을 정하여 임직시키고 임직 후에도 정기적으로 재교육을 해야 한다. 그리고 그 교육의 주안점은 의식화 교육이어야 한다. 몇 가지 중요한 교육 방법을 명심해야 한다.

### (1) 담임목사가 교육해서는 안 된다.

　담임목사의 권위는 부임 3년이면 사실상 끝난다. 매우 불행한 일이지만 오늘날 교인 대다수는 담임목사를 예전처럼 존경하지 않는다. 성직으로 받아들이기보다는 일종의 직업으로 목사를 바라보게 된다. 그러니 담임목사가 가르치려고 하면 이를 무시하기가 쉽다. 담임목사 입장에서도 자신이 섬기는 항존직 직분자에게 솔직하게 구체적으로 그들의 잘못을 지적하여 교정시키지 못한다. 항존직들의 반발을 살 염려가 있기 때문이다. 그러기 때문에 외부 강사가 와서 교육하는 것이 효과적이다. 이 경우 평신도 지도자들은 담임목사가 외부 강사에게 자신들의 약점을 고자질해서 외부 강사를 통해 자신들을 교육하려 한다는 오해를 불러일으킬 수 있다. 이런 부작용을 해결하기 위해 해마다 노회는 평신도 지도자들을 교육할 교재들을 만들어야 한다. 매년 책자로 하지 않고 복사본이나 프린트를 해서 사용하면 경비도 줄일 수 있다. 교재 내용을 어떻게 할 것인가를 연구하기 위해 노회 교육부 산하에 교재연구위원회를 두면 될 것이다.

### (2) 위기교육을 중심으로 해야 한다.

한국교회는 일정 기간 점점 쇠퇴하게 될 것이다. 쇠퇴기를 극복하여 다시 부흥할 때까지 교회 생존을 지키는 일이 매우 중요하다. 그러기 위해서는 교회 지도층들이 위기의식을 갖게 해야 한다. 이대로는 안 된다는 의식을 심어 주어야 한다. 지도층이 안일한 의식을 갖고 교회 운영을 안일하게 하면 교회는 결국 망한다. 성령의 역사만 강조하는 전근대적 방식만을 고수해서는 안 된다. 성령은 교회를 살려 주님의 뜻을 성취시키겠다는 비장한 각오를 하는 사람들이 있을 때 역사하시는 분이지 무사안일하게 섬기는 자들이 있는 교회는 외면하신다. 계시록에 등장하는 소아시아 일곱 교회에 대한 주님의 경고를 명심해야 한다.

### (3) 교회 성장은 담임목사의 능력에 달려 있다는 의식을 버려야 한다.

담임목사의 헌신은 교회 성장에 큰 요소임은 틀림없다. 그러나 예전과 달리 담임목사의 권위가 흔들리고, 교인들의 다양한 욕구가 분출되는 이 시대에 담임목사의 헌신은 분명 한계가 있다. 설교만으로 교회가 성장하는 시대는 지났다. 지금은 설교 홍수 시대이다. 교인들은 설교로 은혜받기보다는 방송이나 핸드폰을 통해 다양한 설교를 듣고 있기 때문에 목사들의 설교를 비교하려고 한다. 교회 성장에 대해 담임목사에게 책임을 물으려면 일정 기간 담임목사에게 설교, 재정, 인사, 행정, 행사 등에 대해 전권을 줘야 한다. 그러고 난 후, 엄격한 평가를 통해 담임목사에게 책임을 물어야 한다. 그럴 수 없다면 항존직 전원이 교회 성장에 공동책임이 있다는 의식을 가져야 한다.

### (4) 항존직을 하나로 단결시키는 의식을 교육해야 한다.

요한복음을 보면 주님은 십자가 지시기 전 제자들을 위해 기도하실 때, 제자들이 하나가 되게 해달라고 간절히 간구하셨다. 결국 주님의 기도는 제자들조차 하나가 되기 어렵다는 것을 인정한 것이라고 할 수 있다. 그렇다. 항존직들이 하나가 되는 것은 정말 어렵다. 그러나 노력은 해야 한다. 대부분 교회 지도자는 하나가 되기 위해 적당히 타협을 한다. 그런 방법보다는 주님이 택한 방법을 모델로 삼아야 한다.

첫째는 목표가 같아야 한다. 주님은 선교를 목적으로 제시했다. 그러나 지금은 선교를 하기 위해 교회 생존이 더 우선되어야 하는 시대이다. 살아남아야 한다는 의식을 공유하면 하나가 될 가능성이 커진다. 교회가 무너지면 목사도 장로도 동시에 무너진다. 둘째, 교회가 살아남기 위해서 교회는 무엇을 어떻게 해야 하는가를 진지하게 토론해야 한다. 목표를 이루는 방법에 대해 하나가 되어야 마음도 하나가 된다. 셋째, 항존직은 봉사직임을 깨닫게 해야 한다. 한국 사람들은 아직도 유교적 계급의식에 빠져 있다. 이 계급의식은 지금 교회를 망하게 하는 독소적 의식이다. 목사, 장로, 권사, 안수집사, 이 직책은 그 직분이 봉사해야 하는 역할에 대한 구분이다. 교회 직분은 모두 봉사직이다. 결코 완장이 아니다. 그런데 일부 목사들은 정년까지는 교회에서 일할 수 있다는 고정 관념에 빠져 게으르고 독선적이며, 일부 장로들은 목사를 견제하고 교인들을 감독하는 것이 자신들이 하는 일이라는 착각을 갖고 있다. 일부 안수집사들은 장로들을 경쟁 대상으로 삼고 장로들이 하는 일에 불필요한 비판을 하고 있고, 일부 권사들은 왜 우리만 교회 안에서 궂은 일을 해야 하는가 하며 짜증을 내고 있다. 장로는 신앙을, 안수집사는 재정을, 권사는 봉사를 그 본래의 가치로 의식해야 한다. 교회는 책임공동체이지 계급사회가 아니다.

### (5) 미래를 전망하고 미래를 준비하는 교육을 해야 한다.

위기는 기회라는 격언이 있다. 미래를 전망하는 것은 위기에 빠지려는 것이 아니라 위기를 탈출하여 새로운 도약을 하기 위함이다. 미래 준비는 성경적인 교훈을 중심으로 시대에 맞는 방법을 찾는 것이라야 한다. "믿습니다."라고 하는 고백도 문제이고 '이제는 틀렸다'는 자학도 금물이다. 냉정하게 분석하고 현실적으로 준비해 한다. 태풍은 지나 간다. 남은 자는 있게 마련이다. 남은 자들이 뭉치면 위기는 극복되어 다시 부흥하는 시대가 도래 할 것이다.

# 51. 지역사회와의 유대 강화
## ─ 봉사를 통한 전도 ─

전도는 교회의 사명이다. 그런데 어떻게 전도해야 하는가? 지금까지 전도는 예수 그리스도를 믿으면 구원을 받는다는 메시지가 그 핵심이었다. 전도란 진리를 전하는 것이다. 그런데 모든 교회는 말로써 그리스도를 전했다. 말은 선언이고 선포요 설득이다. 일방적일 수 있다. 이 위기의 시대에 말로써의 전도가 가능할까? 물론 가능하다. 그러나 그 효과는 예전 같지 않을 것이다. 예전에는 말로 하는 전도가 어느 정도 효과적이었다. 우선, 예전 사람들은 비교적 무식했다. 목사들은 상대적으로 유식했다. 사람은 자기가 무식하다는 것을 알면 유식한 사람의 말을 따르는 경향이 있다. 초창기 한국 사회는 유교적 사회였기에 선교사들이나 목사들의 말을 그냥 받아들였다. 예전에는 예수 그리스가 누구인지 잘 알지 못했다. 그러기에 예수 그리스도를 전하면 흥미가 있었다. 들으려고 했다. 예전에는 기복주의가 사람들에게 호감을 갖게 했다. 그 시절, 사람들은 가난했고, 질병이 많았다. 마땅히 해결할 방법도 없었다. 국가도 이 문제를 해결해 주지 못했다. 그래서 예수를 믿으면 복을 받아 부자가 되고, 지은

죄가 용서받고 병을 고칠 수 있다는 기복주의 설교는 상당한 파괴력이 있었다. 그러나 지금은 이런 것들이 다 무너졌다. 사람들의 교육 수준이 높아져 쉽게 남의 말을 믿지 않는다. 믿지 않을 뿐 아니라 비판적으로 들으려고 한다. 평등사상이 생활화되어 권위자도 전문가도 특별한 존재가 못 된다. 이제 가난도 질병도 사람들에게 문제가 되지 않는다. 경제성장을 통해 절대 가난에서 벗어났고 비록 집값이 크게 올라 청년들이 집 한 채 얻기 어려운 세상이 되었지만 그들 역시 자가용을 굴리며 사는 데는 부족함이 없다. 질병치료도 세계 제일의 의료보험제도를 통해 충분히 해결되었다.

현대 사회는 죄의 개념이 모호한 시대이다. 모든 사람이 서로 적당한 선에서 죄를 용인하는 사회이다. 생존을 위해서, 상황 때문에, 인간이 갖는 한계 때문에, 그리고 사회지도층부터 죄를 모범적으로 보여 주고 있기 때문에 사람들은 죄에 대해 무감각해 졌다. 이런 시대에 예수를 믿으면 복을 받는다는 말이 설득력을 갖게 되겠는가? 예수 그리스도를 믿으면 죄 사함을 받는다는 설교가 인간을 감동시킬 수 있겠는가? 말은 진리가 아니다. 말로 진리를 전달할 수 없다. 그러므로 간증이나 설교, 또는 말로 전하는 예수 그리스도는 전도하는 데 별 도움이 되지 않는다.

그렇다면 어떻게 예수 그리스를 전해야 하는가? 선행으로, 봉사로, 인격으로 예수 그리스도를 전해야 한다. 캐나다의 언론학자 맥루한은 현대사회는 메시지보다 미디어가 더 중요하다고 단언했다. 예를 들면 예수 그리스도의 진리가 중요한 것이 아니라 예수 그리스도를 전하는 미디어, 즉 교인들이 더 중요하다는 것이다. 현대는 메시지를 듣기 전에 그 메시지를 전하는 교인을 먼저 본다. 청각은 시각을 이기지 못한다. 예수 그리스도를 전하는 사람이 반사회적 인물이고, 인격적으로 그 삶이 본이 되지 못하는 사람이라면 그 사람이 전하는 예수 그리스도는 죽은 예수 그리스도이다. 전도가 되지 않는다. 그러므로 예수의 진리 이전에 교인이 바로 되어야 한다. 교인의 선행, 인격, 봉사가 먼저다. 그런 일을 하는 교인들이 예수 그리스도를 전해야 사람들이 예수의 진리에 관심을 갖는다. 전도지를 갖고 거리로 나서는 일을 중단해야 하고, 길거리에서 예수 천당을 외치는 전도도 이제 중단해야 한다. 인격적인 교인을 육성하는 일부터 해야 한다. 교회가 지역사회에서 선행을 자주 해야 한다. 지역사회와 유대를 강화하여 지역사회가 필요한 선한 봉사활동을 정기적으로 꾸준히 해야 한다.

말로 예수 그리스도를 전하려고 하지 말고 착한 행실로 예수 그리스도를 전하는 일을 해야 한다. 그러기 위해서 지역사회가 필요한 일이 무엇인지를 알아야 하고 지역사회와 협력해야 한다. 봉사나 선행은 순수해야 한다. 봉사하면서 선행을 하면서 예수 믿으라고 하지 말아야 한다. 그냥 순수하게 봉사하고 선행을 해야 한다. 깨달음이 전도가 아니라 감동이 전도다. 감동이 먼저고 깨달음은 그다음이다. 감동으로 그들을 교회로 인도하고 그다음 깨달음으로 교인이 되게 해야 한다. 성급하게 열매를 얻으려고 하지 말아야 한다. 오늘의 전도는 설교나 부흥회나 외침이 아니다. 인격이요 봉사요 선행이다.

# 52. 참되고 평화롭고 즐거운 교회상 정립

어떤 교회가 이상적인 교회인가? 이 질문에 대한 정답은 없다. 성경에 등장하는 여러 교회를 보아도 이상적인 교회는 없다. 죄인인 인간이 모여 형성된 공동체이기에 이상적인 교회가 될 수 없다. 흔히 믿음으로 의롭다 함을 얻는다는 교리를 가지고 마치 교인들은 다 성자인 것처럼 주장하기도 하고 그렇게 생각하기도 하는데 이는 잘못이다. 믿음으로 하나님께서 우리를 의인이라고 불러주는 것은 은혜일 뿐이다. 교인 중에는 불신자보다도 더 악한 자들이 있다. 교회는 성자들이 모이는 곳도 아니고 성자를 만드는 곳도 아니다. 그래서 이 땅에 존재하는 모든 교회는 불완전하다. 갈등도 있고, 파벌도 있다. 세상에 있는 것이 다 교회 안에도 있다. 그렇지만 교회는 그래도 하나님 보시기에도 그렇고 불신자들이 보기에도 그렇고, 교인 스스로가 보기에도 그렇고 이상적인 교회로 나아가려는 노력은 해야 한다. 그렇다면 이상적인 교회는 과연 어떤 교회인가?

첫째, 이상적인 교회는 참된 교회이다. 여기서 '참'은 진리라는 뜻이다. 진리는 오직 예수 그리스도이시다. 예수 그리스도가 주인이 되시고 예수 그리스도의 말씀이 진리인 것을 고백하고, 예수 그리스도의 삶을 자신의 모델로 삼아 신앙생활을 하는 교인들의 공동체가 이상적인 교회이다. 그런데 한국교회 안에는 그리스도가 주인이 되는 것이 아니라 목사나 장로가 주인이고 헌금 많이 한 교인이 주인이고, 오래 그 교회에서 신앙생활을 하는 교인이 주인 된 교회가 얼마나 많은가? 이해는 된다. 그들은 헌신했고 희생했으며 개척부터 큰 교회가 되기까지 교회를 지켜 온 사람들이다. 그들을 높이고 존중하는 것은 옳다. 그러나 그들이 교회의 주인은 아니다. 적어도 이 사실은 그들도 알아야 하고, 교인들도 알아야 한다. 무엇이든지 지나치면 화근이 된다. 주인 행세하는 이들은 자중해야 한다. 참된 교회는 성경 말씀을 진리로 선포하는 교회이다. 성경 말씀을 해석하고, 전개하고, 변증하며, 삶에 적용하기 위해 다른 학문을 이용할 수는 있다. 그러나 결국 진리는 오직 하나님 말씀이다. 참된 교회는 성경 말씀으로 교회를 운영하고, 교인들을 관리하며, 치리하는 교회이다. 말씀에 반하는 그 어떤 일도 교회는 하지 말아야 한다.

둘째, 이상적인 교회는 평화로운 교회이다. 교회는 죄인들이 모인 공동체이다. 교인들은 시끄럽고, 싸우고, 갈라지고, 원수가 되기도 한다. 그러나 이상하게 생각할 필요는 없다. 원래 교회는 그런 공동체이다. 세상이 그런데 교회라고 다를 수 없다. 그러나 교회는 평화로운 교회가 되려고 애써야 한다. 지나치게 싸우면 교회는 조롱거리가 되고, 결국 사라지게 되기 때문이다. 평화로운 교회가 되려면 교회 분위기가 좋아져야 한다. 첫째, 교인들의 말수가 적어져야 한다. 말은 생활이다. 필요하다. 그러나 잠언을 보라. 말에 대한 교육이 얼마나 많은가? 교리교육, 전도교육, 기도교육보다 중요한 것은 언어교육이다. 특히 중요 직분을 맡은 자들, 구역장들에게 일 년에 두 번 정도는 반드시 언어교육을 해야 한다. 외부강사를 불러 시키는 것이 좋다. 왜 교단에 언어교육을 하는 전문가가 없는가? 교리교육, 기도교육, 전도교육이 잘못되어서 교회들이 시끄러운 것이 아니라 언어교육을 하지 않아 시끄러운 것이다. 둘째, 교회행정이 바르게, 원칙적으로 이루어져야 한다. 행정은 질서이다. 행정에 대한 교육이 필요하다. 교회행정 규정은 구체적이어야 한다. 이렇게도 저렇게도 해석될 수 있도록 규정을 만들어서 안 된다. 예외 조항을 반드시 설정해 둬야 한다. 예외가 생기기 때문이다. 예외가 생길 때, 담임목사가 전결로 정하게 하면 더욱 좋다. 셋째, 인사 처리가 공정해야 한다. 특정한 사람을 중요 보직에 오래 두는 것은 갈등의 조짐이 있다. 그러나 일을 하다보면 특정한 사람이 전문가일 때는 오래 그 직에 둘 수 있도록 규정에 정해 놓는 것도 필요하다. 목회자에게 불만이 많거나 대적하는 사람은 목회자가 거부하면 그 직을 맡을 수 없도록 해야 한다. 목회는 목회자가 하는 것이다. 목회자에게 그런 권한도 주지 않으면서 어떻게 목회에 대해 목회자에게 책임을 물을 수 있단 말인가? 평화는 타협으로, 힘으로, 원칙으로 이루어진다. 이 중에 목회자는 힘을 가져야 한다. 목회자가 갖는 힘은 스스로 쟁취해서 얻는 힘이 아니라 교회가 목회자에게 교회의 평화를 위해 위임한 힘이라야 한다. 그래야 진정한 힘이 된다.

셋째, 이상적인 교회는 즐거운 교회이다. 즐거움은 인간이 가장 동경하는 감정이다. 즐거움이 없으면 무엇이든지 오래가지 못한다. 즐거움이 없으면 능률도 오르지 않는다. 즐거움이 없는 일은 하려고 하지도 않는다. 즐겁지 않은 곳은 가려고 하지도 않는다. 인생도 즐거워야 하고, 직장 생활도 즐거워야 하며, 가정도 즐거워야 한다. 그런데 한국교회는 과연 즐거운 곳인가? 즐거운 공동체인가? 세상에 가면 편하게, 즐겁게 말도 하고, 놀이도 하는데 교회만 오면 경직되고 눈치 보고, 어색하고, 그래서 예배만 드리고 빨리 집에 가고 싶어 하는 것이 사실이 아닌가? 교회는 놀이를 개발해야 한다. 유치원생 같은 놀이가 아니라 노래도 하고, 춤도 추고, 극장도 가고, 여행도 가고, 운동도 하고, 독서토론도 하고, 나이에 맞게 놀 줄도 알아야 한다. 모든 교육도 즐겁게 해야 한다. 먹기도 하고, 웃기도 하고, 내용을 몸으로 옮겨보기도 하고 그래야 한다. 즐거운 교회는 살아남는다. 그러나 따분한 교회는 사라지게 될 것이다. 모든 공동체의 운명이 그렇다. 역사가 증명한다.

교회가 쇠퇴하는 이 위기의 시대에 이 위기를 극복하는 교회상이 무엇이냐 하는 것에 대해 다양한 신학적 토론이 있어야 한다. 그러나 분명한 것은 이 시대의 이상적 교회상은 성경적인 교회상에다가 위기를 극복하는 현실적인 교회상이 되어야 한다는 것이다. 교조적인 교회상으로는 이 위기를 극복할 수 없다. 바울은 교회에 서신을 보내면서 가장 강조한 것은 교리이다. 즉 그리스도 예수의 가르침이다. 그다음 교회의 평화를 원했다. 교회 평화를 위해 서로 사랑하라는 교훈도 했고, 관용의 마음을 가지라는 권고도 했다. 심지어 교회 평화를 깨는 자들을 추방하라는 경고도 했다. 이런 바울의 가르침에 즐거운 교회를 첨가하면 위기 시대를 극복하는 교회가 될 수 있을 것이다. 바울 당시 교회는 금욕적인 분위기였고, 당시 교인들은 경건과 즐거움은 서로 대치되는 가치라고 생각하는 편이었다. 그러나 지금은 아니다. 오늘날 교인들은 경건과 즐거움을 다 가지려고 한다. 어쩌면 앞으로 교인들은 즐거움을 더 좋아할 것이다.

이상적인 교회의 세 가지 요소, 즉 참되다, 평화롭다, 즐겁다는 같은 위치의 가치가 아니다. 순서가 있다. 참된 교회가 최우선이고, 평화로운 교회가 다음이며, 즐거운 교회가 그 마지막이다. 참과 평화로 통제도 되고 발전된 즐거움은 교인들이 누리는 진정한 행복이다. 교회는 교인들을 행복하게 해주어야 한다. 그래야 사람들이 교회로 몰려온다. 외친다고 교인들이 교회로 오는 것이 아니다. 목사는 설교만 잘하려고 하지 말고 교인들을 즐겁게 하는 건전하면서도 흥미 있는 프로그램들을 개발하려고 애써야 한다. 장로들은 이런 목사를 경건하지 못한 목사라고 시비하지 말고 도와주어야 한다. 목사가 망하면 장로도 망한다.

목회란 종합 예술과 같다. 교인들이 힘을 모아 같은 목표로 행진하고 각자가 가진 은사를 결집시키면 예술품이 된다. 무엇이든 혼자하려고 하지 말고, 힘을 합치는 지혜를 발휘해서 교회를 지키면서 참되고, 평화롭고, 즐거운 교회를 만들려는 노력을 한다면 반드시 그런 교회를 만들 수가 있다. 그런 교회가 되면 교회성장은 쉽게 된다.

# 53. 총대 선출 방식의 개혁

총회는 교단 최고 의결기관이고, 동시에 집행기관이다. 총회의 결정은 일선 교회에 막대한 영향을 준다. 이런 중요한 결정은 총대들에 의해서 결정된다. 그렇다면 총대 선출은 민주적이면서 합리적이고 교인들의 뜻을 반영하는 제도를 통해서 이루어져야 한다. 그런데 지금 총대는 목사와 장로들로 구성되어 있다. 장로교가 대의제를 근간으로 하기 때문에 이는 합리적이다. 장로들은 교인의 대표이기 때문이다.

그런데 목사 총대를 선출하는데, 담임목사 중심으로 선출되는 제도는 보완되어야 한다. 모든 목사는 동등하고 평등하다. 단지 그 역할상 다를 뿐이다. 총회에 파송되는 목사 총대 중에 부목사 대표, 전도목사 대표, 기관목사 대표 1명씩을 포함해야 한다. 물론 정치화를 막기 위해서 연임은 못하도록 해야 한다. 비례대표 제도를 도입하는 것도 생각해 볼 필요가 있다. 총대 수를 그대로 두고 50명 내외로 부목사, 전도목사, 기관목사, 여성대표를 5개 권역별로 선출하면 될 것이다. 한 교회에서 많은 총대가 선출되는 것을 제도적으로 막아야 한다. 대형교회는 그 교인수에 준해 노회에 총대를 파견하기 때문에 대형교회 총대가 노회원 절반에 육박하는 경우도 생긴다. 대의제라는 원칙에 근거해 볼 때 어쩔 수 없는 현상이기도 하지만 이렇게 되면 대형교회들이 노회를 지배하는 현상이 생기면서 부작용도 심화된다. 원칙이란 필요하지만 원칙이 주는 피해를 막는 것도 중요하다. 민주라는 원칙이 독재라는 부작용을 만들어 내면 안 된다. 총회가 정치화되고 타성화되는 것을 막기 위해서는 총대 안식년 제도를 만들어 총대 7년 되는 해는 총대로 가지 못하도록 해야 하고, 총회에서 활동하는 횟수도 제한해야 한다. 예를 들면, 한 사람의 총대가 각부 부장 3회 이상은 할 수 없다든가, 한 번 법리부서에 있던 사람은 2회 이상 법리부서에 들어갈 수 없다든가 하는 제동 장치를 마련해야 한다. 전문가가 필요하니 한 부서에 오래 있는 것이 좋다는 주장도 일리는 있으나 한 부서에 오래 있으면 결국 부패하기 쉽고 정치화되기 쉽다. 많은 총대에게 기회를 주는 것이 총회의 탈정치화를 이루는 데 도움이 된다.

전문위원제도도 개혁해야 한다. 전문위원이란 문자 그대로 그 분야에 전문적인 지식이나 경험이 있는 사람을 뜻한다. 그런데 총대로 선출되는 사람들은 총회에서 일정한 정치기반이 있어야 가능하다. 그래서 총대 중에서 전문위원을 택하려면 그 폭이 좁을 수밖에 없다. 이제 그 폭을 확대해서 안수집사나 권사 중에서 전문적인 식견이 있는 사람들을 전문위원으로 발탁해야 한다. 정책 결정은 총대 중심으로 하지만 실무 일의 집행에는 안수집사, 권사도 참여할 수 있어야 한다. 예전에는 교회성장의 동력은 목사나 장로였지만 지금은 아니다. 오히려 안수집사와 권사들에게 그 동력이 옮겨갔다. 흔히 지금은 안수집사, 권사의 반란 시대라고 하는데, 이는 그들이 소외당하고 있기 때문이다. 이제는 전문가 시대이다. 전문가들이 교회나 총회 일에 앞장서야 교회와 총회가 성장할 수 있다. 탈

권위주의 시대요, 언론의 자유 시대이기 때문에 교인들의 비판적 발언을 막을 길이 없다. 이제 그들과 소통해야 한다. 목사, 장로 시대는 갔다. 앞으로 목사가 되려는 사람도 줄어들 것이고 장로가 되려는 사람도 없어질 것이다. 전문가가 못 되면 살아남을 수 없는 시대가 도래하고 있다.

노회에서 총대를 파송할 때도 보다 다양성을 살릴 수 있는 제도를 마련해야 한다. 한 사람이 20년 이상 총대로 파송되는 것은 기현상이다. 대형교회 목사나 노회 안에 정치적 힘이 커야 가능한 일이다. 총회가 정책 결정 기관이기는 하지만 실상 총대들은 총회에 가서 별로 할 일이 없다. 이미 대부분 정책은 각 부서 실행위원회나 실력자들에 의해 사전조율 되거나 합의된 일이어서 총대들은 거수기 역할을 할 뿐이다. 사정이 이럴진대 총대가 되기 위해 노회 안에 파벌이 생기고 갈등 구조를 만든다는 것은 백해무익이다. 차라리 모든 목사가 일생에 한 번 정도는 노회의 배려로 총대가 되어 총회에 파송되는 기쁨을 누릴 수 있도록 하는 것이 더 좋을 것이다. 그래야 총대가 별 것 아니라는 생각도 들 것이고, 총회의 역할에 대한 건전한 비판도 할 수 있고, 총회 일에 협조하는 일에도 참여하게 될 것이다. 가장 중요한 것은 자신이 직접 섬기는 일선 교회를 지키고 발전시키는 일이지, 노회나 총회에서 가서 일하는 것이 아니라는 사실을 깨닫게 하는 것이다. 정말 중요한 기관은 일선 교회다. 주님은 교회를 세우셨지만 노회나 총회를 세우지 않았다. 노회나 총회는 교회들이 많아짐으로 일선 교회들을 교리, 행정으로 보호하고 지원하기 위해 인간들이 세운 것이다. 노회나 총회 총대로 파송되는 것을 무슨 자랑이나 권력으로 인식되는 이런 풍토는 개혁되어야 한다.

# 54. 총회 산하 재정사업부 설치

　노회와 총회의 기본 정책은 목회자를 돕는 것이다. 교회는 목회자가 있어야 그 기능을 제대로 발휘할 수 있다. 목회자가 무너지면 교회도 무너진다. 지금 목회자의 수가 많아 교회 평신도 지도자들은 언제든지 좋은 목회자를 초빙할 수 있다고 하지만 향후 10년이 지나면 교회는 목회자를 청빙할 수 없어 쩔쩔맬 것이다. 우리 교단은 5년 후에는 많은 목회자가 은퇴할 것이고, 2년 후 정도 되면 신대원 입학생 수가 정원 미달할 것이다. 지금도 그렇지만 앞으로 더욱 목회자의 위치는 불안하게 될 것이다. 성직의 개념은 사라지게 될 것이고 따라서 성직자라는 그 고귀한 이름으로 살기 위해 목사가 되려는 사람은 사실상 없을 것이고, 직업으로서의 목사도 경제적으로, 사회적 지위로 별 가치가 없어지게 되면서 목사가 되려는 사람들은 급격하게 줄 것이다. 청년 목사들은 결혼도 힘들 것이다. 부목사에게 사택을 줄 수 있는 교회는 극히 제한적이기에 대부분 여자는 목회자와 결혼하기를 꺼릴 것이다. 영적으로, 경제적으로, 사회적으로 목회자의 지위가 흔들리기 때문에 장차 교회는 교인이 없어 문 닫게 되는 것이 아니라 목회자가 없어 결과적으로 문 닫게 되는 최악의 경우가 도래할 것이다. 지금도 신대원 입학생 중에는 거의 40대 이후의 학생이 절반을 넘고, 여자 신대원 학생 수가 급증하고 있다. 이들이 졸업하고 전도사를 거쳐 목사 안수를 받는다 해도 부목사로 일할 기회를 갖기는 어렵다. 나이가 너무 많기 때문이다. 이제 목회자는 사회에서도, 교회에서도 사람들에게 생존권과 인권 그리고 영권을 보장받지 못해 전전긍긍하는 처량한 신세가 될 것이다. 물론 일부 대형교회나 중형교회는 그나마 목회자의 권위가 최소한으로 유지되겠지만 대부분 목회자는 좀 과장해서 말하면 은퇴 후에는 기초생활 수급자로 전락하게 될 것이다. 이렇게 되면 교회는 망한다. 하나님의 종을 이처럼 홀대하는 교회는 하나님께서 그냥 보고만 계시지 않을 것이기 때문이다.

노회와 총회는 목회자의 생존권, 인권, 영권을 보장해 주는 정책을 실시해야 한다. 어렵게 목사가 되도록 교육과 훈련을 강도 높게 시행한 후, 목사가 되면 그 지위를 보장해 주어 사명감을 갖고 목회할 수 있도록 후원해 주어야 한다. 그러기 위해서 연금에 가입하지 못하는 가난한 목회자의 기초연금을 총회가 대납해 주어야 한다. 문제는 재원이다. 교회가 점점 어려워지니 교회가 내는 상납금으로는 이 재원을 마련할 수 없다. 결국 총회도 사업을 해야 한다. 그중 자동차 구입을 자동차 회사와 계약을 맺고 총회 산하 9천 교회의 교회용 자동차, 즉 목사 승용차를 비롯해서 교회가 사용하는 모든 차량을 총회가 구입하여 교회에 내려보내고 그 수수료를 받아 적립하면 막대한 재정 수입을 얻을 수 있을 것이다. 보험도 그리하면 된다. 그리하면 앞으로 그 돈을 5년간 적립한 후 잘 운영하여 가난한 목회자의 기초연금을 지불해 줄 수 있을 것이다. 기초연금을 지급해 줄 가난한 목사를 어떻게 선정하느냐 하는 문제가 난제이긴 하지만 연구를 심도 있게 하면 객관적인 기준을 바로 정할 수 있을 것이다. 그리고 재단을 만들어 이 사업을 하되 그 사업의 수익은 오직 가난한 목사들의 기초연금을 지급하는 일만 해야 한다. 그 어떤 경우도 다른 사업을 해서는 안 된다. 다른 사업을 하다 보면 이 재단은 부패하게 된다.

목사 전원이 총회연금 혜택을 받고, 국민연금에 들어 노후를 준비한다면, 목회자의 생존권은 은퇴 이후도 보장이 되고, 결과적으로 목회자의 길을 가고자 하는 이들은 최소한 현 상태를 유지하게 될 것이다. 목회자도 사람이다. 사람 대접을 해 드려야 한다. 생존권이 보장되어야 젊은 이들이 목사가 되려고 할 것이다. 목사가 되려는 젊은이들에게 사명감만 강조하지 말고 그들이 목회자의 길을 걷도록 제도를 마련해 주어야 한다. 교인들, 특히 평신도 지도자들은 목회자가 사명감으로 일해야 한다고 주장한다. 옳은 말이다. 그런데 평신도 지도자들에게는 사명감이 없는가? 그들에게는 목회자들이 목회를 잘할 수 있도록 도와야 할 사명이 있다. 그런데 왜 그 사명감을 목회자들에게만 강요하는가?

현대 사회는 권력이 분산된 사회이고 그 권력은 책임을 동반한 권력이다. 분산되었지만 책임지는 그 권력이 서로 통합되고 협력해야 더 큰 권력이 되어 교회의 각종 문제점을 해결하면서 교회를 지킬 수 있다. 돈이 있어야 한다. 그런데 그 돈을 교인들에게서 얻으려고만 하지 말고 총회 스스로가 사업을 통해서 필요한 돈을 마련하려는 발상의 전환이 필요하다. 물론 이런 일들은 쉽게 할 수 있는 성질의 것은 아니다. 교인 중에 이해관계가 있는 사람들의 반대도 있을 것이다. 그러나 결단해야 한다. 대부분 목회자를 기초생활 수급자로 만들어서는 안 된다.

# 55. 총회와 지교회 간의 소통 강화

총회는 교단의 최고 의결기구이다. 교리와 행정 등 교단의 모든 법이 총회에서 결정된다. 동시에 총회는 교회분쟁의 최종 판결을 하는 사법 기구이기도 하다. 총회는 교인들이 낸 헌금으로 운영된다. 현실적으로 보면 총회의 주인은 총대들이 아니라 교인들이다. 그러기에 총회의 모든 결정은 교회 즉 교인들에게 신앙적 유익을 주어야 하고, 모든 결정은 교인들을 위해서 결정돼야 한다. 그러나 현재 우리 교단 총회는 교회 위에 군림하고 있고, 교인들을 위한 정책 결정을 하기보다는 총회를 통해 개인적 유익을 얻으려는 사람들을 중심으로 운영되고 있다. 총회의 결정은 총대들을 통해 노회에 공지되고 통지되기는 하지만 교인들에게는 전달되지 않는다. 노회 총대들이 교회에 가서 총회 결정을 홍보하거나 자세히 설명하지 않기 때문이다. 교인들은 총회가 어떤 역할을 하는지, 왜 필요한지를 모른다. 오히려 부정적인 시각을 갖는 경우가 더 많다. 이제 교인들이 자각하면서 노회, 총회의 역할에 회의를 품게 되고, 결국 반발하게 되면서 총회주일 헌금이나 노회 상납금에 대해 부정적 태도를 취하게 되었다. 그래서 노회도 총회도 재정적인 위기를 맞이하게 된 것이다.

앞으로 총회가 교인의 지지를 받으려면 총회가 중점적으로 하려는 일을 교인에게 홍보를 해야 한다. 노회를 통하지 말고 직접 지교회와 소통하는 방법을 연구해야 할 것이다. 예를 하나 들어보자. 해마다 총회가 되면 새로운 표어, 목표 등이 정해진다. 각 교회는 그 표어를 교회 표어로 정해 현수막으로 걸기도 한다. 그런데 총회 주제, 표어, 목표 등을 소책자로 만들어 학생들을 제외하고 전국 교인들에 나누어 주어야 한다. 큰 돈이 들지는 않는다. 필요 없는 사업을 폐기하고 이 일을 추진하면 훨씬 효율적으로 교인과 소통될 것이다. 책자는 구체적이고 실용적이어야 한다. 관념적인 지적 설명보다는 현실 삶 속에서 한 해를 어떻게 보내야 하는지를 설득시키는 문장이어야 한다. 그리고 총회가 끝나면 바로 전국 교회가 총회에서 정해 준 주제를 가지고 설교를 해야 한다. 적어도 일 년에 두 번 정도는 전국 교회가 단일한 주제로 설교를 해야 한다는 것이다. 동성애 문제도 그렇다. 총회가 아무리 동성애를 반대하는 결정을 한다 해도 교인들이 이를 지지하지 않으면 소용이 없다. 동성애 반대 설교는 총회에서 작성해서 각 교회에 보내주면 될 것이다.

교인들을 도외시하고 교인들과 소통하지 않는 총회는 곧 몰락한다. 아무리 그 무엇을 결정한다 해도 그것은 실천하지 못하는 허구가 될 것이다. 사회나 국가가 두려워하는 것은 총회가 아니라 교인들로 뭉쳐진 대중이다. 현대 사회는 대중이 힘이다. 총회가 이 대중을 하나로 묶지 못하면 허약한 총회가 될 것이다. 만약 총회가 모든 교인, 즉 대중화된 교인들을 하나로 뭉치게 할 수만 있다면 교회는 이 어려운 상황 속에서도 살아남을 수 있다. 교인을 대중화하고 그 대중을 움직이는 총회가 되라.

그러면 힘을 얻게 될 것이고 그 어떤 권력도 총회를 무시하지 못할 것이다. 연구하면 방법은 나온다. 교회가 살아남는 길은 교인을 대중화시키는 것이다.

총회가 일선 교회 교인과 소통하려면 목회자의 협력이 절대 필요하다. 목회자의 협력을 얻으려면 총회가 목회자, 특히 가난한 목회자의 입장을 이해하고 그들을 위한 정책을 계발해야 한다. 목회자는 누구를 의지하면서 사는가? 하나님이다. 그러나 그것은 교리적이고 신앙적 답변이다. 목회자는 교인과 노회, 총회를 의지하고 산다. 그런데 노회와 총회가 목회자에게 도움이 되지 못하면 목회자는 결국 교인과 결탁해야 생존이 가능한 처지로 내몰리고 만다. 이것이 교회의 타락이다. 총회는 목회자의 도움을 받아 일선 교인과 직접 소통해야 살아남는다는 것을 명심해야 한다. 필요 없는 과시용 사업을 중단하고, 일부 대형교회나 잘나가는 목회자의 얼굴이나 보여 주려는 행사도 중지하고, 일선에서 힘들게 목회하는 이들을 위한 정책 계발을 심도 있게 해야 한다.

# 56. 총회장 2년 임기제

현재 총회장은 임기가 1년이다. 연임은 물론 없다. 현 총회는 총회장을 중심으로 한 임원회와 사무총장을 중심으로 한 사무국으로 사실상 이원화되어 있다. 그러나 그 경계가 모호하고 사실상 총회장을 중심으로 모든 일이 처리되고 있다. 그런데 총회장 임기가 1년이다 보니 사무국 통제도 제대로 되지 않고 사업도 제대로 집행되지 못하고 있다. 임기 1년 동안 해외에 자주 다니다 보면 더욱 국내 일을 감당하기가 쉽지 않다. 부서가 하는 일도 많아 이를 감독하는 것도 수월하지 않다. 그러면서 목회도 해야 한다. 어느 하나 집중적으로 하기 어렵다.

이런 폐단을 극복하기 위해서는 총회장 임기를 2년으로 연장하고 교회는 사임해야 한다. 이런 제도를 실시하는 데는 몇 가지 난제가 있다. 우선, 총회장 사례비와 사택 문제를 어떻게 해결하느냐 하는 문제에 봉착한다. 결국 이 일은 총회가 결단해야 한다. 사택은 총회가 구입해야 하고, 사례비는 최소로 정해서 드려야 한다. 총회장은 봉사직이다. 평생을 성공적으로 교회를 섬긴 자가 마지막으로 봉사하는 직분이다. 마땅히 희생적인 생각을 갖고 그 직을 수행해야 한다. 목사직을 성실히 수행한 목사라면 총회장이 되면 총회장을 배출한 교회는 사택을 지방 또는 변두리에 현실적인 가격으로 구입해 줄 것이다. 사례도 연금을 받고 교회가 퇴직금과 위로금을 드리고 총회장직을 수행하는 2년 동안만 생활비 보조를 해 준다면 이 문제는 간단히 해결될 것이다. 총회장 역할을 마친 후다시 교회로 돌아가는 것은 교회와 의논해서 할 일이지만 원칙적으로 은퇴하는 것이 바람직하다. 총회장을 역임하면서 2년 동안 사실상 교회 일에 손을 뗀 목사가 교회로 돌아가 예전처럼 목회하기가 수월하지 않다. 게으르고, 무감각하며 임기응변식으로 목회를 할 개연성이 높다. 은퇴가정답이다. 부총회장 2년 총회장 2년이면, 4년 동안 총회를 위해 봉사하는 것이니 65세 정도 부총회장에 취임하면 정년을 다 채우는 것과 같다. 동시에 총회장을 역임한 분은 총대는 물론 대학 이사를 제외하고는 모든 직책을 맡을 수 없도록 해야 한다.

그런데 이 제도를 실시하려면 부총회장 선출 방법을 달리해야 한다. 총회장 임기가 2년으로 연장되면 필연적으로 임원 임기는 1년으로 해서 총회장이 임원 구성을 2차에 걸쳐 하도록 해야 한다. 총회장 2년 임기제는 필요성을 인정할 수 있지만 임원 2년 임기는 필요성이 없다. 오히려 임원의 임기를 2년으로 연장하면 임원은 권력화 된다. 그리고 다른 사람들에게도 기회를 주는 것이 공정이요 상식이다. 총회장도 더 좋은 임원을 선택해서 함께 일할 기회를 주어야 한다. 그래야 총회장에게 책임도 물을 수있다.

총회장 임기 2년제를 실시해야 하는 이유는 세 가지가 있다. 첫째, 지금은 위기 시대이기 때문이다. 교회가 쇠퇴하는 시대라는 상황은 누구나

다 인정하고 있다. 위기를 극복하는 다양한 방법들이 제시되고 있기기는 하지만 누군가가 책임지고 그 일들을 지속적으로 추진해야만 결과를 얻을 수 있다. 총회장 외에는 그 일을 이끌 수 있는 법적 지위를 가진 사람이 없다. 위기 시대에는 강력한 지도자가 있어야 한다. 출애굽 초창기에는 모세가 전권을 가지고 백성을 이끌었다. 고구려도 연개소문이 강력한 지도력을 갖고 있었기에 그가 있는 동안 세계 최강의 당나라를 이길 수 있었다. 물론 민주화 시대에 강력한 지도자라 해도 분명 한계가 있다. 그러나 총회장 임기가 2년이면 그나마 강력한 지도력을 조금은 가질 수가 있어 교단을 이끌어 가는 데 도움 될 것이다. 둘째, 총회장은 입후보 할 때, 나름 공약이라는 것을 제시하고 당선이 되었다. 그러나 임기 1년 안에는 그 공약을 거의 손대지 못한다. 그러니 총대들도 총회장이 내건 공약에 아무 관심이 없다. 그야말로 공약은 허울뿐이다. 총대들도 총회장이 1년 안에 그 공약을 실천할 수 없다는 것을 잘 알고 있다. 그래서 그냥 물러난다 해도 총회장을 탓하지 않는다. 가장 자신의 말에 책임져야 할 총회장은 허언을 일삼는 허수아비가 되어 사실상 그 권위를 인정받지 못한다. 지도자는 자신의 말에 책임을 져야 그 권위가 유지된다. 셋째, 총회장을 마치고 난 후, 연합사업위원장을 끝으로 은퇴하는 것이 모양새가 좋은데, 교회를 사임하고 연합사업위원장을 하면 은퇴해야 하는 총회장에게 임기 1년은 형평성에 맞지 않다. 총회장에게 임기를 연장해 주어야 그나마 총회장으로서 마지막 봉사를 하려고 할 것이다. 지도자의 덕목은 책임지는 것이다. 그런데 지금 총회는 구조상 아무도 책임을 지려는 사람이 없다. 권한을 주고 책임을 묻는 제도가 필요한 때이다.

# 57. 총회장 긴급 행정 명령권 신설

총회장에게 권력이 있는가? 각종 난제를 해결할 수 있는 힘이 있는가? 총회를 제대로 섬겨 보겠다는 그 아름다운 의지를 실현할 수 있는, 헌법이 보장하는 힘이 있는가? 없다. 총회장은 과장해서 말하면 허수아비이다. 총회 사회를 보는 일이 가장 큰 역할이다. 우리 교단 헌법은 지나치게 권력을 사방으로 분산시켜 놓고 있다. 사무국은 사무총장이 통괄 하고 있다. 그러나 총회장에게는 사무총장을 통제할 수 있는 법적 근거가 없다. 최악의 경우 사무총장이 총회장에게 항명한다고 해도 사무총장의 임기가 보장되어 있어 그 직무를 정지시킬 수 없다. 총회의 각 부서도 독립적으로 일할 수 있다. 선출직인 부서장들이 실행위원들과 뜻이 맞으면 얼마든지 총회장의 뜻에 반하는 고집을 부릴 수 있고 이를 제지할 근거도 없다. 헌법위원회나 규칙부, 재판국이 그 업무를 방만히 하거나 불공정하게 의결하거나 담합해서 편파적으로 결의를 해도 그것을 막을 길이 없다. 각종 현안에 긴급한 해결을 요하는 경우가 생겨도 정치적 갈등으로 해결하지 못하는 경우도 있다. 긴급사태가 생겨도 절차에 따라 일을 진행해야 하기에 시기를 놓치는 경우도 생긴다. 노회에 지시해도 노회가 그 지시를 무시해 버리는 경우도 있다. 총회장에게는 창조적 권력이 없다.

그러므로 총회장에게 긴급행정명령권을 주어야 한다. 사무총장의 직무를 정지시킬 수 있어야 하고, 각 부서의 부당한 일 처리를 중지시킬 수 있는 권한이 주어져야 한다. 총회 결의를 불복종하는 노회에 대해 총대 활동을 중지시킬 수 있는 권한도 주어져야 한다. 필요 이상 길게 판결하지 못하는 소송에 대해 재판국에 행정적 권고를 할 수 있는 권한도 주어져야 한다. 물론 총회장의 긴급행정명령이 각 부서의 활동을 위축시키거나 총회장의 독주를 강화하는 수단이 되어서는 안 된다. 총회장의 긴급행정명령은 만부득이할 때만 내려져야 한다. 그러기 위해서 두 가지 제동장치를 둬야 한다. 긴급행정명령은 인사에 대해서는 직무정지를, 행사에 대해서는 중지명령을, 어떤 특별한 문제에 대해서는 지시명령을 근간으로 해야 한다. 그리고 발동은 임원회의 의결을 걸쳐 노회장협의회에서 과반의 찬성을 얻어야 발동할 수 있게 제도화해야 한다.

긴급행정명령이 발동되면 모든 부서는 그 명령에 따라야 하고 총회가 개회되면 총회에 보고해서 인준을 받아야 하며 인준을 받지 못하면 자동 폐기된다. 민주적 절차를 통해 모든 일을 하는 것은 정당하다. 그러나 긴급사태가 생기면 이를 효율적으로 대처할 수 있어야 한다. 그러기 위해 총회장에 힘을 실려주어야 한다. 잘못되는 것을 보면서도 아무런 대응을 하지 못한다면 이는 참으로 비효율적이다. 총회장은 교단 최고 지도자이다. 그 권위에 맞게 힘이 주어져야 한다. 특히 위기 시대에 무슨 일들이 생길지 아무도 예단하지 못한다. 총회장 긴급명령권은 자주 발동 되어서는 안 된다. 누가 요구한다고 해서 발동해도 안 된다. 이 명령은 문자 그대로 긴급한 사태가 생기거나 각 부서가 태만하고 불법적인 일들을 하려고 할 때 발동돼야 한다. 이 긴급명령권이 총회장에게 주어지면 각 부서 특히 법리부서는 법 해석을 더욱 신중하게 할 것이다. 총회장이 긴급명령권을 통해 그 해석을 정지시킬 수 있기 때문이다. 규칙부와 재판국, 헌법위원회 해석이 종종 다르게 나오는 경우가 있다. 이런 경우 총회는 큰 혼란에 빠지게 된다. 그러나 총회장 긴급명령권을 통해 그 혼란을 막을 수 있고 총회에서 최종 정리가 될 수 있게 되어 합리적인 해석을 할 수 있다. 이런 제도가 마련되면 재판국, 규칙부, 헌법위원회는 독립성을 상실한다는 이유로 심한 반발을 할 것이다. 충분히 예상도 되고 이유도 충분히 있다. 그러나 지금까지 예를 보아 법 해석이 정치적으로, 로비에 의해, 고집으로, 권위의식으로 지연시키거나 잘못되는 경우가 종종 있어 이를 예방하고자 하는 제도이지, 독립성을 훼손하려는 의도가 아님을 분명히 이해해야 할 것이다.

# 58. 총회 재정 절약 방안

총회는 거대조직이다. 그만큼 재정도 많이 필요하다. 지금 재정은 각 노회가 보내주는 상납금과 총회주일에 총회를 지원하는 헌금이 거의 전부다. 이 재정으로 직원들 사례하고 각종 사업을 하며 연합단체에 분담금을 내고 있다. 총회장 판공비도 초라하기 그지없다. 교재개발비도 턱없이 부족하다. 돈이 없으면 마음도 메마르다. 능률이 오르지 않는 것은 당연하다. 앞으로 재정난은 갈수록 어려울 것이다. 이대로 가면 10년 이후에는 파산이 날 것이다. 총회 재정을 여유 있게 하는 방법은 없다. 교회는 쇠퇴하게 될 것이고, 노회 상납금은 줄어들 것이며, 총회 헌금도 줄 것이 분명하다. 그렇다면 총회 재정난을 타개할 방법은 없는가? 있다.

첫째, 회의비를 줄이는 것이다. 각부 실행위원들이 서울에 모여 회의를 하는데 그 회의비를 줄이는 것이다. 우선 첫 실행위원회와 마지막 실행위원회만 서울에 모여 회의하고 그 나머지는 화상으로 하는 것이다. 정상회담도 화상으로 하는데 실행위원회가 뭐 그리 대단해서 서울에 모여서 회의를 해야 하는가? 노회에 화상회의를 할 수 있는 시설을 구비 하면 노회에 나와 회의를 하면 된다. 이 제도가 정착되면 회의비 절반은 절약될 것이다. 그다음 단계로 노회에 나와 회의할 때, 거마비를 주지 않는 방법을 연구해 볼 필요가 있다. 서울에 오려면 교통비가 많이 들지만 노회로 가서 회의하게 되면 교통비는 큰 폭으로 줄어들 것이다. 2~3년 내에 이 제도를 도입해야 한다. 그리고 내년부터 서울 지역에 있는 총대들은 총회에서 회의를 하든, 노회에서 회의를 하든 거마비 드리는 것을 중지해야 한다. 이 제도는 반발이 심할 것이다. 총대 모두가 어려운데, 거마비조차 받지 못하면 회의에 참석하지 못한다고 주장하기도 할 것이다. 그러나 생각해 보자. 총회가 파산하게 되는데 명색이 총회를 위해 봉사하는 총대라고 하면서 거마비 주지 않는다고 회의에 참석하지 않는다면 이게 말이 되는가? 서울 지역에 있는 총대들은 그래도 지방에 계신 총대들보다 경제 사정이 나은 편이 아닌가? 서울 지역 총대들이 본을 보여야 전국적으로 이 제도가 확산될 수 있다.

둘째, 총회가 하는 그 어떤 프로그램에 강사로 오시는 분들에게 일단 강사비 지불을 중단해야 한다. 강사비를 받는 것은 당연한 권리이다. 그러나 그 권리를 당당하게 총회를 위해 버리라는 것이다. 각종 총회가 하는 프로그램에 강사로 오시는 분들을 조사해 보니, 거의 전부가 큰 교회 목회자들이다. 그분들은 강사 사례비를 받기보다는 교육받는 분들에게 커피라도 한 잔 대접할 수 있는 분들이다. 강사 비용도 제법 상당할 것인데, 그 돈을 지출하지 않으면 재정에 얼마나 큰 도움이 되겠는가? 극단적인 예가 되겠지만 강사 사례비를 드리지 않으면 강사로 오지 않겠다고 고집을 부린다고 하자. 물론 그런 분들이 없겠지만 만약 계시다면 그런 분들은 모시지 않는 것이 좋다. 강사란 지식만 전하는 사람이 아니라 자신의 인격과 삶을 전하는 사람이다. 인격과 삶이 없는 지식은 목회 현장에서 악이 된다. 이런 제도를 도입하면 강사들을 선택하는 폭이 넓어질 것이다. 강사와 사례비가 연결되면 서로 강사로 가려고 해서 행사를 주관하는 실무자들과 강사로 가려는 사람들 사이 카르텔이 형성되기가 쉽다. 부패다. 지난 20년 총회 각종 세미나에 강사로 가셨던 분들을 통계로 조사해 보면 놀라운 결과가 나올 것이다. 이제 모든 목회자는 총회를 위해 무보수로 재능기부를 해야 한다. 그래야 총회가 산다.

셋째, 교회마다 총회주일 헌금을 하는데, 그 헌금 액수를 늘리려면 교인을 감동시킬 수 있는 일들을 총회가 해야 한다. 총회에 불만이 많은데 어느 교인이 즐거운 마음으로 헌금을 하겠는가? 대부분 외면하고 있다. 총회주일 헌금 통계가 기독공보에 기재되는데, 그 결과가 참담하다. 대형교회는 체면치레만 하고 있고, 총회 각 부서장, 실행위원, 총회임원 교회는 모양새만 갖추고 있다. 이런 교회들을 독려해야 한다. 사무총장이 이런 교회에 전화하거나 방문해서 협조를 구해야 한다. 총회 살림은 사무총장 책임이 아닌가? 난세가 되어야 충신이 누구인가를 알 수 있다는 옛말이 있다. 지금이 난세다. 이 난세는 우리에게 고통을 주고 있지만, 이 난세를 통해 누가 진정한 목회자이고 장로이며 교인인지를 판별할 수 있는 기회가 주어졌다는 것은 분명하다.

# 59. 총회 직원 임용제 개혁

    총회에는 사무를 보는 직원들이 있다. 당연히 채용을 위해 어떤 기준도 있게 마련이고, 사실상 제도도 정착되어 있다. 지금까지는 별 무리 없이 잘 진행되어온 것도 사실이다. 그러나 앞으로 상황이 크게 변한다. 사업들을 예전처럼 할 수 없을 것이다. 코로나 때문이 아니다. 할 사업이 별로 없기 때문이다. 왜냐하면 그 실효성이 의심되기 때문이다. 나름대로 책도 발간하고, 세미나도 하고, 각종 회의도 하지만 들어가는 경비와 노력에 비하면 그 결과가 미미하다. 우선, 일선 교회는 총회가 하는 사업에 관심이 없다. 현실성도 없고, 탁상공론, 이론적이고 현장에서 사용하기에는 고비용이고, 그것을 실천에 옮길 인재도 없다. 총회가 하는 사업들은 일종의 역사 축적용이다. 기록용이라는 것이다. 제대로 된 사업을 하려면 일선 교회들의 실태를 파악하고 교회가 필요로 하는 것이 무엇인지를 알아야 한다. 실현 가능하고 보편타당한 사업들을 해야 한다. 앞으로 점점 총회가 할 일이 없어질 것이다. 물론 직원들은 할 일을 만들어 갈 것이다. 그러나 대부분은 필요 없는 일들일 것이요, 결과적으로 직원의 수가 줄어들 것이다. 고학력자들이 총회 직원이 되기를 꺼려할 것이다. 보수도 동결 내지 감봉될 것이다. 교회가 어려워지는데 총회로 올라올 상납금이 부족할 수밖에 없기 때문이다.

지금까지 총회 직원이 되려면 상당한 로비가 필요했고 때로는 금전적인 제공도 있었다는 소문도 있었다. 이제 총회 직원들은 인터넷으로 일을 해야 한다. 기계화 작업이 필요하다. 채용도 공정하고 정의로워야 한다. 그러므로 추천서를 받고 면접을 하고 투표를 하는 채용방법을 버려야 한다. 일차적으로 공고를 하고 필기시험을 쳐야 한다. 필기시험을 쳐야 하는 이유는 필기시험이야말로 가장 공정한 경쟁방법이기 때문이다. 당장은 어렵겠지만 상식, 논술시험을 쳐야 한다. 가능하면 영어 시험도 쳐야 한다. 국제화 시대이다. 각부 부장들이 면접 후 투표로 하는 제도도 버려야 한다. 투표는 그 자체가 정치적이다. 실력 있는 사람들이 지원하기가 어렵다. 실기시험을 반드시 쳐야 한다. 지금까지 총회 직원을 선출할 때 인사위원회가 투표로 선임했는데, 인사위원수가 한정되어 있어 정치적 이해관계나 지방색, 인간관계를 중심으로 선임되는 예가 허다했다. 인터넷 사용법도 어느 수준에 도달해야 한다. 면접은 총회장과 서기, 사무총장이 하면 된다. 면접은 특별한 하자가 없는지를 확인하는 수순으로 하고 당락에 큰 영향을 주지 않도록 해야 한다. 일단 임시직으로 채용하고 업무 교육을 한 후 그 실력을 관찰해야 한다. 인성이 중요하기에 적성검사 등 필요한 검사도 하고 인화를 위해 다른 직원들의 평가도 참고해야 한다. 직원이 다니는 교회 담임목사의 평도 들어보아야 한다. 1년 안에 이런 일들이 다 이루어져야 한다. 최종적으로는 사무총장의 제청으로 총회장이 임원회 결의로 채용하게 한다. 특히 반사회적 행동, 동성애, 지나친 이념주의자, 근거 없이 공교회를 비판하는 자는 사전에 철저하게 살펴야 한다. 언젠가는 소수의 직원이 총회 일을 해야 할 때가 올 것이다. 실력 있는 직원들을 뽑아야 한다. 직원 정원에 대한 검토가 이루어져서 장기적으로 불필요한 직원들을 감원시키고 급료는 현실화하여 사기를 진작시켜 주어야 한다.

특히 교육자원부에서 근무하는 직원들은 연구직이 많은데 일반 행정직과는 급료 체계가 달라야 한다. 교재를 만들어 내는 직원들은 높은 수준의 지식과 경험이 요구된다. 교육이 교단 장래를 좌우하는 중요한 분야이기에 그들을 대접하는 것은 마땅한 일이다. 교육자원부에서 공과를 만들어 각 교회에서 사용하는데 일부 교회는 교단 공과를 사용하지 않고 자체적으로 개발하거나 심지어 다른 교단의 공과를 사용하는 예가 종종 있다. 이는 강력하게 금해야 하고 공과 판매로 얻은 수익은 총회 행정비로 사용하지 말고 총회 직원들 사례비와 교재개발비로 사용해야 한다. 앞으로 총회 직원은 소수 정예로 공정하게 선발해야 하며, 급료를 현실화하여 일에 대한 동기부여를 해주고, 사례를 일률적으로 정하지 말고 그 하는 일에 따라 차등으로 지불해야 한다. 특히 총회가 사업을 하게 되면 그 분야의 적임자에 한해서는 초빙, 추천, 공채로 채용해야 한다.

# 60. 홍보 전략의 세분화
## — 교회건물, 유인물, 주보, 영상, 신문, 방송 —

현대는 홍보 시대이고, 표현주의 시대이다. 표현하지 못하고 홍보하지 못하면 아무도 알 수 없고 알려고 하지 않는다. 교회도 마찬가지이다. 현대 홍보의 핵심은 시각이다. 인간은 사물을 인지할 때 시각이 먼저 움직인다. 이는 성경적이다. 하와가 선악과를 인지할 때, 시각적 이미지가 먼저 들어왔다. 선악과는 소리 내지 않는다. 단지 그곳에 매달려 있을 뿐이다. 그러나 인간은 선악과를 눈으로 보는 순간 먹음직도 하고 보임직도 하다고 인식했다. 시간적 이미지로 홍보하는 것이 중요하다. 교회의 시각적 이미지로 표현할 수 있는 것들은 실로 많다.

우선 예배당을 건축할 때, 시각성을 충분히 살려야 한다. 웅장하든지 아니면 단순하든지, 주변과 조화를 이루면서도 개별화되도록 건축해야 한다. 예배당 건물 자체가 전도를 위한 메시지가 되어야 한다. 주보는 교회의 얼굴이다. 내용이 중요한 것이 아니라 디자인의 미적 형태가 중요하다. 현대인의 미적 감각을 염두에 두어야 한다. 현대인은 내용보다 형태를, 즉 메시지보다는 미디어를 더 중요시한다. 맥루한의 이론이다. 미적 감각이 부족한 상태에서 내용만 많으면 사람들은 조잡하다고 여겨서 보지도 않는다. 전도지도 마찬가지이다. 목회자들은 내용을 중시하여 많은 메시지를 전도지에 담으려고 한다. 시대착오적 사고이다. 어떤 내용을 알리려고 하기 전에 먼저 충격을 줄 수 있어야 한다. 현대인은 내용에 관심이 없다. 충격을 더 원한다. 충격을 주는 가장 좋은 방법은 단순한 문장과 미적 형태의 구조이다. 교회 영상도 마찬가지이다. 교인들은 영상에 나타난 내용보다는 영상미를 더 선호한다. 아름답지 않은 영상이 뜨면 내용조차 외면해버린다. 교회 신문도 마찬가지이다. 시각적 아름다움이 우선되어야 한다.

그런데 이런 일들을 하려면 전문가가 필요하다. 평신도 중에서 이런 전문가를 찾기는 어렵다. 있다 해도 그들이 정성을 다해 교회봉사를 할지는 의문이다. 결국 목사가 해야 한다. 목사가 이 일을 하려면 신학대학에서 홍보 기술, 영상 편집, 미학 등을 배워야 한다. 참으로 한심한 것은 오늘 신학대학에서는 이런 것들을 전혀 가르치지 않는다는 것이다. 신학은 중요하다. 그러나 신학만으로 교회를 부흥시킬 수 없다. 설교는 중요하다. 그러나 설교만으로 교회를 부흥시킬 수 없다. 현대인은 듣는 것보다 보는 것을 더 좋아한다. 이제 신학대학에서는 인문학, 미학, 광고학, 영상 기술 등을 가르쳐야 한다.

목사의 설교도 그 형식이 달라져야 한다. 시각을 중요하게 생각하다 보니 일부 목사들은 영상을 설교의 보조 자료로 사용하는 경우도 생기지만 득보다는 실이 더 크다. 왜냐하면 교인들 입장에서는 듣고 보는 것을 동시에 해야 하기에 혼란스럽다는 느낌을 갖기 쉽고 준비하는 데 상당한 시간이 들기 때문이다. 차라리 설교 표현을 시각적으로 하는 것이 더 좋을 것이다. 즉 설교할 때 시각적인 단어와 문장을 더 많이 사용하라는 것이다. 마치 그림을 설명하듯, 행동을 설명하듯, 서경시처럼 표현한다면, 청중은 머리에서 시각적 이미지를 만들어 내면서 설교를 들을 수 있다. 쉽지는 않지만 연습하면 가능하다.

농촌교회든 도시교회든 상가교회든 성전은 깨끗해야 한다. 성전이 더러우면 은혜받기가 어렵다. 성전을 아름답게 꾸미는 데 가장 효과적인 것은 꽃과 나무이다. 꽃과 나무를 성전 주변에 많이 보기 좋게 심으라. 최초의 설교는 보기가 좋다는 하나님 말씀이다. 성전에 와서 깨끗하고 아름답다. 그렇게 느낀다면 그 자체가 은혜받은 것이다. 목사들이 착각하는 것은 설교의 위력을 너무 지나치게 믿는다는 것이다. 설교는 힘이다. 그러나 설교가 모든 교인을 변화시키지는 못한다. 주님도 설교로, 가르침으로 바리새인을 모두 변화시키지 못했다. 인간을 변화시키는 것은 설교가 아니라 하나님의 능력이다. 목사들이 하는 설교 중에 엉터리도 많고, 과장도 많으며 자기 자랑도 많다. 최선을 다해 설교하되 그 결과는 하나님께 맡기고, 교회에서 하는 모든 것을 미디어화하고, 그것들이 미적 감각을 갖도록 노력해야 한다.

# 맺는말

이율곡은 경장론을 주장했다. 모든 공동체는 결국 흥망성쇠의 길을 걷게 되는 데 흥에서 망으로 가고, 성에서 쇠로 가는 길에 경장을 하면 다시 흥으로, 성으로 되돌아간다는 주장이다. 경장은 낡은 제도, 모순되는 제도, 사람들의 의식과 지도자를 그 시대에 맞게 바꾸는 것을 뜻한다. 그래서 경장은 어렵다. 그래서 조선조의 경장론자들, 조광조 이율곡 정조 김옥균의 경장이 다 실패한 것이다. 저들의 경장론이 당시 조정에서 수용했으면 조선의 역사는 달라졌을 것이고, 구 한날 망국의 비극은 없었을 것이다. 이제 한국교회, 우리 교단도 경장의 시기가 도래했다. 이번에 경장을 하지 않으면 한국교회, 우리 교단도 결국 쇠퇴하면서 유명무실한 공동체가 되고 말 것이다. 나는 교단 창립 이래 정책팀을 4 차례나 연임했던 사람으로서 총회의 문제점을 누구보다도 잘 알고 있다고 생각했기에 그 막중한 책임을 다 하지 못한 것을 자책하고, 이제 총회를 떠나면서 이 제안서를 남기고자 한 것이다. 결론은 다음 세 가지이다. 첫째 목회자들, 장로들 ,총대들은 위기위식을 보다 강하게 가져야 한다. 사실 교단에 속한 모든 사람들은 위기의식을 갖고 있다. 그러나 더 절실하게 가져야 한다. 침몰 직전에 왔다는 것을 의식해야 한다. 그래야 싸움이 중지되고, 자리다툼을 중단하며, 힘을 모아 탈출의 지혜를 공동으로 모색하게 될 것이다. 교단이 무너지면 이런 저런 자리싸움에서 승리해도, 아무 의미가 없고 모두 패자의 고통으로 역사 속에 남게 될 것이다. 둘째, 모든 제도를 근본적으로 그 타당성을 재검토해야 한다. 교리만 빼고 모든 제도를 현실에 맞게, 위기를 극복하는데 도움이 되도록 바꿔야 한다. 명분보다 실리를 더 중시해야 한다. 조선의 멸망은 명분만 강조한 성리학자들의 고루함 때문이었다는 역사학자들의 주장을 경청해야 한다. 동서고금을 막론하고 명분만 강조한 나라는 망했고 실리를 주장한 나라는 흥했다. 명분을 주장할 수는 있다. 그러나 명분을 주장하는 사람들은 스스로 희생의 본을 보여 주어야 한다. 스스로 희생하지 않으면서 명분을 주장하는 것은 그 자신이 그 좋은 자리에 앉기 위한 술책에 지나지 않는다. 셋째, 대중화 되는 교인들을 두려워 해야 한다. 현대는 대중의 시대이다. 권력은 대중에게 나온다. 그것이 민주주의이다. 지금 교인들은 대중화되고 있다. 안수집사, 권사, 집사는 물론 일반 교인들도 기존의 제도나 교회 권력에 상당한 불만을 가지고 있다. 그들이 봉기하면 노회도 총회도 막을 길이 없다. 그들이 봉기하면 그들 스스로가 교회를 세우고 목사를 고용하며, 장로 제도를 파기할 것이다. 노회, 총회에 관계없이 그들만의 독립교회를 세울 것이다. 시대는 평등으로 흐르고 있고 그 누구도 이 흐름을 막을 수 없다. 대중이 봉기하면 기존 교회의 틀을 벗어나는 교회들이 생겨날 것이다. 대형교회에 대한 선호도는 급격하게 줄 것이다. 여전히 기존 보수적인 세대들은 대형교회를 선호하겠지만 젊은 세대들은 자신들의 취향에 맞는 소형 교회들을 선호할 것이고 지식인들이나 퇴직자들도 그럴 것이다. 10여년이 지나면 기존의 개척교회나 미 자립교회가 정리되면서 대중들이나 실력 있는 목회자들은 적당한 자리에 경제 수준에 맞는 빌딩 등을 임대해서 교회를 세우려고 할 것이다. 경제 성장이 둔화되면서 임대료도 변두리는 저렴하게 될 것이고, 인구도 도심을 빠져나가면서 변두리에 더 많은 사람들이 모일 것이다. 그들은 200-300 정도 모이면서 편안하고 즐기는 목회를 할 것이고 상당수는 성공할 것이다. 이런 교회는 총회가 통제하지 못한다. 총회는 대중을 두려워해야 한다. 그들은 다양한 방법으로 총회를 압박할 것이다. 위기는 기회라는 말이 있다. 맞는 말이다. 위기가 주어졌다고 탄식만 할 것이 아니라 재도약의 발판으로 삼아야 한다. 성령이 역사하면 모든 문제가 다 해결된다는 사람들에게 묻는다. 교회가 교회 구실을 못하고 지도자들이 제 역할을 감당하지 못하는데 성령께서 역사하실 리가 있겠는가? 예레미야 선지자에게 주신 하나님의 말씀을 기억해야 한다. 하나님께서는 창조를 위해 먼저 파괴하라고 명하셨다. 성령께서는 다시 세우기 위해 잘못된 기존의 틀을 파괴하실 것이다. 그래야 교회가 살 수 있기 때문이다.

# 한국교회 재건 설계도

·**초판 1쇄 발행** 2021년 9월 20일

·**지은이** 고시영
·**펴낸이** 민상기
·**편집장** 이숙희
·**펴낸곳** 도서출판 드림북
·**인쇄소** 예림인쇄 **제책** 예림바운딩
·**총판** 하늘유통(031-947-7777)

·**등록번호** 제 65 호 **등록일자** 2002. 11. 25.
·경기도 양주시 광적면 부흥로 847, 양주테크노시티 422호
·Tel (031)829-7722, Fax(031)829-7723